Thema Geschichte

Geschichtliche Reihe für die Sekundarstufe II

Europa bricht auf –
Kultur, Staat und Wi
in der Frühen Neuzei

Hartmann Wunderer
unter Mitarbeit von Hans-Wilhelm Eckhardt

Schroedel

Thema Geschichte

Geschichtliche Reihe für die Sekundarstufe II

Europa bricht auf –
Kultur, Staat und Wirtschaft
in der Frühen Neuzeit

Hartmann Wunderer
unter Mitarbeit von Hans-Wilhelm Eckhardt

Druck A [1] / Jahr 04

Alle Drucke der Serie A sind im Unterricht parallel verwendbar. Die letzte Zahl bezeichnet das Jahr dieses Druckes.

Redaktion: Stephan Schmal
Herstellung: Sabine Schmidt
Layout: Janssen Kahlert, Hannover
Grafik: Langner, Hemmingen
Satz: Schmiku Repro, Schwerte
Druck: westermann druck GmbH, Braunschweig

ISBN 3-507-36855-2

INHALTSVERZEICHNIS

Einleitung 4

1. Signaturen eines historischen Epochenwandels 7

1.0 Zwischen Endzeit und Aufbruch 8
1.1 Apokalyptische Ängste 8

2. Renaissance und Humanismus 15

2.0 Aus Italien weht ein frischer Wind 16
2.1 Zwischen Magie und Vernunft: die Renaissance 17
2.2 Ein neues Bildungs- und Erziehungsideal 26
Methoden: Portraitmalerei der Renaissance 37

3. Von der feudalen zur bürgerlichen Welt: der Frühkapitalismus 41

3.0 Wandel überkommener Wirtschaftsstrukturen 42
3.1 Die Herausbildung des frühkapitalistischen Bürgertums 43
3.2 Anfänge einer Weltwirtschaft: das Beispiel Amsterdam 52

4. Europäische Expansion 61

4.0 Die Europäisierung der Welt trägt viele Gesichter 62
4.1 Die Entdeckungsfahrten 62
4.2 Zwei Kulturen treffen aufeinander: die Eroberung des Aztekenreichs 68
4.3 Zur wirtschaftlichen Bedeutung und Entwicklung der neuen Länder 76
4.4 Europäer in Japan 79
Methoden: Arbeit mit historischen Karten 89

5. Religion und Politik 93

5.0 Apokalypse und Konfessionalisierung 94
5.1 Die Reformation zwischen traditioneller Apokalyptik und theologischem Neuansatz 95
5.2 Religiöse und soziale Auseinandersetzungen auf dem Land und in den Städten 101
5.3 Konfessionalisierung – Modernisierung? 111
Methoden: Arbeit mit Karikaturen 120

6. Die Geburt des modernen Staates 125

6.0 Absolutismus und Aufklärung **126**
6.1 Leben und Sterben der „kleinen Leute" 127
6.2 Bevölkerungs- und Stadtentwicklung 132
6.3 Dimension und Zielsetzung absolutistischer Wirtschaftspolitik 137
6.4 Das Privatleben wird Gegenstand der Politik 143
6.5 Leben am Rand der Gesellschaft 147
Methoden: Statistik und Demographie 151

7. Aufklärung und bürgerliche Gesellschaft 155

7.0 Was ist Aufklärung? **156**
7.1 Alphabetisierung und Schulbildung in Europa 157
7.2 Buchproduktion und literarische Gesellschaften: Entstehung einer gebildeten bürgerlichen Öffentlichkeit 164
7.3 „Der Verstand hat kein Geschlecht" – Frauen im geselligen und gebildeten Diskurs 172
7.4 Neue Weltbilder – Aufklärung als Utopie oder als Programm? 175

Zeittafel 180
Glossar 182
Informationen zur weiteren Arbeit 186
Vorschläge für Referate und Facharbeiten 188
Register 189

EINLEITUNG

„Es ist eine Lust zu leben, wenn man auch noch nicht ausruhen darf ... He du, Barbarei, nimm einen Strick und erwarte deine Verbannung!" So jubelte Ulrich von Hutten 1518 seinem Freund Willibald Pirckheimer zu. Und viele der Zeitgenossen Huttens und Pirckheimers empfanden dies ähnlich. Sie nahmen ihre Zeit als Umbruchszeit wahr und waren stolz darauf, selbst wesentlich dazu beizutragen, dass sich die Verhältnisse änderten. Tatsächlich vollzogen sich seit dem Spätmittelalter in Gesellschaft, Wirtschaft und Kultur folgenreiche Prozesse, die in einer relativ kurzen Zeitspanne um das Jahr 1500 herum dramatische Höhepunkte hervorbrachten, so dass Historiker dort eine Zeitenwende, einen Epocheneinschnitt sehen.

Humanismus und Renaissance veränderten radikal das menschliche Selbstverständnis und Menschenbild. Die Rückbesinnung auf intellektuelle Errungenschaften der Antike führte langfristig zur Emanzipation des Geistes aus der Autorität von Religion und Kirche und somit zum Abschied von einer Geisteshaltung, die wir gemeinhin mit dem „Mittelalter" verbinden. Die Erfindung des Buchdrucks revolutionierte nicht nur die Kultur der Gelehrten, sondern war eine wesentliche Voraussetzung für die religiösen Umwälzungen des 16. Jahrhunderts, an der breite Massen aktiv Teil hatten. Die Entdeckungsfahrten von Kolumbus und anderen waren die ersten Schritte zur Europäisierung der Welt, die unseren Kontinent langfristig ebenso veränderten wie die von Europa „entdeckten" Erdteile. Intellektuelle Emanzipation, radikale Verbreiterung der schriftlichen „Öffentlichkeit" und die Ausweitung des (geografischen) Horizontes sind die maßgeblichen Grundlagen, die das Denken der europäischen Aufklärung ermöglichten, auf der wiederum unsere Zivilisation der Moderne ruht.

Im frühen 16. Jahrhundert kamen die ideologischen Spannungen innerhalb der Kirche zum vollen Ausbruch. Ohne es zu wollen, leitete der Mönch Martin Luther das Schisma ein. Die religiösen Konflikte führten zu zahlreichen politischen und militärischen Auseinandersetzungen, die schließlich den Dreißigjährigen Krieg zur Folge hatten. Nach dessen Verwüstungen schlug die „Stunde der Fürsten" und des modernen Staates, denn hier haben zentrale Strukturen von Verwaltung, staatlicher Lenkung und „Obrigkeit" schlechthin ihre Wurzeln. Der Absolutismus schuf zwar neue Abhängigkeiten des „Untertanen", er bot aber auch Chancen zur Mitgestaltung und bahnte so dem Aufstieg des Bürgertums den Weg.

Dieser Band befasst sich eingehend mit politischen, ökonomischen wie kulturellen Grundproblemen in der Frühen Neuzeit. Was kennzeichnet das neue Denken, die Welterfahrung der Humanisten und der Künstler der Renaissance? Warum kam es gerade in dieser Zeit zu einer Blüte der Alchemie und des magischen Denkens? Ähnliche Widersprüchlichkeiten kann man auch und gerade bei den Reformatoren identifizieren, die häufig von „mittelalterlich" anmutenden apokalyptischen Visionen durchdrungen waren. Mit der Befreiung aus religiösen Fesseln ging offenbar die Produktion neuer Ängste einher. Und welche Folgen hatte der Frühkapitalismus und die „Geburt des modernen Staates" für die Arbeits- und Lebensverhältnisse der „kleinen Leute"? Schaut man sich die geografische Expansion an, stößt man ebenfalls auf viele Fragen. Die Kontakte mit den fernen Ländern verliefen vollkommen unterschiedlich: Warum waren die Eroberungen in Mittel- und Südamerika für Europa „erfolgreich", warum scheiterte die Expansion nach Japan?

Den inhaltlichen Problemen gesellen sich methodische Fragestellungen hinzu, die gerade in der multiperspektivischen Betrachtung dieser Schlüsselepoche eine besonders attraktive Häufung finden. Ein Spannungsbogen, der die Arbeit mit zentralen Problemen der Frühen Neuzeit trägt, ist die Diskrepanz zwischen „Geschichte von oben" und „Geschichte von unten". Liest man aufklärerische Traktate zur Volksbildung und einschlägige Verwaltungsvorschriften des preußischen Königs, gewinnt man ein ganz anderes Bild vom jungen Schulwesen als wenn man fragt, wie die Realität aussah, wie Unterricht stattfand und wie viel „Bildung" wirklich beim Untertanen ankam.

Fortschrittlich klingt es, wenn Fürsten „Standortpolitik" betreiben und den umworbenen Siedlern Unterstützung und Abgabenfreiheit zusagen. Doch die Lebensrealität des „kleinen Mannes" spricht eine andere Sprache. Seine Existenz war (nach heutigen Maßstäben) in politischer, gesundheitlicher und vor allem wirtschaftlicher Hinsicht immer bedroht. Insofern hat sich die Geschichte bis weit ins 19. Jahrhundert hinein kaum wesentlich geändert, und es stellt sich die Frage, ob die aufwändige Diagnose von strukturellen Wandlungen und geistigen Emanzipationsprozessen nicht notwendigerweise eine „Minderheitsgeschichte" bleibt.

Diesen und vielen anderen historischen Fragestellungen geht der vorliegende Band nach. Dabei werden keine einfachen und eindeutigen Antworten gesucht, vielmehr soll der inneren Widersprüchlichkeit der Umbruchsepoche „Frühe Neuzeit" nachgespürt werden. Kurze Kapiteleinleitungen führen in die jeweilige Thematik und historische Problematik ein, zeitgenössische Quellen aus unterschiedlichen Perspektiven kommen dabei zu Wort, Herrscher, Beamte, Künstler und Wissenschaftler ebenso wie die „kleinen Leute". Auszüge aus neuen wissenschaftlichen Studien fordern zu kontroversen Deutungen auf.

Nicht zuletzt werden zahlreiche Kunstwerke, Portraits und Karikaturen vor allem aus dem 16. und 17. Jahrhundert präsentiert, häufig versehen mit zeitgenössischen Stimmen und/oder modernen Kommentaren, die zu einer visuellen Auseinandersetzung mit der Frühen Neuzeit auffordern. Schließlich steht die Zeit um 1500 auch für die Grundlagen moderner „Visualität": Hier wurde eine realistische Sicht auf die empirische Wirklichkeit entwickelt, und hier wurde drucktechnisch die Möglichkeit geschaffen, aus Bildern „Ikonen" zu machen, die sich weit verbreiteten. Wie in kaum einer anderen Epoche lässt sich hier bildspezifische Methodenkompetenz erwerben.

1. Signaturen eines historischen Epochenwandels

1.0 Zwischen Endzeit und Aufbruch

Ein neues Zeitalter?

Begann für die Menschen im Jahr 1500 mit dem Jahrhundertwechsel auch ein neues Zeitalter? Mit Sicherheit nicht. Jahrhundertwechsel wurden erst später bewusst wahrgenommen, noch nicht um 1500. Aber hatten die Menschen zu diesem Zeitpunkt eine Ahnung oder ein Gefühl davon, dass eine neue Epoche angebrochen sei? Einige ganz gewiss. Denn in diesen Jahrzehnten vollzogen sich dramatische Entwicklungen: 1453 wurde Konstantinopel erobert, etwa zeitgleich erfand Gutenberg den Buchdruck, der die Welt revolutionierte. Seit dieser Zeit wurden neue geographische Erkundungen unternommen, die 1492 in der „Entdeckung" Amerikas gipfelten.

Erfahrungen eines Durchschnittsbürgers

Nimmt man einen beliebigen Bürger einer süddeutschen Stadt, so hat dieser im Jahr 1500 schon einige Bücher gesehen. Er hat gehört, dass man nach Westen über den Ozean fahren kann und dort wieder auf Land trifft – die Erde scheint also tatsächlich eine Kugel zu sein. Und wenn der Bürger in seine Kirche geht, dann hängen dort vielleicht neue Gemälde, die von einer ganz eindringlichen Realität sind, ganz so, als ob der Gottesdienst nicht mehr der erste Zweck dieser Kunst sei, sondern die Abbildung der irdischen Umgebung.

Die Reformation

Die Reformation, die mit der Publikation der Thesen Luthers 1517 einsetzte, hat ohne Zweifel ebenfalls sehr viele Menschen existenziell ergriffen, ihre Folgen waren aber auch 150 Jahre währende Religionskriege in Deutschland, England, Frankreich, Polen und in den Niederlanden. Auch diese Prozesse und Ereignisse veränderten den Alltag der Masse der „kleinen Leute". Die folgenden fünf Bilder nehmen zentrale Elemente des „neuen Denkens" in den Blick, sie relativieren zugleich auch die oft der Renaissance attestierte Aufbruchstimmung.

1.1 Apokalyptische Ängste

Naht das Ende der Welt?

Während eine Reihe von Menschen um 1500 eine neue Zeit anbrechen sah, warteten viele andere auf das nahe Ende der Welt. Zunächst würde der Antichrist erscheinen und seine Schreckensherrschaft ausüben. Nach seiner Vernichtung durch die Macht Gottes werden im jüngsten Gericht die Frommen von den Sündern getrennt, auf die einen wartet der Himmel, die andern müssen ihre Untaten oder ihren Unglauben in der Hölle büßen. Diese apokalyptischen Vorstellungen waren um 1500 sehr weit verbreitet. Der Dominikaner Girolamo Savonarola (1452 – 1498) verkündete 1484 angesichts der „Entartungen" an der Kurie und der „laxen Moral" der Stadtbewohner von Florenz das nahe Endgericht. Nachdem französische Truppen die Medici aus Florenz vertrieben, sahen viele in Savonarola einen Propheten, der nun in Florenz einen theokratischen Staat errichten konnte. Als Savonarola nach Exkommunikation und Folter hingerichtet wurde, war zwar ein gefährlicher Bußprediger liquidiert, nicht aber seine Ideen.

Die protestantische Reformation verstärkte diese Grundstimmung noch weiter. Luther, Dürer und viele andere rechneten mit dem nahen Ende der Welt, Spekulationen richteten sich auf das Jahr 1524, eine bestimmte Planetenkonstellation oder eine neue Sintflut könnten die Zeichen dafür sein. Als Vorzeichen der Apokalypse galten in der Frühen Neuzeit insbesondere auch die Epidemien wie die Pest, die Bedrohung durch die Türken sowie das Wirken von Hexen. Nicht zuletzt im Hexenwahn drückt sich seit der zweiten Hälfte des 16. Jahrhunderts ein hohes Maß an sozialer Unsicherheit aus.

Reale und eingebildete Bedrohungen

MATERIAL

Dem Körper auf den Leib rücken (Christian Thomas, 2003) 1

Sie waren natürlich dieselben geblieben, aber sie mussten sich Zug um Zug vergewissern. Wie liegt, zum Beispiel, das Haar? Die Fragen, die an die Wahrnehmung gestellt wurden, konnten nicht konkret genug sein. Was will uns das Bein plötzlich sagen? Und da tatsächlich ein Einsehen war, auch mit dem Bein, konnte das Lebewesen Mensch endlich auf sichere Füße gestellt werden. Malend, modellierend, sogar zeichnend wurde der menschliche Körper neu in Augenschein genommen. Das Erkennen des Körpers blieb bis dahin eine Herausforderung, schwerfällig wie die zeichnende Hand war, die bis dahin zurückgeblieben war. […]
Da muss die Entdeckung der Anatomie, die um 1410/1420 auch in Süddeutschland einsetzte, den Einbruch des Jähen bedeutet haben, so wie es erst wenige Jahre zuvor auch in der Toskana und in Burgund geschehen war. Zweifellos waren, um ganz kurz an […] Evergreens der Bildhauerei zu erinnern, Donatellos Heiliger Markus in Florenz (1413) […] weiter. Wahrhaftig weiter, was das körperliche Selbstbewusstsein der […] Skulpturen anging. Weiter, was deren Körperbewegtheit betraf: die Drehung des Leibes, die ihn beherrschenden Kräfte und Gegenkräfte, das Verhältnis von Stand- und Spielbein, die Gegenbewegung der Schultern – ganz abgesehen von den Faltenwürfen, die den Leib verhüllten, um dessen Energien auszudrücken. Nun, auch im altdeutschen Nürnberg war eine Ahnung von all dem aufgekommen, von nichts anderem als dem Auftritt des modernen Leibes im Kontrapost.[1]

[1] Kontrapost: kunsthistorischer Begriff für die oben beschriebene asymmetrische Haltung einer Statue.

Christian Thomas, Dem Körper auf den Leib rücken, in: Frankfurter Rundschau vom 22.11.2003, S. 15.

Der Heilige Markus des Florentiner Bildhauers Donatello (1386–1466). Die Marmorstatue schmückt die Außenseite des Doms Santa Maria del Fiore. Zu dieser Zeit (1413) war die Loslösung der Statue aus der baulichen Umgebung noch ungewöhnlich.

Hieronymus Bosch: Der Heuwagen, Mittelteil eines Triptychons, um 1500–1502 (Prado, Madrid).

MATERIAL

2 Hieronymus Bosch – Der Geist der Apokalypse

Wie viele seiner Zeitgenossen glaubte auch Hieronymus Bosch (1450–1516) an die reale Existenz von Dämonen und Geistern, an die ewige Verdammnis. Nur diejenigen, davon war der Moralist Bosch überzeugt, die ihr Leben Gott weihen, entgehen den Höllenstrafen. – Das Heu symbolisiert weltlichen Besitz, den sich die Menschen zusammenraffen, der Heuwagen bewegt sich schier unaufhaltsam in Richtung Hölle (die auf dem rechten Teil des Triptychons dargestellt wird, auf der hier ebenfalls nicht abgebildeten linken Tafel ist das Paradies.) Auch das Liebespaar auf dem Heuwagen ignoriert den Schutzengel.
Manche Interpreten ordnen den Künstler wegen seiner pessimistischen Sichtweise dem Mittelalter zu. Andere meinen, dass Bosch, der virtuos mit neuen Formen experimentierte, ein typischer Exponent der beginnenden Neuzeit sei.

MATERIAL

Michelangelo – Der Geist des Republikanismus 3

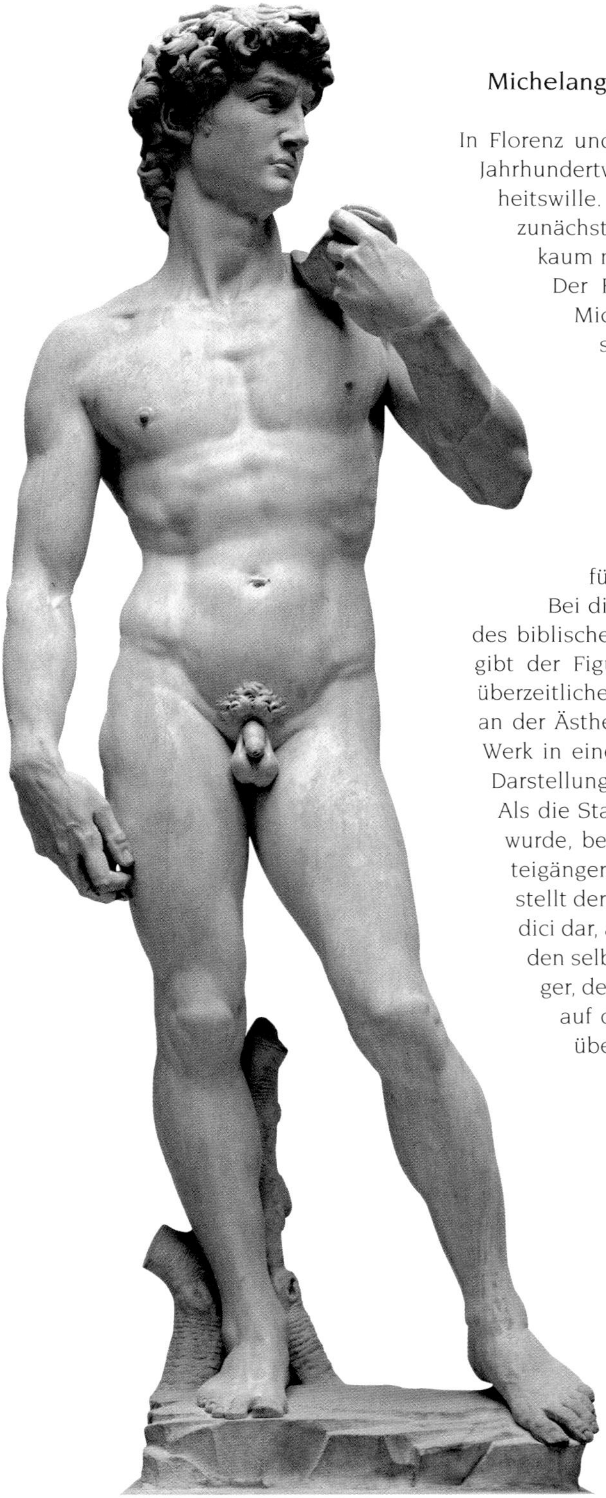

In Florenz und anderen Städten entfaltete sich um die Jahrhundertwende ein starker republikanischer Freiheitswille. Die Reformation in Deutschland, die sich zunächst in den Städten vollzog, wäre ohne diesen kaum möglich gewesen.

Der Florentiner Bildhauer, Maler und Dichter Michelangelo Buonarotti (1475–1564) schuf seinen „David" aus einem einzigen Marmorblock. Die 5,50 m hohe Figur wurde am Rathausplatz postiert, dem wichtigsten Versammlungsort der Stadt Florenz. Bürger hatten Michelangelo beauftragt, mit der Statue ein politisches Symbol republikanischer Freiheit zu schaffen – in diesen Jahren waren die Medici, die politisch führende Familie aus der Stadt vertrieben.

Bei diesem Kunstwerk wird das religiöse Thema des biblischen David völlig umgedeutet. Michelangelo gibt der Figur einen zugleich aktuell-politischen wie überzeitlichen Sinn. Der Künstler orientiert sich dabei an der Ästhetik der klassischen Antike und stellt sein Werk in einen schroffen Kontrast zu mittelalterlichen Darstellungen des Menschen.

Als die Statue zu ihrem Aufstellungsort transportiert wurde, bewarfen die in der Stadt verbliebenen Parteigänger der Medici sie mit Steinen. Einerseits stellt der nackte David eine Kritik am Luxus der Medici dar, andererseits ist diese Nacktheit Symbol für den selbstsicheren, gelassen-selbstbewussten Bürger, der wachsam (mit der Schleuder in der Hand) auf die Bedrohungen von außen sowie gegenüber der Tyrannenherrschaft reagiert.

Michelangelo Buonarotti, David, 1501–1504 (Accademia della Belle Arte, Florenz).

MATERIAL

4 Quentin Massys – Der Geist der Wirtschaft

Quentin Massys, Der Goldwäger und seine Frau, 1514 (*Louvre, Paris*)

Der flämische Maler Quentin Massys (1465/66–1530) illustriert einen Berufsstand, der in seiner Heimat und überall dort, wo jetzt zunehmend Handel getrieben wurde, an Bedeutung zunahm. Auf dem Geldmarkt waren unzählige verschiedene Münzen und Währungen im Umlauf, deren Wert und Gültigkeit schwankte bzw. zeitlich begrenzt war. Für professionelle Geldwechsler waren die Kenntnisse über den Silber-, Gold- und Geldmarkt ein einträgliches Geschäft. Manch einer verlieh auch Geld oder zahlte für Einlagen gute Zinsen: Das Bankgeschäft im modernen Sinne steckte in seinen Anfängen.

Mit dem Wandel von der Tausch- zur Geldwirtschaft, der Entstehung des Frühkapitalismus und den intensivierten Handelsbeziehungen entstand zugleich eine folgenreiche neue Mentalität. Dieser „Geist der Rechenhaftigkeit“ – auch identifizierbar beim Ablasshandel – war häufig Thema (kritischer) künstlerischer Darstellungen. Humanisten und Theologen debattierten heftig über diesen neuen Geist, insbesondere über den „Wucher“ und die Macht von vielen großen Monopolisten.

Der selbstdisziplinierende Geist der Rechenhaftigkeit gilt als eine Voraussetzung für den Kapitalismus. Er wurde – so will es zumindest eine weithin anerkannte Theorie des Sozialwissenschaftlers Max Weber – durch die Theologie der Reformation noch weiter beflügelt.

MATERIAL 5

Hans Holbein der Jüngere – Der Geist der Wissenschaft (1533)

Das Gemälde des Bayern Hans Holbein (1497–1543), der vor allem in Basel und London arbeitete, gibt den Kunsthistorikern bis heute Rätsel auf. Auf den ersten Blick ist es ein Doppelporträt zweier Männer, links ein Diplomat, rechts ein gelehrter Kleriker. Sie rahmen eine Reihe von Gegenständen mit symbolhafter Bedeutung ein: Himmelsglobus, Sonnenuhr, Quadrant für astronomische Studien, Globus, Zirkel, eine Laute, Gesangbuch, Flöten. Dargestellt werden also indirekt die Wissenschaften und Künste bzw. deren Hilfsmittel und Instrumente, mit denen sich Renaissancemenschen auseinandersetzen sollten. Erst auf den zweiten Blick irritiert der scheinbar beziehungslos ins Bild gerückte Totenschädel, den man als solchen erst dann identifiziert, wenn man gewissermaßen aus dem Bild rückt und das merkwürdige Bildelement schräg von links oder rechts unten ins Auge fasst. Verweist dieser Schädel als Vanitas-Symbol inmitten all des Prunks auf die Vergänglichkeit menschlichen Denkens und Forschens, berührt es den Zweifel am menschlichen Erkenntnisvermögen, am menschlichen Sein?

Pieter Brueghel der Ältere (1525/28–1569), *Schlaraffenland*, 1563 (*Alte Pinakothek, München*).

MATERIAL

6 Mangel oder Überfluss? Wie stabil war der Alltag?

Das scheinbar so einfache Schlaraffenland – ein gerade in der Frühen Neuzeit weit verbreitetes Motiv – bietet beachtliche Interpretationsprobleme: Steht im Hintergrund eine veränderte Einstellung zu Geld und Arbeit? Immerhin entwickelte sich in dieser Zeit das „protestantische Arbeitsethos", also eine besondere Wertschätzung der Arbeit, die vor allem in der Stadtwirtschaft gepflegt wurde. Dann wäre das Schlaraffenland gewissermaßen ein Gegenbild zu einer rauer gewordenen Wirklichkeit, in der nur derjenige belohnt wurde, der hart arbeitete.
Oder sind die Fantasien vom Schlaraffenland Ausdruck von Hunger und Not? Die unbezweifelbaren Errungenschaften der Frühen Neuzeit hoben zunächst den Lebensstandard der allermeisten Menschen nicht nennenswert. Tatsächlich glaubten viele Menschen an ein „El Dorado" – ein goldenes Land, wo ihnen alle Sorgen abgenommen würden. Die so genannten Entdeckungsfahrten waren immerhin auch von dieser Vorstellung motiviert, die letztlich schon von religiösen Traditionen vorgezeichnet ist.
Oder verbirgt sich hinter dem Schlaraffenland vielleicht gar eine Sozialkritik? Wer am längsten schläft, verdient am meisten, und der Faulste wird König? Kann das Bild als eine Kritik an der feudalhöfischen Prasserei gelesen werden?

1. Diskutieren Sie den Begriff „Epochenwandel". Benennen Sie Kriterien dafür und stellen Sie mögliche Beispiele dafür aus der Geschichte vor.
2. Erläutern Sie Kriterien des Wandels in der Frühen Neuzeit anhand der im Mittelpunkt stehenden Abbildungen. (M 1 bis M 6)
3. Stellen Sie weitere Kunstwerke der Epoche vor und erläutern Sie ihre zeitbedingten Besonderheiten.
4. Diskutieren Sie anhand der Abbildungen und Texte das Verhältnis von Technik, Wirtschaft, Politik und Mentalität bei der Ausbildung historischer Wandlungsprozesse.

Habe nun, ach! Philosophie,/
Juristerei und Medizin,/
Und leider auch Theologie!/
Durchaus studiert, mit heißem Bemühn./
Da steh ich nun, ich armer Tor!/
Und bin so klug als wie zuvor;/
Heiße Magister, heiße Doktor gar,/
Und ziehe schon an die zehen Jahr/
Herauf, herab und quer und krumm/
Meine Schüler an der Nase herum -/
Und sehe, dass wir nichts wissen können!

2. Renaissance und Humanismus

2.0 Aus Italien weht ein frischer Wind

„Eine Lust zu leben"

„O Jahrhundert! O Wissenschaften! Es ist eine Lust zu leben, wenn man auch noch nicht ausruhen darf, Willibald. Die Studien blühen auf, die Geister regen sich. He du, Barbarei, nimm einen Strick und erwarte deine Verbannung!" schreibt Ulrich von Hutten seinem Freund Pirckheimer am 25. Oktober 1518, und weiter: Je mehr Menschen sich mit der antiken Kultur befassen würden, desto mehr könne sich die menschliche Gesellschaft verbessern, das Leben würde für alle bequemer, schöner und gerechter werden, ein „goldenes Zeitalter" sei im Anzug. Als Voraussetzung hierzu müssten die „studia humanitatis" (also Grammatik, Rhetorik, Geschichte, Poesie und Moralphilosophie) stärker verbreitet und um die antiken Kultursprachen Griechisch und Latein ergänzt werden, forderten die gebildeten Humanisten. Dadurch ließen sich die bitter notwendigen Reformen in Gesellschaft, Kirche und Staat gleichsam von alleine durchsetzen. Die humanistische Bildungsreform würde in eine umfassende Gesellschaftsreform münden.

Geistige Freiheit aus Italien

Im Jahr 1489 reist der 19-jährige Nürnberger Willibald Pirckheimer zum Studium nach Italien. Er ist fasziniert von der intellektuellen Frische, die hier herrscht, von dem heiteren Leben, er genießt die geistige Freiheit und ist erstaunt, welch hohes Ansehen gebildete Frauen genießen. Als ihn sein Vater sechs Jahre später nach Nürnberg zurückruft, folgt Willibald nur schweren Herzens. Seine Schwestern und später auch seine Töchter erhalten jedenfalls eine hohe humanistische Ausbildung. Caritas Pirckheimers kluge Briefe, verfasst in hochgestochenem Latein, erregen weithin Aufmerksamkeit. Sie korrespondiert mit zahlreichen Geistesgrößen ihrer Zeit, mit Konrad Celtis, Dürer, Reuchlin, Melanchthon, ja sogar mit Erasmus von Rotterdam.

Schreibverbot für Intellektuelle

Der schriftstellerische Ehrgeiz der Caritas, die schon 1503, 36-jährig, zur Äbtissin ihres Klosters gewählt wird, ist ihren Ordensoberen suspekt. Ihr Bruder erzürnt sich darüber. Das sei eine „Schufterei" von diesen „Heuchlern", schreibt er an Celtis, „auch musst du wissen, dass diese Xylopoden (Holzköpfe, wörtl. Holzfüßler) meiner Schwester Caritas ... untersagt haben, künftig auf lateinisch zu schreiben. Da sieht man die Unbedachtheit, um nicht zu sagen die Schlechtigkeit der Menschen." Caritas fügt sich. Zwar liest sie auch weiterhin lateinische Texte der Antike, schreibt aber nicht mehr in der Sprache der Hochgebildeten.

Der Begriff der „Renaissance"

Geprägt wurde der Begriff „Renaissance" erst im 19. Jahrhundert durch den französischen Historiker Jules Michelet (1798–1874). Daneben hat der Schweizer Historiker Jacob Burkhardt (1818–1897) in seinem berühmten Werk „Die Kultur der Renaissance in Italien" (1860) wichtige wegweisende Merkmale dieser Epoche identifiziert: Die Renaissance entstand in Italien, sie ist eine Übergangsepoche zwischen Mittelalter und Neuzeit, die „Mutter und Heimat des modernen Menschen". Renaissance meint Burckhardt zufolge aber nicht nur diese Epoche, Renaissancen gibt es generell in allen lebendigen Kulturen, die sich durch die Rückbesinnung auf ihr historisches Erbe erneuern. Der italienische Humanist und Dichter Francesco Petrarca (1304–1374) war der erste, der den Unterschied seiner Zeit zu der vorangegangenen mit dem Bild von Licht und Schatten beschrieb: Einer „dunklen Zeit" stellte Petrarca seine erleuchtete Epoche gegenüber, in der der Mensch durch das Studium der antiken Werke seine Würde und Qualifikationen wiederentdecke.

Es wäre allerdings verfehlt, Renaissance und Humanismus gleichzusetzen. Während die Renaissance zu einem weithin anerkannten Epochenbegriff geworden ist, gilt dies nicht für den Begriff Humanismus. Die Humanisten waren eine kleine Bildungselite, die neue Maßstäbe gesetzt hat. Die allermeisten Renaissancemenschen konnten sich aber nicht dazuzählen.

Welche Vorstellung vom Menschen, welches Lebensgefühl und Weltbild entfaltete sich in der Epoche der Renaissance? Welche Rolle spielte dabei die Wiederaneignung antiker Wissenschaften, Künste und Literatur, und welche Folgen hatte dies für die naturwissenschaftliche Forschung, aber auch für die seit der Renaissance einsetzende Hexenverfolgung? Wo bleibt uns diese Epoche fremd? Wo finden wir uns in ihr wieder?

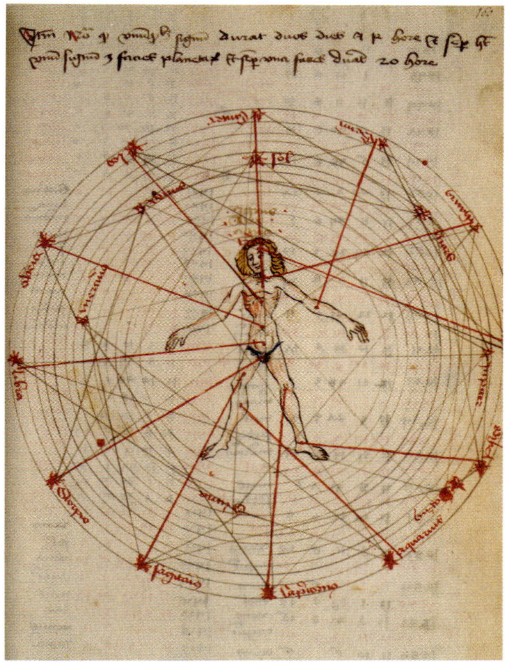

Der Mensch als Mittelpunkt des Universums – Anatomische Skizze aus dem 15. Jahrhundert.

2.1 Zwischen Magie und Vernunft: die Renaissance

Humanismus und Aberglaube

Die Renaissance muss als „Übergangsepoche" verstanden werden. Rückblickend erschließen sich uns dort die Wurzeln eines neuen Denkens, das dem modernen Menschen vertraut ist. In der Summe überwog aber bei weitem „mittelalterliches" Denken. Zwar kritisierte man vermehrt Tradition und überkommene Missstände, auf der anderen Seite war damit aber ein im gegenwärtigen Verständnis „rationales" Denken und naturwissenschaftliches Forschen nur ansatzweise verbunden. Die allermeisten Naturwissenschaftler der Renaissance waren fasziniert von okkulten, esoterischen Schriften aus den ersten nachchristlichen Jahrhunderten.

Die Metaphysik dominiert

Die dominierende philosophische Richtung, die neoplatonische Metaphysik, war geprägt von Magie und Astrologie. Pico della Mirandola (1463–1494) lud im Jahr 1486 alle Gelehrten Europas nach Rom ein, um diesen seine Thesen vorzutragen. Eine lautete: „Was der Magier technisch bewirkt, vollbringt die Natur natürlich, indem sie den Menschen hervorbringt", eine andere: „Weder im Himmel noch auf Erden gibt es eine Kraft, die der Magier nicht vereinigen oder aktualisieren könne." Und: Habe man nur lange genug die Bewegungen und die Natur der Sterne studiert, dann könne man in aller Klarheit der Zukunft ins Auge sehen.

Horoskope für Sternenforscher

Selbst die bedeutendsten Gelehrten wie Kopernikus, Galilei oder Kepler fühlten sich astrologischen Spekulationen verpflichtet und erstellten Horoskope, während Petrarca und wenige andere vor betrügerischen Astrologen und lügnerischen Propheten warnten. Für die allermeisten Gelehrten der Renaissance stand der menschliche Mikrokosmos in einer symmetrischen Beziehung zum Universum, die kleine Welt war durch eine Fülle geheimnisvoller und unendlicher Fesseln mit „dem Ganzen" verbunden. Die klare Trennung zwischen Astrologie und Astronomie wurde erst in späteren Jahrhunderten vollzogen.

MATERIAL

1 Einige zentrale Daten zur Renaissance

a) Entdeckungen und Erfindungen

1330	Erfindung des Schießpulvers in Europa
1348	In Prag wird die erste deutsche Universität gegründet.
1389	Erste deutsche Papiermühle bei Nürnberg
1408	Erste Girobank in Genua
1445	Cosimo I. gründet die Platonische Akademie in Florenz.
1445	Johannes Gutenberg erfindet den Buchdruck.
1492	Kolumbus unternimmt seine Fahrt nach Indien.
1510	Der Nürnberger Peter Henlein erfindet die tragbare Uhr.
1522	Das letzte Schiff der Expedition des Portugiesen Fernando Magellan vollendet nach dreijähriger Fahrt die erste Weltumsegelung.
1543	In seinem Todesjahr publiziert der Bischof und Astronom Nikolaus Kopernikus seine Entdeckungen, die das heliozentrische Weltbild begründen.

Eine Taschenuhr von Peter Henlein, Germanisches Nationalmuseum, Nürnberg.

b) Einige Geistesgrößen der Renaissance:

Giovanni Boccacio	1313 – 1375	Niccolo Machiavelli	1469 – 1527
Jean Bodin	1530 – 1596	Lorenzo de Medici	1449 – 1492
Sebastian Brant	1458 – 1521	Philipp Melanchthon	1497 – 1560
Konrad Celtis	1459 – 1508	Michelangelo Buonarotti	1475 – 1564
Albrecht Dürer	1471 – 1528	Olimpia Fulvia Morata	1526 – 1556
Erasmus von Rotterdam,	ca. 1469 – 1536	Thomas Morus	1478 – 1535
Cassandra Fedele	1465 – 1558	Isotta Nogarola	1418 – 1466
Marsilio Ficino	1433 – 1499	Paracelsus	1493/94 – 1541
Galileo Galilei	1564 – 1642	Francesco Petrarca	1304 – 1374
Cecilia Gonzaga	1425 – 1451	Konrad Peutinger	1465 – 1547
Ulrich von Hutten	1488 – 1523	Caritas Pirckheimer	1467 – 1532
Johannes Kepler	1571 – 1630	Willibald Pirckheimer	1470 – 1530
Nikolaus Kopernikus	1473 – 1543	Johannes Reuchlin	1455 – 1522
Leonardo da Vinci	1452 – 1519	Lorenzo Valla	1407 – 1457

Albrecht Dürer (1471–1528), Karte des nördlichen Sternenhimmels (Staatliche graphische Sammlungen, München.

MATERIAL

Mikrokosmos und Makrokosmos 2

Agrippa von Nettesheim (1486–1535) hieß eigentlich Heinrich Cornelis. Durch sein Eintreten für die Beschuldigten bei Hexereiprozessen und seine Kritik an Intoleranz und Tyrannei von kirchlichen Würdenträgern geriet er in einen gefährlichen Konflikt mit der Kirche. Hier erörtert Agrippa vermeintliche Analogien zwischen allen Teilen des Kosmos.

Es ist sehr schwierig, zu erkennen, welche Dinge diesem oder jenem Gestirne oder Himmelszeichen zugehören. Man erkennt sie jedoch daran, dass sie die Strahlen oder die Bewegung oder die Figur der Himmelskörper nachahmen. Einige entsprechen auch gewissen Sternen durch ihre Farbe und ihren Geruch, andere durch ihre Wirkungen. Unter den Elementen sind solarisch das Feuer und die lichte Flamme; unter den Säften das reine Blut und der Lebensgeist; unter den Geschmäcken der scharfe mit Süßigkeit vermischte; unter den Metallen wegen seines Glanzes das Gold, dem die Sonne eine herzstärkende Eigenschaft verleiht; unter den Steinen solche, welche durch goldene Punkte die Sonnenstrahlen nachahmen, wie der Adlerstein, der solche Punkte hat und eine Kraft gegen die fallende Sucht und gegen Gifte besitzt. Der Stein, welcher Sonnenauge heißt und die Figur einer Augenpupille hat, aus deren Mitte ein Strahl hervorschimmert, stärkt das Gehirn und Gesicht. [...] Der Chrysolith, von zarter und lichter, grüner Farbe, worin, wenn man ihn gegen die Sonne hält, ein goldener Stern schimmert, stärkt die Respirationsorgane und ist den an Engbrüstigkeit Leidenden von Nutzen. [...] Dem Monde zugehörig (lunarisch) sind unter den Elementen die Erde, sodann das Wasser, sowohl das Meer- als das Flusswasser, und alles Feuchte, die Säfte der Bäume und der Tiere, hauptsächlich die weißen, als Eiweiß, Fett, Schweiß, Schleim und andere Flüssigkeiten der Körper. Von den Geschmäcken gehören dem Monde an der salzige und unschmackhafte. Unter den Metallen ist lunarisch das Silber, unter den Steinen der Kristall, der silberfarbene Markasit und alle weißen und grünen Steine, desgleichen der Selenit oder Mondstein, welcher von honiggelbem Glanze, weißlich durchscheinend ist und nicht nur die Gestalt des Mondes, sondern auch sein tägliches Zu- oder Abnehmen darstellt. Dem Monde gehören auch die Perlen an, die aus Wassertropfen in den Muscheln erzeugt werden, ebenso der Kristall und Beryll. Unter den Pflanzen und Bäumen sind lunarisch das Selenotropium, das sich nach dem Monde wendet, wie die Sonnenwende nach der Sonne; die Palme, welche alle Monate neue Zweige ansetzt.

H. C. Agrippa von Nettesheim, De occulta philosophia libri tres, Antwerpen 1531, dt. Ausgabe: Geheime Philosophie oder Magie, in: H. C. Agrippa von Nettesheim, Magische Werke sammt den geheimnißvollen Schriften des Petrus von Abano, Pictorius von Villingen, Stuttgart 1855–1856, Nachdruck Meisenheim a. Glan (Hain) 1975, Bd. 1, S. 133f., 139ff.

MATERIAL

3 Berühmt und umstritten: Pico della Mirandola

Giovanni Pico della Mirandola (1463–1494) wurde in Florenz als Sohn einer adeligen Familie geboren. Bereits im Alter von 14 Jahren begann er mit dem Studium des kanonischen Rechtes in Bologna, aber bald wandte sich der ökonomisch unabhängige Pico der Philosophie zu (Studium in Ferrara und Padua). Hier setzte er sich mit der jüdischen und arabischen Tradition auseinander. Er besaß eine riesige Privatbibliothek, darunter auch viele hebräische Werke. 1484 ging Pico nach Florenz, dem damaligen Zentrum des humanistischen Geisteslebens, wo er, gefördert durch die Medici-Familie, eine „Platonische Akademie" leitete, die die platonischen Dialoge und hermetische Schriften[1] der Spätantike übersetzte. Der junge Forscher beherrschte neben dem Lateinischen und Griechischen auch noch Hebräisch, Aramäisch und Arabisch. Pico suchte nach einer Synthese zwischen Plato, Aristoteles und dem Christentum, nach einer Harmonisierung von altorientalischen, jüdischen und islamischen Geistestraditionen. Auf diese Weise wollte Pico die innersten Geheimnisse der Welt ergründen.

1486 publizierte er 900 Thesen zu theologischen und philosophischen Fragen. Die Einleitung zu diesem gewaltigen Thesenkatalog, die „Oratio" seiner „de dignitate hominis" wurde zu einem der berühmtesten Texte der philosophischen Kultur des italienischen Humanismus.

Alle europäischen Gelehrten sollten zu einer Diskussion der Thesen nach Rom kommen. Sogar die Reisekosten sollten ihnen erstattet werden. Doch dazu kam es nicht, denn Picos Gegner hatten 13 der 900 Thesen unter dem Vorwand der Glaubenstreue beim Papst als ketzerisch denunziert. Die von Papst Innozenz VIII. eingesetzte Untersuchungskommission verurteilte 7 dieser 13 Thesen als ketzerisch, die übrigen 6 für verdächtig. Als Pico sich dagegen zur Wehr setzte, verwarf der Papst alle 900 Thesen, auch diejenigen, die Pico von dem berühmten Kirchenlehrer Thomas von Aquin übernommen hatte.

Pico floh daraufhin nach Frankreich, dort wurde er von päpstlichen Agenten verhaftet und eingekerkert. Allerdings weigerten sich die Theologen der Pariser Sorbonne, dem Wunsch des Papstes nachzukommen und Pico wegen Ketzerei zu verurteilen. Auch Lorenzo de Medici setzte sich für ihn ein, so dass Pico nach Florenz zurückkehren konnte. Der neue Papst Alexander VI. sprach ihn frei. In der Folge war der Gelehrte zunehmend fasziniert von dem Prediger Savonarola, der in Florenz gegen die weltlich orientierte und prachtliebende Herrschaft der Medici agitierte und einen religiösen Gottesstaat errichten wollte. Pico bekämpfte in einer für die damalige Zeit ungewöhnlich scharfen Weise die Astrologie. Er lehnte die Vorstellung ab, dass das menschliche Schicksal von den Gestirnen abhängt. Pico übernahm vom Humanismus die Hochschätzung sprachlicher und literarischer Quellen. Er glaubte an die Einheit aller Offenbarungen, an eine allen Weisen zugängliche Philosophie, die nicht nur zu einer Umgestaltung der religiösen Landschaft Europas, sondern der ganzen Welt führen würde.

[1] Hermetische Schriften: Spätantike Texte, die religiöse Offenbarungen und Geheimlehren enthalten.

Autorentext 2004

MATERIAL

Giovanni Pico della Mirandola: Über die Würde des Menschen 4

Pico della Mirandola (1463–1494).

Bereits hatte Gott-Vater, der höchste Baumeister, dieses irdische Haus der Gottheit, das wir jetzt sehen [...], nach den Gesetzen einer verborgenen Weisheit errichtet. Das überirdische Gefilde hatte er mit Geistern geschmückt [...]. Die materiellen und fruchtbaren Teile der unteren Welt hatte er mit einer bunten Schar von Tieren angefüllt. Aber als er dieses Werk vollendet hatte, da wünschte der Baumeister, es möge jemand da sein, der die Vernunft eines so hohen Werkes nachdenklich erwäge, seine Schönheit liebe, seine Größe bewundere. Deswegen dachte er, nachdem bereits alle Dinge fertiggestellt waren, [...] zuletzt an die Schöpfung des Menschen [...]. Aber unter den vielen Ruheplätzen des Weltkreises war kein einziger mehr vorhanden, auf dem jener Betrachter des Universums hätte Platz nehmen können. Alles war bereits voll, alles unter die höchsten, mittleren und untersten Ordnungen der Wesen verteilt [...]. Daher beschloss denn der höchste Künstler, dass derjenige, dem etwas Eigenes nicht mehr gegeben werden konnte, das als Gemeinbesitz haben sollte, was den Einzelwesen ein Eigenbesitz gewesen war. Daher ließ sich Gott den Menschen gefallen als ein Geschöpf, das kein deutlich unterscheidbares Bild besitzt, stellte ihn in die Mitte der Welt und sprach zu ihm: „Wir haben dir keinen bestimmten Wohnsitz, noch ein eigenes Gesicht, noch irgendeine besondere Gabe verliehen, o Adam, damit du jeden beliebigen Wohnsitz, jedes beliebige Gesicht und alle Gaben, die du dir sicher wünschst, auch nach deinem Willen und nach deiner eigenen Meinung haben und besitzen magst. Den übrigen Wesen ist ihre Natur durch die von uns vorgeschriebenen Gesetze bestimmt und wird dadurch in Schranken gehalten. Du bist durch keinerlei unüberwindliche Schranken gehemmt, du sollst nach deinem eigenen freien Willen, in dessen Hand ich dein Geschick gelegt habe, sogar deine Natur dir selbst vorbestimmen. Ich habe dich in die Mitte der Welt gesetzt, damit du von dort bequem um dich schaust, was es alles in dieser Welt gibt. Wir haben dich weder als einen Himmlischen noch als einen Irdischen, weder als einen Sterblichen noch einen Unsterblichen geschaffen, damit du als dein eigener, vollkommen frei und ehrenhalber schaltender Bildhauer und Dichter dir selbst die Form bestimmst, in der du zu leben wünschst. Es steht dir frei, in die Unterwelt des Viehes zu entarten. Es steht dir ebenso frei, in die höhere Welt des Göttlichen dich durch den Entschluss deines eigenen Geistes zu erheben. Müssen wir darin nicht zugleich die höchste Freigebigkeit Gott-Vaters und das höchste Glück des Menschen bewundern? Des Menschen, dem es gegeben ist, das zu haben, was er wünscht, und das zu sein, was er will. Denn die Tiere, sobald sie geboren werden, tragen vom Mutterleibe an das mit sich, was sie später besitzen werden. [...]. Die höchsten Geister aber sind von Anfang an oder bald darauf das gewesen, was sie in alle Ewigkeiten sein werden. In den Menschen aber hat der Vater gleich bei seiner Geburt die Samen aller Möglichkeiten und die Lebenskeime jeder Art hineingelegt. Welche er selbst davon pflegen wird, diejenigen werden heranwachsen und werden in ihm ihre Früchte bringen. Wenn er nur die des Wachsens pflegt, wird er nicht mehr denn eine Pflanze sein. Pflegt er nur die sinnlichen Keime, wird er gleich dem Tiere stumpf werden. Bei der Pflege der rationalen wird er als ein himmlisches Wesen hervorgehen.

Pico della Mirandola, Über die Würde des Menschen, hrsg. von H. W. Rüssel. Amsterdam (Pantheon) 1940, S. 48 f.

MATERIAL

5 Naturmagische Auffassungen als Voraussetzung für naturwissenschaftliches Denken?

In der Renaissance spaltete sich das einheitliche naturphilosophische Weltbild. Während sich die exakten Naturwissenschaften herausbildeten, blieb eine Weltsicht erhalten, die das Universum als All-Einheit begriff. Die Philosophin Karen Gloy analysiert das ganzheitliche Denken der Renaissance (1996).

Großen Einfluss auf die Renaissance übte okkultes, esoterisches Schrifttum aus. Hierzu gehören u.a. die Hermetischen Schriften[1], die aus den frühen nachchristlichen Jahrhunderten stammen [...]. Mit den Hermetischen Schriften drang ein recht diffuses Gemisch aus platonischen, aristotelischen, plotinischen und astrologischen Elementen in die Renaissancephilosophie ein. Die Grundideen, hinter denen Platons Timaios, Aristoteles' Substanztheorie und Plotins Emanationstheorie[2] stehen, lassen sich wie folgt charakterisieren:

a) Das Ureine, Gott, entfaltet sich in die Vielheit und Besonderheit der Welt, indem es in Form einer substantiellen Emanation buchstäblich in die Dinge einfließt, über die Fixsternsphäre dringt die Bewegung mit zunehmender Variation in die Planeten- und Sternsphäre und schließlich in die sublunare[3] Welt ein. Aufgrund dieses Einfließens der göttlichen Substanz und Kraft in die Dinge stellt sich das Ureine als eine Einheit dar, die alle Dinge mit Leben durchdringt und in der alle Dinge miteinander zusammenhängen.

b) Da jeder Stern eine Facette des Ureinen ist und zu jedem Stern ein Ding in der sublunaren Welt gehört, das etwas von der Kraft des Sternes und damit letztlich von der Kraft des Ureinen besitzt, resultiert eine Makro-Mikrokosmos-Analogie, welche in der Renaissancephilosophie eine eminente Rolle spielt.

c) Mit dem Herabsteigen und Eindringen der zunächst intelligibel[4] gedachten Weltseele in die niederen Sphären erlangt sie die mit diesen verbundenen niederen Seelenkräfte, wie Phantasie und Gedächtnis, sodann Empfindung, Begierden und vegetatives Leben. Konkret wird dies so beschrieben, dass die Seele, indem sie aus der Milchstraße und dem Tierkreis in die weiter unten befindlichen Planetensphären herabsinkt, deren Vermögen und Kräfte erlangt: im Saturn das Vermögen zu schließen, im Jupiter das Vermögen, außer sich zu wirken, im Mars die Begierden und Affekte, in der Sonne die Empfindung, Meinung und Einbildung, in der Venus den Sexualtrieb, im Merkur das Vermögen zu reden und Rede zu verstehen, im Mond endlich die Zeugungskraft. Da ferner den einzelnen Gestirnen Metalle zugeordnet sind, dem Saturn Blei, dem Jupiter Zinn usw., ergibt sich zudem eine Analogie zwischen Saturn, Blei und dem Vermögen zu schließen, zwischen Jupiter, Zinn und dem Willensvermögen usw. Auch diese Analogien sind für die Renaissancephilosophie von ungeheurer Bedeutung. [...]
Die Offenheit der Renaissancephilosophie für magische, okkulte Vorstellungen und Praktiken dürfte ursprünglich nicht aus reiner Lust am Okkulten zu erklären sein, sondern aus dem rationalen Wunsch, durch die Oberfläche der Dinge hindurch in die Tiefe zu dringen und zu erkennen, was die Welt im Innersten zusammenhält. Und dazu bedurfte es außer den sichtbaren Qualitäten, die seit der Antike auf die vier Elemente Erde, Wasser, Luft und Feuer als ihre Ursachen zurückgeführt wurden, des Ansatzes unsichtbarer, nur an ihren Wirkungen feststellbarer Eigenschaften, die aber gleichwohl das Universum beherrschen, eben jener astralen und elementarischen Kräfte. Selbst die mechanistische Naturwissenschaft hat nicht gänzlich auf unsichtbare Kräfte verzichten können, so z.B. Newton nicht auf die Gravitationskraft, freilich ohne ihr Wesen zu verstehen. Zur Erklärung bestimmter Phänomene blieb der Ansatz solcher Kräfte aber erforderlich.

---

[1] Hermetische Schriften: Spätantike Texte, die religiöse Offenbarungen und Geheimlehren enthalten.
[2] Emanation: Weltentstehung
[3] sublunare Welt (philosophischer Fachbegriff): Welt stofflicher Elemente und dessen, was aus ihnen gebildet ist.
[4] intelligibel: einsehbar, verstehbar

Karen Gloy, Das Verständnis der Natur, Bd. 2: Die Geschichte desganzheitlichen Denkens, München (Beck) 1996, S. 14–17.

Mögliche Schadenszauber von Hexen, Holzschnitt von Hans Schäuffelein in der Schrift: Der neü Layenspiegel, Augsburg 1511.

MATERIAL 6

Naturmagische Auffassungen als Voraussetzung für Hexenverfolgung?

Florenz wurde zum Zentrum der Beschäftigung mit antiken Philosophien und zugleich der Ausbildung esoterischen Denkens. Die Gelehrten Marsilio Ficino und Pico della Mirandola spielten dabei eine wichtige Rolle. Die Historikerin Monika Neugebauer-Wölk identifiziert Zusammenhänge zwischen neuen religiösen Denkformen in der Renaissance und der einsetzenden Hexenverfolgung (2003).

Der Esoteriker der Renaissance hat ein positives Verhältnis zum Magischen. Er interessiert sich für Magie im Sinne eigener Theorie und Praxis, er will selbst Magier sein, „Magus" in der Terminologie der Zeit. [...] Ob der Magus an Hexen glaubt, hängt davon ab, ob er es für möglich hält, dass Ungelehrte, ungebildete Frauen, einfache Mitglieder der breiten Bevölkerung überhaupt die Kompetenzen haben, Magie zu treiben. Der Renaissancemagus musste mindestens des Lateinischen und Griechischen, unter Einschluss kabbalistischer Magie auch des Hebräischen mächtig sein, um die angenommenen Zusammenhänge verstehen und handhaben zu können. Agrippa von Nettesheim, Verfasser des wohl bedeutendsten magietheoretischen Werkes der Frühen Neuzeit[1] hat die Magie einfacher Leute weitgehend ausgeschlossen und angeklagte Frauen vor Gericht verteidigt. Man konnte aber auch der Auffassung sein, dass es gerade die Inkompetenz war, die deren magisches Handeln zusätzlich zum entsprechend bösen Willen gefährlich machte; den Hexen fehlten die von den Gelehrten sorgsam kultivierten „Kontrollmöglichkeiten".
Was Esoterik und Hexenglauben aber vor allem verbindet, das ist das Selbstverständnis freier magischer Religiosität als Wissenskonzeption.

„Magie" gehört mit Astrologie und Alchemie zum Kanon der drei „alten Wissenschaften"; sie sind insgesamt Bestandteile des esoterischen Corpus, das das System eines „höheren Wissens" konstituiert, das dem normalen Erkenntnisvermögen des Menschen nicht zugänglich ist. Dieses Selbstverständnis eines privilegierten Wissens erlebt in der beginnenden Neuzeit eine bisher unbekannte Steigerung und verbindet sich mit einem [...] Realisierungsanspruch, der die Umsetzung transzendenter „Erkenntnis" in die irdische Realität ermöglicht und rechtfertigt. Renaissancemagus und Hexenjäger verfügen nach ihrem Selbstbild über das Wissen von den magischen Möglichkeiten des Menschen – sie sind Experten. Es ist das Expertenwissen des Hexenjägers, das ihn vor sich und anderen zur Verfolgung legitimiert, und es ist die „Wissenschaft" der Dämonologie, die sich an den Universitäten und in der öffentlichen Diskussion etabliert. Der Anspruch auf praktische Weltveränderung auf der Basis von Wissensbildung ist der neuzeitliche Habitus des in der Renaissance entstehenden magischen Denkens, das seine antiken Quellen weit hinter sich lässt. Erst auf dieser Basis wird magische Religiosität in Massenverfolgung umgesetzt.

[1] gemeint ist die Schrift *De occulta philosophia libri tres*

Monika Neugebauer-Wölk, Wege aus dem Dschungel. Betrachtungen zur Hexenforschung, in: Geschichte und Gesellschaft 29 (2003), Heft 2, S. 328 ff.

MATERIAL

7 Naturwissenschaftliche Entdeckungen in der Frühen Neuzeit

a) Der angesehene niederländische Anatomielehrer Andreas Vesalius (1514–1564) sezierte Leichen, wobei er besonders nach den von dem antiken Arzt Galen beschriebenen Löchern in der Herzscheidewand suchte. Was Galen noch nicht wusste, war, dass das Herz den gesamten Blutkreislauf gleichzeitig bewegt und eine Vermischung verschiedener Blutsorten dort gerade ***nicht*** *stattfinden darf.*

Was die Struktur des Herzens und die Funktion seiner Teile anlangt, so habe ich meine Aussagen in den meisten Fällen mit den Lehren Galens in Übereinstimmung gebracht; nicht weil ich glaubte, dass diese in allen Punkten mit der Wahrheit übereinkämen, sondern, weil ich [...] an meinen eigenen Ansätzen immer noch zweifle. Es ist noch nicht lange her, dass ich es nicht gewagt hätte, auch nur einen Finger breit von der Meinung Galens, des Fürsten der Ärzte abzuweichen [...]. Doch die Scheidewand ist so dick, dicht und kompakt wie das ganze übrige Herz. Ich wüsste deshalb nicht, [...] auf welche Weise selbst das subtilste Teilchen von der rechten zur linken Herzkammer durch die Materie dieser Scheidewand transportiert werden könnte. [...] Wir müssen uns deshalb über die Kunstfertigkeit des Schöpfers wundern, die das Blut von der rechten zur linken Herzkammer durch Poren dringen lässt, die sich der Sicht völlig entziehen.

b) Der Londoner Arzt William Harvey (1578–1657) hatte Vorlesungen bei Vesalius gehört und konnte später als erster präzise den „großen Blutkreislauf" erklären. Er schreibt über die von Galen beschriebenen Löcher in der Herzscheidewand:

Da ich sowohl bekenne, dass man die Anatomie nicht aus Büchern, sondern aus Zergliederungen, nicht aus philosophischen Glaubenssätzen, sondern in der Werkstatt der Natur erlernt und lehrt, [...] ist jene Meinung [noch weniger zu vertragen], die [...] behauptet, das Blut schwitze durch blinde Löcher der Herzscheidewand aus der rechten in die linke Kammer hindurch [...] und deswegen gebe es in der Herzscheidewand mehrere der Fortleitung des Blutes angepasste Löcher. Aber zum Teufel, es gibt keine Löcher, noch lassen sich solche nachweisen! Und zwar ist die Substanz der Herzscheidewand dichter und fester als irgendein beliebiger anderer Bestandteil des Körpers, ausgenommen die Knochen und Sehnen [...]. Mir für meine Person ist es wirklich wunderlich, dass man lieber einen Weg durch die dicke, harte, dichte, ganz feste Herzscheidewand schafft oder vielmehr vorgibt, als durch das offene venöse Gefäß bzw. durch die lockere, schlaffe, ganz weiche, schwammige Substanz der Lungen.

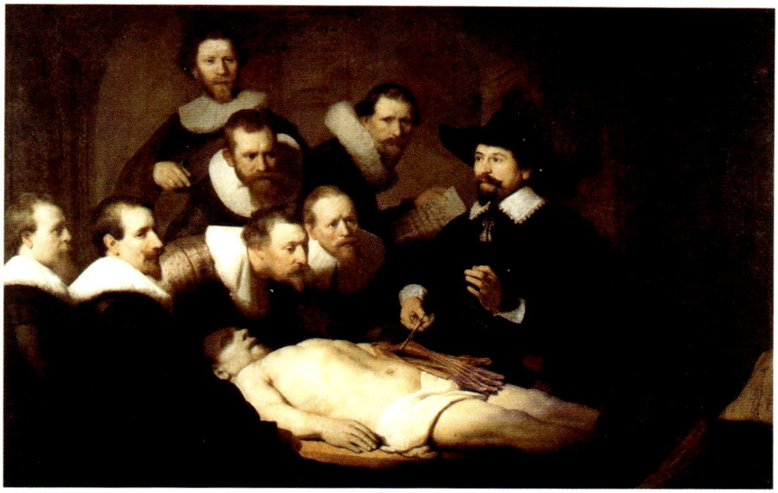

Rembrandt van Rijn (1606–1669), Anatomische Vorlesung des Dr. Nicolaes Tulp, 1632 (Mauritshuis, Den Haag).

c) An späterer Stelle schreibt Harvey über seine Entdeckungen zum Blutkreislauf:

So ist dies so neu und unerhört, dass ich nicht nur zufolge der Missgunst gewisser Leute eine Unbill für mich fürchte, sondern besorgt bin, ich mache mir die ganze Menschheit zum Feind: So mächtig ist bei allen Menschen die Gewohnheit bzw. eine einmal eingesogene und tief im Boden eingewurzelte, sozusagen zur zweiten Natur gewordene Lehre, und einen solchen Zwang übt irgend eine ehrwürdige Mutmaßung des Altertums! Sei dem wie immer, der Würfel ist einmal gefallen, und meine Hoffnung ruht auf der Wahrheitsliebe und auf der Ehrlichkeit der Gesinnung der Gelehrtenwelt.

a) A. Vesalius, Vom Bau des menschlichen Körpers (1543), zit. nach I. B. Cohen, Revolutionen in der Naturwissenschaft, übers. v. W. Kutschmann, Frankfurt a. M. (Suhrkamp) 1994, S. 271 f.
b) W. Harvey, Die Bewegung des Herzens und des Blutes (1628), zit. nach R. Ritter von Töply: Klassiker der Medizin, hrsg. v. Karl Sudhoff, Leipzig (Barth) 1910, S. 15, 24 f.
c) ebd. S. 53 f.

1. Informieren Sie sich über Leben und Werk einzelner Repräsentanten der Renaissance und des Humanismus (Kurzreferate, M 1).
2. Vergleichen Sie den Lebenslauf des Pico della Mirandola mit denen anderer Geistesgrößen jener Zeit. (M 3) Inwiefern ist er typisch?
3. Erläutern Sie, welche Zusammenhänge Agrippa zwischen Mikrokosmos und Makrokosmos herstellt. (M 2)
4. Legen Sie dar, worin nach Pico della Mirandola die „Würde des Menschen" besteht. (M 4) Inwiefern ist Pico ein „revolutionärer Denker"?
5. Stellen Sie zusammen, wodurch das naturmagische Denken der Renaissance geprägt ist. Erläutern Sie, inwiefern Gelehrte der Renaissance die geistigen Voraussetzungen für die Hexenverfolgung schufen. (M 6)
6. Vergleichen Sie die Untersuchungen zur Herzscheidewand. Welcher Perspektivenwandel gegenüber antiken Autoritäten (hier Galen) lässt sich beobachten? (M 7)

Schule von Athen. Raffael und seine Werkstatt schufen das Wandgemälde im Papstpalast (Vatikan) zwischen 1509 und 1512. Zentral oberhalb der Treppe sind die griechischen Philosophen Platon (links) und Aristoteles (rechts) zu sehen. Um sie herum sind weitere bedeutende Denker der griechischen Antike gruppiert, so unten links Pythagoras, rechts davon, auf die Truhe gestützt, Heraklit.

2.2 Ein neues Bildungs- und Erziehungsideal

Weltoffene Gelehrte

Auf den ersten Blick scheinen die Humanisten reine „Büchermenschen" gewesen zu sein, die sich in alte Texte vergruben. Betrachtet man indes die Biographien einzelner Humanisten näher, wird man aufregende, ja sogar dramatische Lebensläufe finden, geprägt nicht nur durch Schul- und Universitätsausbildung, sondern auch durch zahlreiche Reisen quer durch Europa und durch intensive internationale Kontakte. Manche Humanisten wurden verfolgt, viele mussten um ihr Leben bangen. „Diesseitsorientierung" zeigten sie im Leben wie im Umgang mit der gelehrten Tradition.

Neue Fragen an alte Texte

„Heidnische" Texte wurden auch in früheren Epochen gelesen. Was veranlasste die Humanisten zu ihrem Studium antiker Schriften? Was war ihr besonderes Interesse, welche spezifischen Absichten verfolgten sie damit? Die mittelalterlichen Scholastiker hatten zumeist versucht, die christlichen Glaubensaussagen und -wahrheiten mit Hilfe der Philosophie abzusichern und Widersprüche zu bereinigen, um auf diese Weise der Autorität der kirchlichen Überlieferung zu dienen. Den diesseitsbezogenen Humanisten dagegen ging es primär um die in den alten Texten verborgenen Werthaltungen und Menschenbilder.

Neue Signale aus der Antike

Damit rückte auch ein philologisches Interesse in den Mittelpunkt, denn viele Texte der Antike waren (und sind) unvollständig und durch zahlreiche Abschriften verändert. Um ihren ursprünglichen Gehalt zu rekonstruieren, mussten textkritische Verfahren (etwa der Vergleich von Überlieferungsvarianten) entwickelt und angewandt werden. Die vor allem in Klosterbibliotheken gesammelten und kopierten Texte galt es neu zu lesen. Ein günstiger Umstand kam hinzu: Als 1453 Konstantinopel von den

Osmanen unter Mehmet II. erobert wurde, kamen viele byzantinische Gelehrte nach Italien bzw. nach Westeuropa. Sie vermittelten dabei ihren westeuropäischen Kollegen weitere bislang unbekannte oder verschollen geglaubte Texte aus der Antike.

Je besser das Latein, desto besser der Mensch?

Verachtet wurde nun das im Mittelalter angeblich degenerierte „Küchenlatein". Dieser Begriff stammt von dem Humanisten Lorenzo Valla, der seinem berühmten Zeitgenossen Poggio Bracciolini vorwarf, er habe sein Latein von einem Koch gelernt: Wie dieser Töpfe zerbreche, zerschlage er das grammatikalisch richtige Latein. Wie man in den antiken Texten die Zeugnisse einer besseren Sprache zu finden glaubte, meinte man dort auch Zeugnisse eines „reineren", freieren, diesseitsbezogenen Menschentums zu identifizieren, das sich um das griechische Ideal von Maß und Mitte bemüht hatte und das nicht unbedingt in einem Gegensatz zu christlichen Glaubenshaltungen stehen musste. Die Humanisten verspotteten und bekämpften daher nicht selten die primär jenseitsorientierte mittelalterliche kirchliche Dogmatik und Scholastik.

MATERIAL

Die menschliche Seele ist das Größte von allem 1

Der italienische Dichter Francesco Petrarca (1304–1374) berichtet von seiner Besteigung des Mont Ventoux in Südfrankreich nordöstlich von Avignon (1336):

Den höchsten Berg dieser Gegend, den man nicht zu Unrecht Ventosus, „den Windigen", nennt, habe ich am heutigen Tag bestiegen, allein vom Drang beseelt, diesen außergewöhnlich hohen Ort zu sehen. Viele Jahre lang hatte mir diese Besteigung im Sinn gelegen; seit meiner Kindheit habe ich mich nämlich, wie Du weißt, in der hiesigen Gegend aufgehalten, wie eben das Schicksal mit dem Leben der Menschen sein wechselvolles Spiel treibt. Dieser Berg aber, der von allen Seiten weithin sichtbar ist, steht mir fast immer vor Augen. [...]

Der Berg ist von allen der höchste; die Waldbewohner nennen ihn „Söhnlein" [...]. Auf seinem Gipfel ist ein kleines Plateau. Dort erst setzten wir uns erschöpft zum Ausruhen nieder.

Und da Du ja gehört hast, welche Sorgen ins Herz des Aufsteigenden aufgestiegen sind, so höre, Vater, auch den Rest, und verwende bitte eine von Deinen Stunden dafür, nachzulesen, was ich an einem meiner Lebenstage getan habe.

Zuerst stand ich, durch den ungewohnten Hauch der Luft und die ganz freie Rundsicht bewegt, einem Betäubten gleich da. Ich schaue zurück nach unten: Wolken lagen zu meinen Füßen, und schon wurden mir der Athos und der Olymp weniger sagenhaft, wenn ich schon das, was ich über sie gehört und gelesen, auf einem Berg von geringerem Ruf zu sehen bekomme.

Ich wende dann meine Blicke in Richtung Italien, wohin mein Herz sich stärker hingezogen fühlt. Die Alpen selber, eisstarrend und schneebedeckt [...], sie zeigten sich mir ganz nah, obwohl sie weit entfernt sind. Ich seufzte, ich gestehe es, nach italischer Luft, die mehr dem Geist als den Augen sich darbot, und ein unwiderstehliches, brennendes Verlangen erfasste mich, sowohl Freund als Vaterland wiederzusehen. [...]

Der Grenzwall der gallischen Lande und Spaniens, der Kamm der Pyrenäen, ist von dort nicht zu sehen, nicht weil, soviel ich weiß, irgendein Hindernis dazwischenträte, nein, allein infolge der Schwäche der menschlichen Sehkraft. Die Berge der Provinz von Lyon hingegen zur Rechten, zur Linken sogar der Golf von Marseille und der, der an Aigues-Mortes brandet, waren ganz deutlich zu sehen, obwohl dies alles einige Tagereisen entfernt ist. Die Rhone lag geradezu unter meinen Augen. Während ich dies eins ums andre bestaunte und bald an Irdischem Geschmack fand, bald nach dem Beispiel des Körpers die Seele zu Höherem erhob, kam ich auf den Gedanken, in das Buch der *Bekenntnisse* des Augustinus hineinzuschauen, eine Gabe, die ich Deiner Wertschätzung verdanke. Ich bewahre es auf zur Erinnerung an den Verfasser wie an den Geber und habe es stets zur Hand: ein faustgroßes Werklein, von winzigstem Format, aber voll unendlicher Süße. Ich öffne es, um zu lesen, was mir gerade vor die Augen treten würde; was denn könnte mir wohl vor die Augen treten außer Frommem und Gottergebenem? Zufällig aber bot sich mir das zehnte Buch dieses Werkes dar. Mein Bruder stand voller Erwartung, durch meinen Mund etwas von Augustinus zu hören, mit gespitzten Ohren da. Gott rufe ich zum Zeugen an und ihn eben, der dabei war, dass an der Stelle, auf die ich zuerst die Augen heftete, geschrieben stand: *Und es gehen die Menschen hin, zu bewundern die Höhen der Berge und die gewaltigen Fluten des Meeres und das Fließen der breitesten Ströme und des Ozeans Umlauf und die Kreisbahnen der Gestirne – und verlassen dabei sich selbst.*

Ich war betäubt, ich gestehe es, und ich bat den Bruder, der darauf brannte, weiter zu hören, er solle nicht in mich dringen, schloss das Buch, zornig auf mich selber, dass ich jetzt noch Irdisches bewunderte, ich, der ich schon längst selbst von den Philosophen der Heiden hätte lernen müssen, dass nichts bewundernswert ist außer der Seele: Im Vergleich zu ihrer Größe ist nichts groß.

Francesco Petrarca, Die Besteigung des Mont Ventoux. Übersetzt und herausgegeben von Kurt Steinmann, Stuttgart (Reclam) 1995, S. 5 ff.

MATERIAL

2 Was sollte ein junger Mann heutzutage erlernen?

In François Rabelais' Roman „Gargantua und Pantagruel" (1532) schreibt Gargantua an seinen in Paris studierenden Sohn Pantagruel:

[Es] wird dir nützlich und heilsam sein, wenn du dich daran erinnerst, dass ich nichts an dir gespart, wohl aber alles, was in meinen Kräften stand, für dich getan habe, als hätte ich kein anderes begehrenswertes Gut auf Erden als das eine, noch mit meinen sterblichen Augen dich vollkommen und tüchtig in jeder Tugend, in Redlichkeit, Biederkeit und in allem nützlichen und ehrbaren Wissen zu sehen und dich nach meinem Tode zurückzulassen als einen Spiegel, der meine, Deines Vaters, Persönlichkeit widerstrahlen wird, ein Bild, nicht so rein vielleicht, wie ich wohl wünschte, aber doch voll eifrigen Strebens, es zu werden.

Obgleich mein Vater Grandgousier gesegneten Andenkens keine Mühe und Kosten scheute, damit ich mich ausbilden und mir alle zum Leben nötigen Kenntnisse zu Eigen machen könnte, auch mein Fleiß und mein Eifer seinen Wünschen entsprachen, ja wohl noch darüber hinausgingen, so war doch die damalige Zeit, wie du leicht begreifen wirst, den Wissenschaften noch nicht so günstig wie die gegenwärtige, und ich hatte nicht eine so große Anzahl von Lehrern, wie du gehabt hast. Damals lag noch alles in der Finsternis und litt an der Unfruchtbarkeit und Barbarei der Goten, welche alle gute Literatur vernichtet hatten. Aber durch göttliche Gnade wurden während meiner Lebenszeit der Wissenschaft Licht und Würde zurückgegeben, und sie nahm einen solchen Aufschwung, dass ich, der ich als junger Mann nicht mit Unrecht für einen der Gelehrtesten meiner Zeit galt, jetzt kaum in die erste Klasse der Abc-Schüler aufgenommen werden würde. [...]

Jetzt sind alle Lehrfächer wieder eingeführt, die Sprachen neu belebt: Griechisch, ohne welches heutzutage niemand auf den Namen eines Gelehrten Anspruch erheben kann, Hebräisch, Chaldäisch und Lateinisch. Schöne, einwandfreie Drucke sind überall im Gebrauch, deren Herstellung erst zu meiner Zeit durch göttliche Eingebung erfunden wurde wie umgekehrt die Feuerwaffen durch satanische. Überall findet man eine Menge gelehrter, hoch studierter Professoren, reiche Bibliotheken, und meiner Meinung nach hat es weder zu Platons noch zu Ciceros, noch Papinians[1] Zeiten solche Gelegenheit gegeben, etwas Tüchtiges zu lernen, wie jetzt. Bald wird niemand in irgendeiner Gesellschaft mehr am Platze sein, der sich nicht in Minervas[2] Werkstatt geübt hat; Räuber, Henker, Abenteurer und Stallknechte sind heutzutage gelehrter als die Doktoren und Prediger meiner Zeit.

Ja, was soll ich sagen? Frauen selbst und Mädchen streben nach dem Ruhm und himmlischen

Manna der Gelehrsamkeit. So habe auch ich mich trotz meines Alters gemüßigt gesehen, noch Griechisch zu lernen, was ich bis dahin nicht etwa wie Cato verachtet hatte, aber wozu mir in meiner Jugend die Gelegenheit nicht geboten wurde. [...]

Deinen Stil im Griechischen bilde nach Platon, im Lateinischen nach Cicero. Die Historie musst du unbedingt vollständig im Gedächtnis haben, wozu dir die Kosmographien derer, die darüber geschrieben, von Nutzen sein werden. Für die Freien Künste, für Geometrie, Arithmetik und Musik habe ich dir bereits Geschmack beigebracht, als du noch ein kleiner Bube von sechs Jahren warst. Setze das nun weiter fort und erlerne die Astronomie in all ihren Gesetzen. Aber um die wahrsagerische Astrologie und um die Kunst des Lullius[3], welche nichts als Irrwahn und Torheit ist, bekümmere dich nicht. Vom Zivilrecht will ich, dass du die trefflichen Texte auswendig wissest und sie philosophisch zu analysieren verstehst.

Es ist mein Wunsch, dass du dich mit den Dingen der Natur eingehend beschäftigst, so dass es kein Meer, keinen Fluss, kein Bächlein gebe, von dem du die Fische nicht kenntest. Kein Vogel der Luft, kein Baum oder Strauch, keine Staude, kein Kraut des Feldes, kein Metall im Schoß der Erde, kein Edelstein des Morgen- oder Mittaglandes darf dir unbekannt bleiben.

Sorgfältig durchforsche die Schriften der griechischen, arabischen und lateinischen Ärzte und vernachlässige auch nicht die Talmudisten und Kabbalisten[4]. Durch häufige Übungen in der Anatomie erwirb dir eine umfassende Kenntnis der kleinen Welt, Mensch genannt. Jeden Tag verwende einige Stunden darauf, die Heilige Schrift zu studieren, zuerst in griechischer Sprache das Neue Testament und die apostolischen Briefe, dann in hebräischer Sprache das Alte Testament. *In summa*, mache dich zu einem Abgrund des Wissens; denn bist du erst älter und ein Mann geworden, so ist es mit dem ruhigen und friedlichen Studium für dich vorbei, und du musst dann das Ritterwesen und das Waffenhandwerk erlernen, damit du mein Haus verteidigen und unseren Freunden in ihren Kämpfen gegen die

Jan Steen (ca. 1625–1679) *Gelehrter am Studiertisch,* 1665.

Angriffe Übelgesinnter beistehen kannst. Und um es kurz zu sagen, ich will, dass du auch zeigest, was du gelernt hast, welches nicht besser geschieht, als wenn Du öffentlich mit und gegen jedermann disputierst und mit den gelehrten Leuten sowohl in Paris als an anderen Orten lebhaften Verkehr unterhältst. [...] Und wenn du zu der Einsicht gekommen sein wirst, dass du alles gelernt hast, was du dort lernen konntest, so kehre heim zu mir, damit mein Auge dich noch einmal sehe und ich dir meinen Segen gebe, bevor ich sterbe.

dein Vater Gargantua

---

[1] Papinian: Publius Papinius Statius (ca. 40–96), römischer Dichter

[2] Minerva: römische Göttin des Handwerks, der Weisheit und der Künste

[3] Lullius: Raymundus Lullius (1233–1316), umstrittener Theologe und Philosoph, der sich intensiv mit nichtchristlichen Religionen und Kulturen befasste.

[4] Talmud: heilige Schrift der Juden; Kabbala: jüdische Geheimlehre und Mystik

François Rabelais, Gargantua und Pantagruel. Hrsg. von Horst und Edith Heintze, Frankfurt a. M. (Insel Verlag) 1974, Bd. 1, S. 216–220.

Albrecht Dürer, Willibald Pirckheimer (1524).

MATERIAL

3 Der Humanist Willibald Pirckheimer – eine biographische Skizze

Pir(c)kheimer, Willibald, bedeutender deutscher Humanist der Reformationszeit, geb. 5. 12. 1470 in Eichstätt, gest. 22. 12. 1530 in Nürnberg, letzter männlicher Nachfahre der seit 1359 in Nürnberg ansässigen Patrizierfamilie Pirckheimer. Die Pirckheimer besaßen im 14. und Anfang des 15. Jahrhunderts eines der größten Handelshäuser Europas, das aber 1492 endgültig in Konkurs ging. Sie widmeten sich als eine der ersten Familien in Deutschland humanistischer Bildung. Ihre Mitglieder gehörten zu den gelehrtesten Juristen und Diplomaten im Reich. Bereits P.s Vorfahren brachten eine bedeutende Bibliothek zusammen, die P. ausbaute und auch anderen Gelehrten zur Verfügung stellte. P. war der Sohn des Juristen Dr. Johannes Pirckheimer und seiner Frau, der Patrizierin Barbara Löffelholz. Von P.s elf Geschwistern wurden acht Schwestern Nonnen, von denen Caritas, die Äbtissin des Nürnberger Klaraklosters, wegen ihrer Bildung bei Humanisten und Reformatoren Ansehen genoss. P.s Tochter Katharina war die letzte Äbtissin des Klaraklosters. Bei P.s Geburt war sein Vater bischöflicher Sekretär in Eichstätt. 1478–1488 lebte Johann Pirckheimer als Rat der Herzöge Albrecht IV. von Bayern und Sigmund von Tirol in München und Innsbruck. In dieser Zeit erhielt P. von seinem Vater Privatunterricht und begleitete ihn nach Tirol, Italien und in die Schweiz. 1488 erhielt P. eine ritterliche Ausbildung am Hof des Eichstätter Fürstbischofs Wilhelm II. von Reichenau. Danach studierte P. Jura 1489–1492 in Padua, 1492–1495 in Pavia, wobei er auch humanistische Studien betrieb. [...] Aus Italien zurückgekehrt, heiratet P. 1495 die Patriziertochter Crescentia Rieter. Aus der Ehe gingen fünf Töchter hervor. 1496 wurde P. in den Nürnberger Rat gewählt. Er wird Junger Bürgermeister (Geschäftsführer) und Protokollführer im Kleinen Rat, der Stadtregierung, sowie Viertelhauptmann. P. knüpfte erste Kontakte zu Nürnberger Humanisten. 1496 gründete der Rat eine Poetenschule, die P. überwachte, 1509 aber wegen antihumanistischer Widerstände aufgelöst wurde. Im Sommer 1499 befehligte P. als Feldhauptmann ein Nürnberger Truppenkontingent im Krieg Kaiser Maximilians I. gegen die Schweizer Eidgenossen. P. beschrieb den Feldzug später in seinem Buch *De Bello Helvetico* [...]. 1502 trat P. wegen eines Konflikts mit dem ersten Losunger[1], Paul Volckamer, aus dem Rat aus. P. konzentrierte sich auf seine antiken Studien und veröffentlichte lateinische Übersetzungen griechischer Klassiker. Von da an publiziert P. immer wieder Übersetzungen, v. a. aus Plutarch, Xenophon und Lukian. 1504 starb P.s Frau. P. heiratet nicht mehr, bekam aber 1522 einen unehelichen Sohn Sebastian von Barbara Grätz. 1505 kehrte P. als einer der acht Alten Genannten in den Rat zurück und war als Viertelsmeister für den Stadtteil am Rathaus verantwortlich. 1505–1519 unternahm P. zahlreiche Gesandtschaftsreisen, darunter zu Reichstagen und zum Kaiser nach Augsburg, Linz und Innsbruck. 1506 ernannte ihn Maximilian I. zum Kaiserlichen Rat. [...] P. bemühte sich um eine humanistische Reform der Nürnberger Lateinschulen. 1512–1519 half er als Texter seinem engen Freund Albrecht Dürer bei der Arbeit an den Holzschnittwerken „Ehrenpforte“ und „Triumphzug“ für Maximilian I. 1515 begann P. seinen Briefwechsel mit Erasmus von Rotterdam, der sich zu einer engen Freundschaft entwickelte, wie P. auch zu anderen Humanisten enge Beziehungen unterhielt. In Nürnberg wurde P. zum Haupt eines Humanistenkreises, förderte Gelehrte und Künstler. In der Kontroverse zwischen Johannes Pfefferkorn und dem Humanisten Johannes Reuchlin verteidigte P. Reuchlin 1517 in den Epistola apologetica. P. sympathisierte wie andere Humanisten anfangs mit Martin Luther, der 1518 Gast im Hause P.s war. 1520 publizierte P. unter Pseudonym die gegen Luthers Gegner Johann Eck gerichtete Satire „Eckius dedolatus“. P. wurde daraufhin vom Papst zusammen mit Luther und dessen Anhängern gebannt. P. bestritt seine Verfasserschaft,

Albrecht Dürer (1471–1528), *der Tod der Crescentia Pirckheimer*, 1504.

1521 wurde er vom Bann wieder gelöst. [...] Gleichwohl wurde er 1526 Kaiserlicher Rat Karls V. P. widmete sich wieder der griechischen Literatur, veröffentlichte Übersetzungen der Dialoge Platons und Plutarchs. Als 1525 die Reformation in Nürnberg eingeführt wurde, setzte sich P. beim Rat, der alle Klöster zu schließen befahl, für den Erhalt des Klaraklosters ein, erreichte aber nur, dass es bestehen bleiben, aber keine neuen Nonnen aufnehmen durfte. 1526–1527 führte P. in mehreren Streitschriften eine theologische Auseinandersetzung mit Johannes Oecolampad, bei der P. die Realpräsenz in der Eucharistie verteidigte. P. publizierte nun auch lateinische Übersetzungen aus den Werken von Gregor von Nazianz und Maximus Confessor. Eine Reihe von P.s Werken und Übertragungen erschienen erst posthum. [...]

P.s Bedeutung als Humanist wurde lange unterschätzt. Als einer der eifrigsten Übersetzer griechischer Texte, die zu seiner Zeit auch unter Humanisten weithin unbekannt waren, wurde er zum Wegbereiter für die Rezeption der griechischen Antike in Deutschland. [...] P.s Stellung zur Reformation wird unterschiedlich gesehen, die Einschätzungen reichen von „alle kirchliche Bindungen abgestreift“ über „Stütze des Luthertums“ bis „zunehmende Nähe zu den katholischen Vorkämpfern“.

[1] Losunger: Ratsherr von Nürnberg

Klaus-Stefan Krieger, Artikel „Pirckheimer“, in: Biographisch-Bibliographisches Kirchenlexikon, Herzberg (Verlag Traugott Bautz), Bd. VII (1994), Spalte 628–633.

Stadtansicht von Nürnberg in der Schedelschen Weltchronik.

MATERIAL

4 Ein spektakuläres Buchprojekt: die Schedelsche Weltchronik

Elisabeth Rücker analysiert eines der bedeutendsten Druckerzeugnisse der frühen Neuzeit in seiner Position zwischen mittelalterlicher Welt und Moderne (1988).

Rückblickend auf das Jahr 1493, in dem die Schedelsche Weltchronik erschien, wirken die Umstände, die die Entstehung dieses Buches herbeiführten, wie eine Sternstunde in dieser geistig so lebendigen Epoche. Der Kreis der Persönlichkeiten, die am Zustandekommen dieses Werkes beteiligt waren und den verschiedensten Berufen angehörten, war in seiner Zusammensetzung einer jener seltenen Glücksfälle, denen wir das Außergewöhnliche verdanken. Zudem vermittelt er uns einen anschaulichen Einblick in das Geistesleben der alten Reichsstadt Nürnberg während ihrer Hochblüte zur Zeit des Frühhumanismus und des Frühkapitalismus.
Wenn dieser Foliant auch heute noch nichts von seiner Popularität eingebüßt hat, so ist das in erster Linie seinen weitbekannten Städteansichten zu verdanken. Diese sind jedoch nur ein Teil der gesamten Illustrationen; denn die Schedelsche Weltchronik enthält insgesamt 1809 Holzschnitte, gedruckt von 645 Holzstöcken. Sie ist damit das bilderreichste Werk aus der Frühzeit des Buchdrucks, nicht nur in Deutschland, sondern im Abendland überhaupt. Den Druck besorgte der damals bedeutendste Drucker Deutschlands, Anton Koberger; die Illustrationen entstanden in der größten Malerwerkstatt Nürnbergs, zu einem Zeitpunkt, als Albrecht Dürer dort seine Lehre gerade beendete. Der Autor Hartmann Schedel, Arzt von Beruf, besaß unter den humanistischen Bücherfreunden der Stadt die umfangreichste Privatbibliothek. Sie bildete die Voraussetzung für die Abfassung seiner Weltchronik. […] Die Finanzierung der Weltchronik trug der Mäzen Sebald Schreyer zusammen mit seinem Schwager; Schreyer hat als Kirchenmeister von St. Sebald, also als Vermögensverwalter, viel für die Erhaltung und den weiteren Ausbau dieser Nürnberger Kirche geleistet und ist als Förderer des Bildhauers Adam Kraft in die Kunst-

geschichte eingegangen. Auch der große humanistische Dichter Konrad Celtis steht mit diesem Werk in engem Zusammenhang. [...]
[Die Schedelsche Weltchronik] stellt in Text und Bild ein charakteristisches Zeugnis des ausgehenden Mittelalters dar, in dem Vergangenes tradiert wird und Neues sich ankündigt. Der nahtlose Übergang von biblischer Geschichte in Historie und weiter in den „Journalismus" jener Tage entspricht noch mittelalterlicher Auffassung. Die Zitierung zeitgenössischer italienischer Autoren wie Enea Sylvio de' Piccolomini sowie auch antiker Dichter ist ein Ausdruck der humanistischen Bildung des Verfassers. Die authentischen Städteansichten sind dem damals wachsenden Interesse an den Naturwissenschaften, an Reiseberichten und an der Kosmographie zu verdanken. [...]
Nach Abschluss der großen Arbeit an seiner Weltchronik, die ihn über Jahre hin beschäftigte, hat Hartmann Schedel am 3. März 1494 sein Testament gemacht. Darin bedenkt er weitschauend seine Büchersammlung: „Item meine Bücher alle in der Liberey schick ich mit aller Irer Zugehörung, das sie beieinander bleiben, und den namen der Schedel, und meinen Kindern und Iren nachkommen zu nutz behalten werden sollen, und wo eines davon gebraucht wird, das es wider dazu verordnet wird, nach Inhalt eines Registers und das sie sauber behalten sollen werden ... zu Lob Gott ..." Mit dieser auf die Zukunft gerichteten Denkweise wollte er das Gedächtnis an seine Person bewahren, eine durchaus individualistische, selbstbewusste Einstellung, bereits von mittelalterlicher Demut entfernt. In den Regelungen jedoch, die er bezüglich eines beachtlichen Vermögens traf, hatte er viele wohltätige Stiftungen angeordnet; hier handelte er also noch traditionsbewusst. Persönlichkeit und Werk Hartmann Schedels tragen alle Anzeichen eines Überganges; seine Weltchronik, in der sich Althergebrachtes und neue Ideen miteinander vermischen, ist ein beredtes Zeugnis dafür. Der aufgeschlossene, modern fühlende Zeitgenosse muss diese Zwischenstellung zwischen Mittelalter und Neuzeit als einen Zwiespalt, ja als „altmodisch" empfunden haben. Denn was sollte sonst den Wunsch nach einer gründlichen Textrevision veranlasst haben, die schon vier Monate

Illustration einer Weltkarte mit Menschen aus fremden Ländern; Schedelsche Weltchronik.

nach Erscheinen der lateinischen Ausgabe vertraglich zwischen Sebald Schreyer und Konrad Celtis bis in alle Einzelheiten festgelegt wurde? Dem modernen Menschen der damaligen Zeit war das vielfach beziehungslose Nebeneinander von korrekter Orts- und Geschichtsdarstellung mit unglaubwürdigen Kuriosa, die Vermischung von biblischer Geschichte, Legende und Historie nicht mehr zumutbar. Konrad Celtis, das prominenteste Mitglied des Nürnberger Humanistenkreises, wurde mit Recht als der geeignete Mann für die Neufassung angesehen. Vermutliche Verkaufsschwierigkeiten der Originalausgabe, der spätere Raubdruck von 1496, überdies mutmaßliche Skrupel Celtis', seinen Freund Hartmann Schedel zu korrigieren, ließen die Modernisierung oder völlige Neufassung des Textes der Schedelschen Weltchronik jedoch nicht zu Stande kommen.

Judith mit dem Haupt des Holofernes, aus der Schedelschen Weltchronik.

Elisabeth Rücker, Hartmann Schedels Weltchronik. Das größte Buchunternehmen der Dürer-Zeit, Frankfurt a. M. (Büchergilde Gutenberg, Lizenzausgabe vom Prestel-Verlag, München) 1988, S. 7, 126.

MATERIAL

5 Eine neue Perspektive: Die Welt jenseits von Europa

Der Historiker Peter Burke erläutert die Erweiterung des Weltbildes in der Renaissance (1998).

Die Idee der Entdeckung ist [...] seit langem schon mit der Idee der Renaissance verbunden. Das Wort Entdeckung kam im 15. Jahrhundert in einem geographischen Zusammenhang in Gebrauch. So benutzte beispielsweise Poggio den Begriff „entdecken" in einem Brief an den portugiesischen Prinzen Heinrich den Seefahrer, weil die Orte in Afrika, an denen die Portugiesen kürzlich gelandet waren, den Alten nicht bekannt gewesen waren. Fünfzig Jahre später und etwa drei Jahre, bevor Kolumbus seinen berühmten Landgang machte, schrieb Poliziano an den König von Portugal über „die Entdeckungen neuer Länder, neuer Meere, neuer Welten". Die Entdeckung beider Amerika war ein Bestandteil einer größeren europäischen Expansionsbewegung. Wie im Falle der Manuskripte klassischer Autoren spielten Italiener beim Prozess der Entdeckung und auch bei der Verbreitung der Nachrichten darüber eine wichtige Rolle. Kolumbus war Genuese und stand im Kontakt mit dem florentinischen humanistischen Geographen Paolo Toscanelli. Der Florentiner Amerigo Vespucci, dessen Name dem Wort „Amerika" zugrunde liegt, besuchte 1501/02 Patagonien. Lodovico di Varthema bereiste zwischen 1500 und 1508 Ägypten, Persien und Indien. Antonio Pigafetta aus Vicenza ging mit Magellan (Fernando de Magalhaes) im Jahre 1519 auf seine Reise um die Welt und schrieb auf, was er sah. Der Humanist Pietro Martire aus Anghiera in der Lombardei blieb in Europa, schrieb aber ein einflussreiches Buch über die Neue Welt, er betrachtete darin deren Einwohner aus klassischer Perspektive und beschrieb sie als in einem goldenen Zeitalter und ohne Besitz lebend, wie in den Gedichten von Ovid. Gianbattista Ramusio, ein venezianischer Beamter aus dem Kreis um Bembo und Navagero, sammelte ältere Reiseberichte und publizierte sie in drei großen Bänden von *Navigationi e Viaggi* in den Jahren 1550.
Ein Bewusstsein von der Welt außerhalb Europas lässt sich auch in den von Bembo, Guicciardini und insbesondere von Giovio geschriebenen

Eine Weltkarte von Francesco Rosselli aus Florenz, ca. 1508.

Historien finden. Giovio verfasste eine Geschichte seiner eigenen Zeit, konzentrierte sich auf Europa, erwähnte aber dennoch andere Teile der Welt „von Kathay bis Tenochtitlan“, wie er einmal formulierte. Er war der erste europäische Autor, der darauf hinwies, dass das Druckwesen seine Ursprünge in China hatte. Giovio war ein Mann von umfassender Neugier. Gleichzeitig waren sein Wissensdrang und jener seiner Leser nicht ganz frei von Eigeninteresse. Beispielsweise schrieb er ein Buch über das Osmanische Reich, um zu einem Kreuzzug gegen die Türken zu ermutigen. Die „Entdeckung der Welt“ durch Europäer fand nicht in einem politischen Vakuum statt.

Nachdem die Entdeckungen jedoch einmal gemacht waren, beeinflussten sie die Vorstellungskraft vieler Europäer, und dies betraf auch ihr Empfinden für ihre Stellung in Raum und Zeit. Wie wir gesehen haben, wurden Kolumbus, der manchmal als „der zweite Neptun“ bezeichnet wurde, und Magellan bei den Definitionen der „Neuen Zeit“ beachtet. [...]

In der zweiten Hälfte des 16. Jahrhunderts wurden geschichtliche Werke über die Welt außerhalb Europas immer zahlreicher. João de Barros berichtete über die Historie der Heldentaten der Portugiesen in Asien. Für die Kapitel über Indien und Persien befragte er zurückgekehrte Soldaten, Kaufleute und Verwaltungsbeamte. Für China benutzte er chinesische Quellen, darunter Karten, und er hatte sich „zur Interpretation dieser Dinge“ einen chinesischen Sklaven gekauft. Auch Gonzales de Mendoza schrieb über China. Lopez de Gómara, der der Feldgeistliche von Hernán Cortés gewesen war, und der Jesuit José de Acosta schilderten die beiden Amerika aus dem Blickwinkel der Eroberer und der Missionare. Die von Girolamo Benzoni, einem Mailänder, der 14 Jahre in der Neuen Welt verbracht hatte, geschriebene Geschichte verdammte die Grausamkeiten der Spanier, während Garcilaso die Leistungen seiner Ahnen, der Inka, feierte. Zumindest einige dieser Geschichtswerke wurden zu internationalen verlegerischen Erfolgen. Das Werk von Lopez de Gómara beispielsweise erschien auf Italienisch, Französisch und Englisch. [...]

Eine der bemerkenswertesten Darstellungen des 16. Jahrhunderts über die Welt außerhalb Europas war die *Beschreibung Afrikas*, die 1550 von „Leo Africanus“ in italienischer Sprache publiziert wurde. Der Autor wurde bald als ein zweiter Kolumbus gefeiert. Es war die Arbeit eines Mannes, der

Europa von innen und von außen her kannte. Hasan ibn Mohammed Al-wazàn, um ihn bei seinem islamischen Namen zu nennen, war in Granada geboren. Nach der Ausweisung der Muslime im Jahre 1492 zog seine Familie nach Fez, wo er eine erfolgreiche Laufbahn als Botschafter im Dienste des Herrschers absolvierte. 1518 wurde Hasan von sizilianischen Seeräubern gefangengenommen, nach Rom geschafft und dem Papst Leo X. vorgestellt. Nachdem er zum Christentum konvertiert und vom Papst selber getauft worden war, wurde Hasan zu Giovanni Leo. Seine historische Geographie Afrikas, die möglicherweise in Arabisch verfasst und vom Autor selbst ins Italienische übersetzt worden war, wurde zuerst in Ramusius' Sammlung von Reiseberichten veröffentlicht. Sie wurde auch ins Lateinische, Französische, Spanische und (von einem Freund Hakluyts) ins Englische übersetzt. Jean Bodin lobte den Autor als „den einzigen, der nach tausend Jahren Afrika entdeckte … und es für jedermann darstellte".

Der Globus des Martin Behaim, Nürnberg 1492.

Peter Burke, Die europäische Renaissance. Zentren und Peripherien, aus dem Englischen von Klaus Kochmann, München (Beck) 1998, S. 263–266.

1. Was veranlasst Petrarca zur Besteigung des Mont Ventoux? Beschreiben Sie seine Empfindungen. Warum erschüttert ihn das Augustinus-Zitat? (M 1)
2. Analysieren Sie die Bildungs- und Erziehungsziele von Rabelais. Nehmen Sie dazu aus heutiger Sicht Stellung. (M 2)
3. Humanisten waren nicht nur „Büchermenschen" und „Stubengelehrte". Stellen Sie zusammen, in welchen Bereichen Pirckheimer aktiv war und welche Initiativen und Ideen er verfolgte. (M 3) Vergleichen Sie den idealen Werdegang, den Rabelais vorstellt, mit demjenigen Pirckheimers.
4. Analysieren Sie das Pirckheimer-Portrait von Albrecht Dürer. (Abb. S. 30) Identifizieren Sie Perspektive, mögliche Statussymbole und Darstellungsabsicht.
5. Beschreiben und kommentieren Sie Schedels Städteansichten. Welchen Wert könnten diese für die Zeitgenossen gehabt haben? (Abb. S. 32, 33 und 34)
6. Die Epoche der Renaissance wird nicht selten als „Übergangsepoche" beschrieben. Entwickeln Sie dies anhand der Schedelschen Weltchronik und beziehen Sie hierzu auch deren Fantasiegestalten ein. (M 4) Inwiefern artikulieren sich hier Ängste über fremde Länder und Kulturen?
7. Erläutern und diskutieren Sie, inwiefern die „Entdeckungen" der Renaissance das Weltbild und den Alltag der Menschen veränderten.
8. Diskutieren Sie, inwiefern mit der Renaissance irrationales wie rationales, „modernes" Denken entstand.

Piero della Francesca (1415/25–1492), Altarbild von Montefeltro, 1465 (Pinacoteca di Brera, Mailand). Während hier die Madonna noch ganz im Stil der Gotik dargestellt ist, wird der im Vordergrund demütig knieende Stifter einerseits mit standesgemäßen Insignien ausgestattet, andererseits auch individualisiert.

Portraitmalerei der Renaissance

Als eine der großen Leistungen der Renaissance gilt die „Entdeckung der Individualität". Damit ist untrennbar die Emanzipation der Künstlerpersönlichkeit verbunden. Viele Künstler fühlten sich als Schöpfer einer neuen Zeit, einer neuen Epoche, die das Alte überwunden habe. Tatsächlich hat die Renaissance die Individualität nicht erfunden, sowohl in der Antike als auch im Mittelalter gab es individualisierende Darstellungen, neu ist vielmehr deren hoher Stellenwert im Bewusstsein der Maler und Bildhauer, die sich auch nicht mehr so sehr als „Handwerker" und als „Gottesdiener" verstanden, sondern als Künstler oder gar als „Genies".

Piero della Francesca, Herzog von Urbino und seine Gattin Battista Sforza, 1465–66 (Uffizien, Florenz). Der Blick auf den Herzog verschleiert, dass dieser bei einem Unfall das rechte Auge verlor, allerdings wird die durch einen Bruch entstellte Nase realistisch wiedergegeben.

Dieser Wandel des künstlerischen Selbstverständnisses ging einher mit einem ähnlichen Wandel bei der Kundschaft. Nicht mehr nur Kirchen und Fürsten gaben Aufträge heraus, mit gottgefälligen Werken die Kirchen auszugestalten, sondern es waren neben Adligen auch zunehmend wohlhabende Bürger, die Geld dafür ausgaben, sich selbst und ihre Umgebung repräsentativ darstellen zu lassen. Nicht umsonst sind die frühen Zentren der Renaissancekunst dort zu finden, wo reich gewordene Handelsherren eine zahlungskräftige Klientel stellten, so zuerst in italienischen Städten, etwas später dann auch in Flandern, Süddeutschland und anderswo.

Die „Entdeckung der Individualität", das neue Selbstverständnis und Selbstbewusstsein drückt sich am augenfälligsten in der Konjunktur der Porträtmalerei aus. Der Auftraggeber beauftragt einen Künstler für „private" Zwecke, Bestimmungsort des Bildes ist nun der eigene Palast des Adeligen oder des Bürgers. Trotz aller Stilisierungen werden das irdische menschliche Antlitz und der Körper dargestellt, nicht die göttliche Schönheit. Und während im mittelalterlichen Denken noch der Geist über den Körper herrschte und dementsprechend die konkrete körperliche Erscheinung vernachlässigt wurde, bilden nun Körper und Geist eine harmonische Einheit. Selbst die in der Antike verbreitete Aktdarstellung wird – in leicht abgemilderter Form – wieder aufgegriffen.

Beflügelt und gefördert wurde dies durch die neue Bedeutung der Naturwissenschaften, der Anatomie, die eine wirklichkeitsnähere Darstellung des menschlichen oder tierischen Körpers ermöglichte, etwa das organische Zusammenspiel von Muskeln und Sehnen, die Mimik und Gestik, das Verhältnis von Licht und Schatten, daher finden sich häufig zarte Farbabstufungen. Sinnlichkeit

Hans Holbein (1497–1543), *Erasmus von Rotterdam*, 1523 (*Louvre, Paris*).

und Emotionalität erlangen eine hohe Bedeutung. Manche Künstler (wie z. B. Hieronymus Bosch) „zerlegen" oder „zerschneiden" den menschlichen Körper in ihren Skizzen regelrecht, um Aufbau und Funktion des Organismus erfassen und akzentuieren zu können.

In der Porträtmalerei werden nun anstelle der strengen Profilansicht plastische Halbprofile bevorzugt. Der Bildhintergrund (Zentralperspektive) gewinnt eine größere Bedeutung, nicht selten wählen die Künstler einen Landschaftsausschnitt anstelle des bei mittelalterlichen Gemälden oft bevorzugten Goldgrundes oder sonstigen abstrakten Hintergrundes. Dadurch gewinnen die Bilder eine größere Raumtiefe. Die ausgewählte Landschaft soll ferner eine spezifische Stimmung vermitteln. Der quadratisch umfriedete Garten des Mittelalters wird nun geöffnet und weitet sich bis zum Horizont aus. Freilich beabsichtigen die Künstler zunächst keine naturalistische Abbildung der Landschaft, diese steht nicht im Mittelpunkt des Interesses. Die Umgebung wird vielmehr ästhetisiert, um auf diese Weise eine harmonische Einheit von Mensch und Natur herzustellen, in der das Individuum im Vordergrund steht.

Albrecht Dürer (1471–1528), *Der Kaufmann Oswolt Krel aus Lindau*, 1499 (*Alte Pinakothek, München*).

Systematischer Umgang mit Portraits

1. Die „vorikonografische Beschreibung": die genaue Erfassung des Sichtbaren, z. B. Formen, Farben, Bildaufbau, Beschreibung der Porträts, Größenverhältnisse. Wichtig sind auch Details wie z. B. Körperhaltung, die Kleidung, scheinbar zufällig abgebildete Gegenstände, die Perspektive. Welchen Bildhintergrund wählt der Künstler und in welche Beziehung wird die porträtierte Person zu diesem Hintergrund gesetzt?
2. Die „ikonografische Analyse": Welche Bedeutung haben die einzelnen bei der vorikonografischen Beschreibung erfassten Bildelemente? Es geht dabei um eine Untersuchung etwa des realen und symbolischen Gehalts von wichtigen Bilddetails.
3. Die „ikonologische Analyse": Sie zielt auf die Erfassung und Deutung des gesamten Bildes im Kontext einer bestimmten historischen Situation, eines bestimmten historischen Prozesses. Das setzt nicht nur die Einbeziehung historischer bzw. kunsthistorischer Kenntnisse voraus, sondern auch konkrete Informationen über den Künstler und seine Produktionsbedingungen, den Auftraggeber, den Ort, an dem das Kunstwerk platziert wird oder werden soll. Auf diese Weise können Überlegungen zu den politisch-ideologischen, moralischen oder sozialen Intentionen des Künstlers und/oder des Auftraggebers angestellt werden. Dabei kann ein Vergleich mit ähnlichen oder völlig anders gestalteten Kunstwerken aus derselben Epoche ergiebig sein. Die in der vorikonografischen Beschreibung formulierten Beobachtungen können somit in einen umfassenderen Bezug eingeordnet und gedeutet werden.

3. Von der feudalen zur bürgerlichen Welt – der Frühkapitalismus

3.0 Wandel überkommener Wirtschaftsstrukturen

Lucas I. van Falckenborch, Stuckofen in Gebirgslandschaft, um 1585 (Ausschnitt, Kunsthistorisches Museum, Wien).

Ein neuer Weg der Arbeitsteilung

Wie erlangten die großen Handelshäuser ihren märchenhaften Reichtum? Die Vorfahren der Fugger waren wahrscheinlich Landweber. Diese waren stark abhängig von dem städtischen Kaufmann, dem „Verleger". Er lieferte ihnen die Rohware und nahm die fertig gewebten Stoffe wieder mit, meist Barchent, also ein fester, auf einer Seite angerauter Stoff aus Baumwolle und Flachs. Die Landweber erhielten für ihr Produkt einen extrem niedrigen Stücklohn, und damit sich ihre Arbeit überhaupt einigermaßen lohnte, beschäftigten sie häufig Frau und Kinder mit. Durch die höheren Stückzahlen konnte der Verleger kostengünstiger produzieren. Bei Nachfrageschwankungen trugen die Landweber das Risiko, denn sie bekamen dann weniger Aufträge durch den Verleger oder mussten sich mit einem geringeren Stücklohn bescheiden.

Langfristige Planung wird möglich

Da der Verleger seine Arbeiter bzw. Handwerker mit Rohstoffen und manchmal auch mit Werkzeugen versorgte, verfügte er über eine erhebliche wirtschaftliche Macht. Das Verlagssystem war – zumindest für den Unternehmer und langfristig auch für den Kunden – durchaus ein Fortschritt gegenüber früheren Zeiten, wo die handwerkliche Produktion in der Hand von einzelnen Werkstätten lag, die meist keine große Kapitalkraft besaßen und folglich auch keine großen Risiken wie das Einführen neuer Maschinen oder die Herstellung besonders aufwändiger und erst auf lange Sicht rentabler Produkte eingehen konnten.

Verlagssystem gegen Zunftwesen

Ein ähnlicher Wandel vollzog sich im Bereich der Metallverarbeitung, wo Serienfertigungen an die Stelle von Einzelanfertigung traten. Das Verlagssystem stand in Konkurrenz zu den städtischen Zünften, deren Produktion und Produktivität überdies eng reglementiert war. Städte wie Ulm oder Augsburg verdankten ihren Aufstieg u. a. der verlagsmäßig betriebenen Barchentweberei. Die wirklich großen Vermögen wurden freilich im Gewürz- und Fernhandel, im Bank- und Kreditgeschäft sowie im Bergbau erwirtschaftet.

Bergbau ist teuer

In der Montanindustrie (Bergbau und Hüttenindustrie) waren im 15. und 16. Jahrhundert in Deutschland – damals führend bei der Metallgewinnung und Verarbeitung – etwa 100 000 Personen beschäftigt. Allerdings setzte im Bergbau und bei der Metallverarbeitung die technische Ausrüstung hohe Kapitalinvestitionen voraus, zumal dann, wenn man auf der Höhe der Zeit arbeiten wollte und technologische Neuerungen wie Wasserpumpen einsetzte. Aufwändig war es auch, Schürfrechte zu bekommen, denn der Bergbau berührte hoheitliche Landesrechte und bedurfte einer speziellen Genehmigung (Konzession) der jeweiligen Regierung. Hier ergänzten sich die permanente Finanznot der Fürsten und die Interessen der großen Kapitalgesellschaften an lukrativen Abbaurechten.

Vom Feudalismus zum Frühkapitalismus

Vor allem durch die Verlagsindustrie vollzog sich seit dem ausgehenden Mittelalter der Übergang vom Feudalismus zum Frühkapitalismus. Damit ging der allmähliche Übergang von der Tausch- zur Geldwirtschaft und die Ausbildung einer „kapitalistischen" Gesinnung einher. Allerdings entwickelten sich kapitalistische Strukturen in verschiedenen europäischen Regionen recht unterschiedlich, in England, den Küstenregionen um Antwerpen und Amsterdam sowie in Frankreich recht früh, in Deutschland nur in einigen Regionen, in Italien in den urbanen Zentren, in Südost-Europa und Osteuropa überhaupt erst spät im ausgehenden 19. Jahrhundert.

Der wirtschaftliche Wandel verändert die Lebensverhältnisse

Der Übergang zum Handelskapital und die Ausweitung der gewerblichen Warenproduktion veränderten – zumindest in den Städten – die Lebensverhältnisse der Menschen. Der mit exorbitanten Gewinnen verbundene Fernhandel berührte zunächst die städtischen und adligen sozialen Oberschichten, während die zünftische Warenproduktion nach wie vor den städtischen Konsumbedürfnissen diente und das jeweilige ländliche Umland versorgte. Die Bedeutung der Zünfte änderte sich zunehmend mit der Entstehung eines Weltmarktes, denn zumindest im Bereich von Luxusgütern und Kunsthandwerk gab es nun mehr Konkurrenz als zuvor.

Fragen an die frühkapitalistischen Strukturen

Hier wird zunächst untersucht, inwiefern die Fürsten und die frühmodernen Staaten, deren Geldbedarf kontinuierlich wuchs, frühkapitalistische Strukturen förderten. Warum statteten z. B. die Habsburger die großen süddeutschen Handelsherrn mit einträglichen Monopolrechten und anderen weit reichenden Privilegien aus? Wie machten sich die Unternehmer solche Vorteile zunutze? Andererseits: Worin lagen die Risiken von unternehmerischen Großprojekten, für die die historische Erfahrung weitgehend fehlte?

3.1 Die Herausbildung des frühkapitalistischen Bürgertums

Soziale Verschiebungen

Im Zuge des Bevölkerungswachstums im 16. Jahrhundert kam es zu einer Reihe von technologischen Innovationen und zu intensiveren Handels- und Kapitalinvestitionen. Die städtische Wirtschaft, die für einen begrenzten Markt produzierte, wurde teilweise umgestaltet durch verschiedene Errungenschaften und vor allem durch das Verlagswesen im Textil- und Metallgewerbe. Das hatte auch gesellschaftliche Verschiebungen zur Folge. Mit dem wirtschaftlichen Erfolg im Rücken drängten neue Schichten auf Mitsprache und öffentliche Anerkennung. Andere dagegen gerieten ökonomisch ins Hintertreffen, wollten aber nicht ihren angestammten Einfluss aufgeben. Wie trugen diese Gruppierungen ihre Konflikte aus?

Der „kapitalistische Geist" der Handelsstädte

Um 1500 bildeten die beiden Städte Nürnberg und Augsburg (neben italienischen Städten) mit ihren umfangreichen Unternehmungen gewissermaßen die Speerspitze der europäischen Wirtschaft. Wie auch die Große Ravensburger Handelsgesellschaft erwirtschafteten sie spektakuläre Gewinne. Neu war hier, dass die Kapitalgesellschaften die stille Teilhaberschaft von Nichtkaufleuten, ja sogar von „kleinen Leuten" kannten. Bei den Höchstettern sollen sogar Dienstmägde Einlagen getätigt haben. Ein auf Gewinn ausgerichtetes Denken hat sich offenbar im 15. und 16. Jahrhundert verbreitet, weit hinaus über den Kreis von Kaufleuten. Man wollte an den hohen Gewinnen beteiligt sein, sehr zum Missvergnügen mancher Reformatoren, die diesen unchristlichen „kapitalistischen Geist" scharf verurteilten.

Krisenerscheinungen des Frühkapitalismus

Warum verlor der deutsche Frühkapitalismus, bei dem die Fugger und andere Handelshäuser an der Spitze der europäischen Entwicklung standen, so rasch an Schwungkraft? In welcher Weise die Macht der Handelsherren mit der der politisch Mächtigen verwoben war und wie sich Aufstieg und Niedergang eines Handelshauses im Rahmen feudaler Strukturen vollzog, wird exemplarisch an der Entwicklung der Augsburger Familie Höchstetter untersucht. Bei den Fuggern war es ähnlich: Ihr späterer Niedergang hing wesentlich mit den spanischen Staatsbankrotten zusammen, bei denen Forderungen von 4 bis 5 Millionen Gulden nicht eingelöst wurden.

MATERIAL

1 Macht Stadtluft frei? Städtische Hierarchien

Der Historiker Richard van Dülmen erläutert die soziale Zusammensetzung in der frühneuzeitlichen Stadt (1982):

Das europäische Bürgertum der frühen Neuzeit stellt entsprechend der städtischen Entwicklung der ländlich-bäuerlichen Bevölkerung gegenüber eine zahlenmäßig kleinere Gesellschaftsschicht dar, wobei es in Holland und in Italien allerdings von entschieden größerer Bedeutung war als in Spanien oder Polen. Seine geringere Zahl stand aber in umgekehrtem Verhältnis zu seiner (gesellschaftlichen) Rolle in Handel und Gewerbe, in der entstehenden Verwaltung des frühmodernen Staates sowie in den frühneuzeitlichen Kulturinstitutionen. In dem Maße, wie diese Institutionen an gesellschaftlichen Funktionen zunahmen, wurde auch das Bürgertum quantitativ stärker, bis es schließlich im 19. Jahrhundert zur dominanten Gesellschaftsschicht wurde. Noch aber formierte sich das Bürgertum erst zu einer Klasse in der frühmodernen Ständegesellschaft. Das Bürgertum lässt sich nach Lebensweise, städtischer Umwelt und Arbeit eindeutig vom Adel und Bauerntum unterscheiden. Aber so sehr es etwas Eigenständiges in der frühneuzeitlichen Ständegesellschaft darstellte, bildete es noch alles andere als einen geschlossenen Stand, geschweige eine einheitliche, von gleichen sozialpolitischen Interessen getragene Klasse. Die Unterschiede des Bürgertums der verschiedenen Länder Europas waren beträchtlich – außerdem waren die Übergänge von Patriziern zum Adel oder vom ländlichen Bauern zum Ackerbürger gleitend. […]

Wenn in der frühen Neuzeit der Aufstieg der frühmodernen Bourgeoisie[1] bzw. die Anfänge eines kapitalistischen Bürgertums konstatiert werden, dessen gesamtgesellschaftlicher Anspruch erstmals im niederländischen Aufstand wie in der englischen Revolution deutlich wurde, muss über die genannte Differenzierung hinaus ein strenger Unterschied gemacht werden zwischen dem ständischen bzw. Stadtbürgertum und einer sich mit der Ausweitung des Marktes formierenden bür-

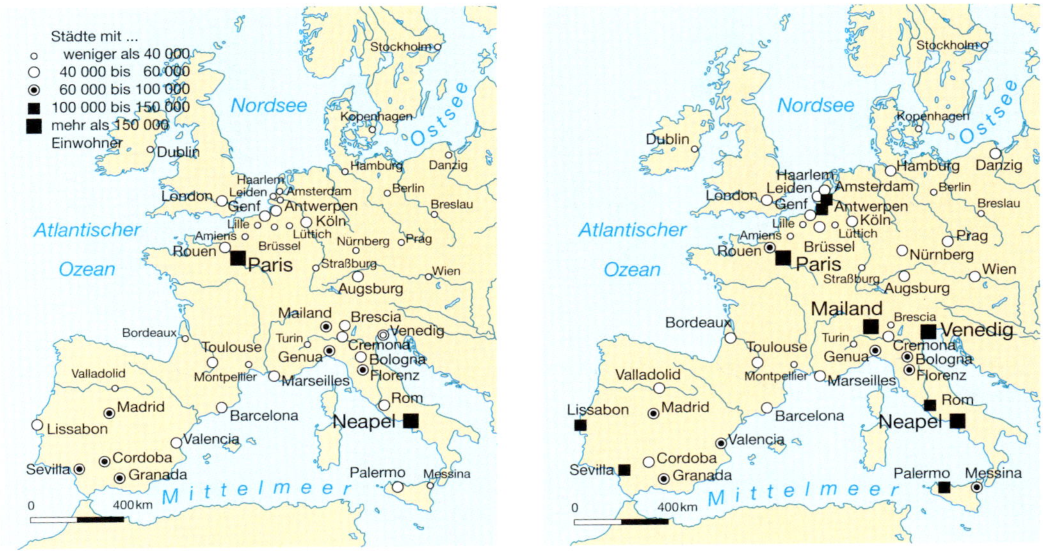

Großstädte Europas um 1500 und 1600.

gerlichen Klasse, die über Handel, Bildung oder Verwaltung aus der ständisch gebundenen Welt herausbrach, ohne politisch revolutionär zu sein. Der Aufstieg des Kapitalismus war nicht unmittelbar verbunden mit dem Aufstieg des Bürgertums, sondern nur mit Teilen der sich aus ihm herausbildenden Bourgeoisie. Das altständische Bürgertum in Deutschland, das bürgerliche Beamtentum in Frankreich und die entstehende Bourgeoisie in England trennten Welten.

Das Stadtbürgertum der frühen Neuzeit war entsprechend der mittelalterlichen Tradition, in der es weitgehend noch stand, stark differenziert. Seine Sozialstruktur entsprach weitgehend der Gliederung innerhalb der bäuerlichen, aber auch der adligen Gesellschaft. Vollbürger war nur einer, der als Hausbesitzer über das Bürgerrecht verfügte, so dass die Gesamtzahl aller Stadteinwohner viel größer war als die eigentliche Bürgerschaft. Das Bürgertum gliederte sich im Großen und Ganzen in drei Schichten, wobei neben Beruf und Vermögen gleicherweise Herkunft und Amt eine Rolle spielten. Über die soziale Stellung entschieden letzten Endes auch hier nicht Leistung und Reichtum, sondern Geburt und Privileg. Führungspositionen sowohl in politischer, wirtschaftlicher wie sozialer Hinsicht nahm das Patriziat ein, es bildete weitgehend eine adelsgleiche Oligarchie aus Mitgliedern der alten Ratsgeschlechter. Ursprünglich aktiv in Handel und Gewerbe aufgestiegen, begann es zu Ende des 16. Jahrhunderts im Maße seines ökonomischen Rückzugs und der Vermögensanlage in Land- und Hauskauf sich sozial abzuschließen und dem Ideal adlig-patrizischer Repräsentation zu leben. Sein monopolisierter Herrschaftsanspruch war seit dem Spätmittelalter nicht unangefochten, doch im Zuge der herrschaftlich unterstützten Verfestigung der Ständegesellschaft konnte es seine Führungsposition behaupten. [...]

Unmittelbar unter dem Patriziat, ihm in der Macht zum Teil jedoch eng verbunden, stand die Kaufmannschaft. Je nach Größe der Stadt repräsentierte sie das eigentliche dynamische Element der Stadtgesellschaft, hier herrschte am stärksten und längsten das Prinzip des ökonomischen Erfolges. Dementsprechend litt der Kaufmann, wenn er von der Herrschaft ausgeschlossen war, unter der Inflexibilität der patrizischen Politik bzw. der sozialen Diskriminierung und suchte sein erworbenes Vermögen in den Dienst seines sozialen und politischen Aufstiegs zu stellen. Gleichzeitig schloss sich auch die Kaufmannschaft wiederum nach unten ab, wenn sie in ih-

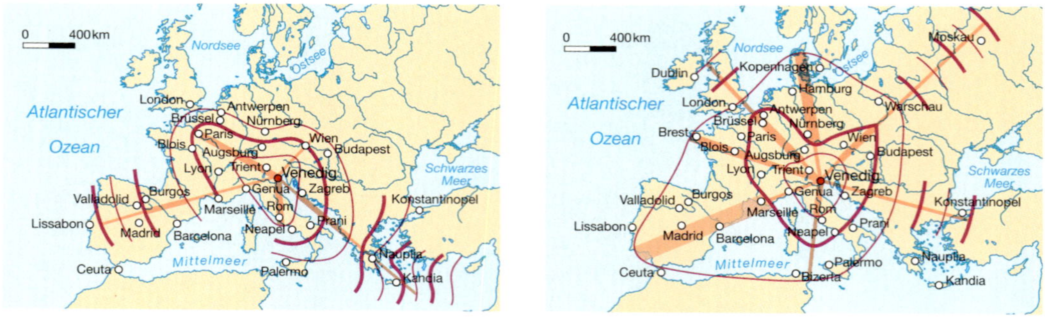

Tempo der Nachrichtenübermittlung nach Venedig. Die Zeitlinien (eine Woche, zwei Wochen, drei Wochen usf.) zeigen auf den Kartenskizzen an, wie lange ein Brief nach Venedig in etwa brauchte. Je höher die Durchschnittsgeschwindigkeit, desto dicker der graue Radius.

rem sozialen oder politischen Prestige gefährdet war. Insofern richtete sich der Handwerkerprotest in den frühneuzeitlichen Städten häufig nicht nur gegen das Patriziat, das sich immer mehr als Obrigkeit ausgab, sondern auch gegen die Kaufleute, die sich oft mit den Handwerksmeistern verbanden, sofern diese über große Betriebe oder einflussreiche Ämter verfügten.

Zahlenmäßig die größte Schicht des Stadtbürgertums bildeten die Handwerker, die einfachen bzw. gemeinen Bürger, die zusammen mit den Krämern, städtischen Beamten und Stadtgelehrten das „mittlere“ Bürgertum darstellten. Sie waren in einer Vielzahl von Zünften organisiert. Jede Zunft stellte eine Lebensgemeinschaft von jeweils unterschiedlicher sozialer Stellung dar. Prestige und Gewinnchancen korrespondierten nicht immer. Die Zünfte waren streng bedacht auf ihre Monopolrechte, die Sicherung ihrer Produktion sowie ihre Absatzmöglichkeit. [...] Wie das Patriziat sich zur Sicherung seiner Machtstellung zu Ende des 16. Jahrhunderts zusehends abschloss, suchten ihrerseits auch die Zünfte ihre Produktion zu monopolisieren, was nicht immer hieß, dass sie tatsächlich das aufsteigende außerzünftische Gewerbe unterdrücken konnten, da gerade die großen Städte sich einer engstirnigen Zunftpolitik wirksam entgegenstellten.

Auf die neuen Bedürfnisse konnte das traditionelle Handwerk nur durch Differenzierung seiner Tätigkeit reagieren. Zu Anfang des 17. Jahrhunderts gab es in zahlreichen Städten mehr als 120 Handwerke. Schwerwiegend bei der Abschließung der Zünfte waren die schwindenden Aufstiegschancen für Gesellen, die sich oft in Gesellenvereinigungen organisierten und nach 1600 zu einem sozialen Problem mancher Städte wurden. Der Konflikt zwischen Meistern und Gesellen schwelte konstant. [...]

Jede europäische Stadt besaß nicht nur eine breite Handwerkerschicht, sondern auch eine sich konstant vermehrende Unterschicht, die weitgehend vom Bürgerrecht ausgeschlossen war und wegen ihrer Armut keine oder nur geringe Steuern zahlte. Diese Gruppe, die bis zu 30 bis 40 Prozent der Stadtbevölkerung ausmachte, lebte am Rande des Existenzminimums bzw. wurde vom Überschuss der städtischen Wirtschaft ernährt. Zu ihr zählten verarmte Handwerker, Kleinhändler, Tagelöhner, Altgesellen, Lohnarbeiter; sie war oft kaum zu unterscheiden von Bettlern, Vagabunden und fahrendem Volk, die ebenso zum Bild einer frühneuzeitlichen Stadtgesellschaft gehörten wie das reiche Patriziat.

[1] Bourgeoisie: Die Bourgeoisie ist der kleine Teil des städtischen Bürgertums, der über ein nennenswertes Handelskapital und über politischen Einfluss über die Stadt hinaus verfügt. Nach der marxistischen Theorie hat die Bourgeoisie maßgeblich zur Überwindung des Feudalismus, aber zugleich auch zur Entstehung einer neuen, von ihr beherrschten Klasse beigetragen: der Klasse der Arbeiterschaft.

Richard van Dülmen, Entstehung des frühneuzeitlichen Europa 1550–1648 (Fischer Weltgeschichte, Bd. 24), Frankfurt a. M. (Fischer) 1982, S. 118–122.

Das Imperium der Fugger.

MATERIAL

Sie kauften Kaiser und Päpste 2

Der Historiker Heinz Schilling analysiert die wirtschaftlichen Aktivitäten und das gesellschaftliche Auftreten der Fugger-Familie (1994).

Die Hauptquelle ihres Reichtums waren um 1530 längst nicht mehr der Textilverlag und der Fernhandel [...]. Ihr von den Faktoreien in Lissabon und Antwerpen getragener Pfefferhandel blieb weit bescheidener als das Engagement, das andere Augsburger Häuser, voran die Welser, am neuen Gewürzhandel und an Molukkenfahrten zeigten. Am Kolonialgeschäft nahmen die Fugger vorrangig als Kreditgeber der spanischen Krone teil, was ihnen Mitte der 1530er Jahre einen Anspruch im Wert von 100 000 Dukaten auf das durch ein spanisches Staatsmonopol ausgebeutete süd- amerikanische Silber einbrachte.
Die Schwerpunkte der Firma Fugger lagen eindeutig im Montangewerbe und bei den Kredit- bzw. Bankgeschäften. Beides war eng aufeinander abgestimmt, insofern sich die Fugger wie ihre Konkurrenten auch die finanztechnisch nicht gedeckten Kredite durch Nutzungs- und Schürfrechte absichern ließen – beginnend in den 1490er Jahren mit Krediten an den Herzog von Tirol, die das Monopol über den sehr ertragreichen Schwazer Silberbergbau brachten, über entsprechende Geschäfte mit Kaiser Maximilian I., durch die ein zeitweiliges Monopol auf den europäischen Kupfermarkt errichtet werden konnte, bis hin zur Ausbeute von spanischen Quecksilber- und Zinnobervorkommen infolge des Kaiserwahl-Kredits, den sie Karl V. gewährt hatten. Vornehmlich durch Pacht und Kauf gelangte das gesamte ungarische Montanrevier mit Zentrum in Neusohl unter Kontrolle des Augsburger Handelshauses. Neben den Kreditgeschäften mit den weltlichen Machthabern, von denen das mit dem Deutschen König Ferdinand mit einer Schuld von 651 000 Gulden im Jahre 1527 sogar noch den spektakulären Wahl-

kredit von 543 585 Gulden an den Kaiser übertraf, betätigten sich die Fugger als Finanziers der Kurie und geistlicher Fürsten. Vor allem die Abwicklung kirchlicher Finanzgeschäfte brachte ihnen hohe Gewinne – so etwa die finanztechnische Übermittlung der in Deutschland eingenommenen Ablassgelder und der Peterspfennig-Steuer nach Rom. Im ersten Drittel des 16. Jahrhunderts bewährte sich diese Geschäftspolitik aufs beste – zwischen 1511 und 1527 erreichte die Firma eine Gewinnsteigerung von 927 Prozent, das sind durchschnittlich 54,5 Prozent im Jahr. Bei Passiva von rund 870 000 Gulden weist die Inventur von 1527 rund 3 Millionen Gulden an Aktiva aus, die sich folgendermaßen verteilten:

Bergwerke und Bergwerksanteile	270 000 Gulden
Sonstige Immobilien	150 000 Gulden
Waren (v. a. Kupfer)	380 000 Gulden
Bargeld	50 000 Gulden
Ausstände	1 650 000 Gulden
Privatkonten der Gesellschafter	430 000 Gulden
Schwebende Geschäfte	70 000 Gulden

Bedenkt man, dass ein mittlerer Bauernhof [...] etwa 150 Gulden wert war, ein hoher Staatsbeamter mit 700 bis 800 Gulden Jahresgehalt zufrieden sein musste, und in Augsburg die untere Oberschicht bereits bei einem Vermögen von 450 Gulden angesetzt wurde, während jeder Bürger mit weniger als 50 Gulden Gesamtbesitz als steuerbefreiter „Habenichts" galt, so wird der ungeheure Reichtum des Augsburger Großbürgertums deutlich, selbst wenn die meisten seiner

Silberbergbau im Erzgebirge, Gemälde aus dem 16. Jahrhundert.

Mitglieder allenfalls die Hälfte des Fuggervermögens erreichten. Davon ließ sich jede Art von Luxus und Kurzweil finanzieren. Jakob Fugger der Reiche (1459–1525) selbst lebte eher bescheiden, achtete aber auf die repräsentative Darstellung seiner Familie in der Öffentlichkeit, um die nicht-patrizische Herkunft zu überspielen: Die Ausgaben für die Fugger-Kapelle (erbaut 1511–1518) und der Erwerb mehrerer Häuser am Weinmarkt zur Errichtung eines angemessenen Firmensitzes an angemessener Stelle sowie mehrerer Graf- und Herrschaften [...] gehören ebenso in diesen Zusammenhang wie der außergewöhnliche Aufwand bei Hochzeiten, die häufig das Zehnfache des beim ansässigen Adel oder den städtischen Patriziern Üblichen kosteten. So wichtig die sozialen und religiösen Motive auch waren, so spielte darüber hinaus auch bei den zahlreichen Fuggerstiftungen das soziale Prestige eine Rolle, vielleicht auch der Gedanke, damit die unerhörten und in kirchlicher Sicht keineswegs unproblematischen Gewinne zu kompensieren.

Heinz Schilling, „Ruhe im Sturm" – der historische Hintergrund der Augsburger Jahreszeiten-Bilder, in: „Kurzweil viel ohn' Maß und Ziel". Alltag und Festtag auf den Augsburger Monatsbildern der Renaissance, hrsg. vom Deutschen Historischen Museum Berlin, München (Hirmer) 1994, S. 21–23.

MATERIAL
3 Jährliche Silberproduktion

	Deutsches Reich	übriges Europa	Amerika
1493–1520	35 100 kg	10 000 kg	–
1521–1544	50 500 kg	10 500 kg	13 300 kg
1545–1560	53 200 kg	11 500 kg	199 200 kg

Heinrich Lutz, Das Ringen um deutsche Einheit und kirchliche Erneuerung. Von Maximilian I. bis zum Westfälischen Frieden 1490–1648, Berlin: Propyläen Verlag 1983, S. 66.

MATERIAL 4

Spekulative Geschäfte mit dünner Kapitaldecke – das exemplarische Schicksal der Höchstetters 1509–1531

Die Historiker Peter Burschel und Mark Häberlein stellen Aufstieg und Niedergang der frühkapitalistischen Unternehmerdynastie der Augsburger Familie Höchstetter vor (1994).

Als 1519 in Augsburg die Nachricht von der Kaiserwahl Karls V. eintraf, schickten sich neben Jacob Villinger, dem kaiserlichen Rat und Schatzmeister, auch die Kaufleute Jacob Fugger und Ambrosius Höchstetter an, vor ihren Häusern Freudenfeuer zu entzünden, um das Ereignis gebührend zu feiern. [...]
Bei genauerem Hinsehen [...] entpuppt sich [diese Aktion] als Beispiel für das Aufeinandertreffen zweier Prestigesphären, ja zweier Wertsysteme. Auf der einen Seite der Rat, der auf Maßhalten bedacht ist, auf die Wahrung von Einigkeit und Frieden; auf der anderen Seite mit Jacob Fugger und Ambrosius Höchstetter zwei Exponenten des Frühkapitalismus, Firmenhäupter, Bankiers, die selbst den Bruch mit der städtischen Tradition nicht scheuen, um ihre ökonomische Potenz zur Schau stellen zu können; zwei soziale Aufsteiger: schwerreich, aber eben auch neureich; zwei Angehörige von Familien, die im Unterschied zu den Rehlingern oder Welsern noch nicht zu jenem Kreis der „Geschlechter" zählen, welche in Augsburg das geburtsständische Patriziat bilden. [...]
Schon Ulrich Höchstetter, Ambrosius' Vater, trieb aller Wahrscheinlichkeit nach Fernhandel, engagierte sich jedenfalls als Tuchhändler in Antwerpen, wo noch zu seinen Lebzeiten eine Höchstetter-Niederlassung etabliert wurde und wo die Höchstetter bald auch Grundbesitz erwarben. Textillager in Frankfurt, Nürnberg, Wien und Venedig folgten, später auch Niederlassungen in Mailand, Lissabon und Lyon. Dann der Einstieg in den Gewürz- und Getreidehandel, beides in großem Stil; vor allem aber der Einstieg in den expandierenden Montanbereich – und damit in das ebenso lukrative wie riskante Geschäft mit dem Geld. Denn wer es im Bergbau, im Hüttenwesen und Metallhandel zu Einfluss und Reichtum bringen wollte, der musste den hohen Herren Kredit gewähren können, der musste zum Bankier und Finanzier werden, um in den Genuss von Schürfrechten, Schutzbriefen und Kartellkonzessionen zu gelangen [...].
1509 willigte Kaiser Maximilian, der den Höchstettern wohl seit längerem schon finanziell verpflichtet war, in Bau und Betrieb einer Schmelzhütte für Kupfer und Messing am Stainenberg bei Pflach in Tirol ein und ermöglichte damit weitere Aktivitäten der Familie im Montanbereich. So bezogen die Höchstetter seit 1511 Kupfer aus Taufers und seit 1514 selbst aus Schwaz: Jacob Fugger hatte sich auf habsburgischen Druck hin verpflichten müssen, die Höchstetter nicht gänzlich vom dortigen Verkauf auszuschließen. Spannungen und zunehmender Konkurrenzdruck waren die Folge. Rasch entstanden weitere Hütten-

Jakob Fugger und sein Buchhalter Matthias Schwarz im Büro, Buchillustration von 1520. Die Ablagefächer sind mit den Namen von Städten beschriftet, in denen die Fugger Handelsniederlassungen besaßen.

betriebe: am Hornbach in Tirol und im sächsischen Freiberg. Bald schon engagierten sich die Höchstetter auch im Silberbergbau: in Steinfelden (Tirol), in St. Joachimstal (Böhmen) und in Schneeberg (Sachsen). Dann erste Versuche, im schottischen und englischen Bergbau Fuß zu fassen. Gleichzeitig der Vorstoß in das Gewinn versprechende Geschäft mit dem Quecksilber. Einige Stationen: 1525 sicherten sich die Höchstetter für vier Jahre die Quecksilber- und Zinnoberproduktion in Idria[1]. [...]

1527 folgte ein Syndikatsvertrag mit dem böhmischen Bergwerksbesitzer Wigkel; und im folgenden Jahr sogar der ehrgeizige, auf ein Monopol zielende Versuch, mit Hilfe König Ferdinands in den Besitz der spanischen Quecksilbergruben in Almadén zu gelangen. Damit aber hatten die Höchstetter den Bogen überspannt. Genueser und spanische Unternehmer boten einen höheren Pachtpreis als die Augsburger und machten das Rennen. Die Fugger waren gewarnt und sogleich bestrebt, aus der Niederlage des alten Konkurrenten Kapital zu schlagen. Und die Höchstetter standen vor dem Problem, ihre beträchtlichen Quecksilber- und Zinnobervorräte abstoßen zu müssen, die sie nicht zuletzt in der Hoffnung auf ein Monopol gehortet hatten. Bereits an dieser Stelle lässt sich festhalten, dass die Geschichte des ökonomischen Aufstiegs der Höchstetter zugleich auch eine Geschichte der ökonomischen Risiken ist [...]. Denn Erschließung, Verarbeitung, Abbau und Vertrieb von Metallen machten einen finanziellen Einsatz erforderlich, der selbst für Kaufleute von Format allein nicht ohne weiteres möglich war. [...]

Fremdfinanzierung

Da aber auch die [herkömmliche] Form der Kapitalbeschaffung bei weitem nicht ausreichte, um allen wirtschaftlichen Anforderungen gerecht werden zu können, beschritten die Höchstetter noch einen anderen Weg, um ihre Kapitalkraft zu stärken: den Weg der Fremdfinanzierung in Form von Depositen, nicht zuletzt von kleinen Einlagen in großer Zahl und aus allen Bevölkerungsschichten. [...]

[Die Forschung] hat in der viel zu dünnen Eigenkapitaldecke der Höchstetter ein konkursträchtiges Strukturdefizit frühneuzeitlicher Handelsgesellschaften zu identifizieren vermocht. Und sie hat schließlich auch nach dem Anteil der Fugger am Höchstetter-Zusammenbruch gefragt und am Ende eine Strategie rekonstruieren können, die nicht nur dazu diente, einen Konkurrenten aus dem Geschäft zu werfen, sondern auch darauf abzielte, dabei noch ein Geschäft zu machen. So ließen die Fugger seit März 1528 in Lyon und Antwerpen gezielt das Gerücht verbreiten, ein Bankrott der Höchstetter stehe kurz bevor. Bald darauf begannen sie damit, systematisch Schuldforderungen des angeschlagenen Unternehmens in ihren Besitz zu bringen. [...] Als sich Ambrosius d. Ä. kurze Zeit später mit der Bitte an Anton Fugger wandte, doch gemeinsam mit anderen angesehenen Kaufleuten etwas zur Rettung des Unternehmens zu tun, fand er kein Gehör mehr. Dann überschlugen sich die Ereignisse: Nachdem die Gläubiger verlangt hatten, alle Höchstetter unverzüglich festzunehmen, verbreitete sich das Gerücht, die Familie verstecke Wertsachen in Warenballen mit fremden Handelszeichen und schaffe sie in aller Heimlichkeit aus der Stadt. Gleichzeitig wurde bekannt, dass zwei vollhaftende Gesellschafter der Höchstetter geflohen waren: [...]

Am 9. August 1529 ließ [der Rat] Ambrosius Höchstetter, seinen gleichnamigen Sohn und seinen Neffen Josef gefangennehmen, ein Inventar ihres Besitzes anfertigen und kurz darauf in der Hoffnung auf einen baldigen Vergleich wieder auf freien Fuß setzen. Doch die Hoffnung trog. Trotz langwieriger Verhandlungen, trotz Appellationen und Gutachten konnte lediglich der kleinere Teil der Gläubiger zufriedengestellt werden. Am 28. Juni 1531 musste der Rat die erneute Festnahme der drei genannten Höchstetter verfügen; am 23. September desselben Jahres ordnete er an, sie in den Schuldturm bringen zu lassen. Ihr Besitz wurde verkauft und der Erlös bis auf weiteres beim Stadtvogt hinterlegt.

[1] Idria: Ortschaft im heutigen Slowenien.

Peter Burschel und Mark Häberlein, Familie, Geld und Eigennutz. Patrizier und Großkaufleute im Augsburg des 16. Jahrhunderts, in: „Kurzweil viel ohn' Maß und Ziel." Alltag und Festtag auf den Augsburger Monatsbildern der Renaissance, hrsg. vom Deutschen Historischen Museum Berlin, München (Hirmer) 1994, S. 56 ff.

Daniel Hopfer (1470–1536), Der Kornwucher (1534), Kupferstich, Germanisches Nationalmuseum, Nürnberg. Die Bildinschrift lautet im Anschluss an die Sprüche Salomos (Sprichwörter) 11, Vers. 26: „Wer Korn inhelt [zurückhält], dem fluochen die Leit, aber Segen kompt uber den so es verkafft."

1. Fertigen Sie ein Schaubild zur Sozialstruktur der Stadt an und kennzeichnen Sie die spezifischen Merkmale der einzelnen sozialen Gruppen. (M 1) Welche Konflikte gab es zwischen ihnen?
2. Informieren Sie sich über den Aufstieg der Fugger und über die Finanzierung der Kaiserwahl Karls V. In welchen ökonomischen Bereichen war diese Handelsfamilie aktiv? (M 2) Untersuchen Sie, warum die Fugger im frühen 17. Jahrhundert ihre ökonomische und politische Bedeutung verloren.
3. Beschreiben Sie das unterschiedliche Tempo der Nachrichtenübermittlung in Europa. (Kartenskizzen S. 46) Entwickeln Sie Thesen zur Bedeutung der Nachrichtenübermittlung für die Entwicklung des Frühkapitalismus.
4. Vergleichen Sie die Einwohnerentwicklung europäischer Großstädte zwischen 1500 und 1600. (Karte S. 45) In welchen Regionen vollzogen sich besonders auffällige Veränderungen? Wo bildeten sich dynamische ökonomische Zentren?
5. Diskutieren Sie die Ursachen für den Bankrott der Höchstetter. (M 4)
6. In der (Bild-)Publizistik des frühen 16. Jahrhunderts spielte das Thema des „Wuchers" – also auch der Spekulationsgeschäfte – eine zentrale Rolle. Daniel Hopfers Kupferstich stellt eine Reaktion auf Hungerrevolten dar, zu denen es in Augsburg 1534 kam. Beschreiben Sie detailliert dieses Bild und diskutieren Sie Hopfers Intentionen. (Abb. auf dieser Seite)

3.2 Anfänge einer Weltwirtschaft: das Beispiel Amsterdam

Das Goldene Zeitalter der Niederlande

Warum verlagerte sich im ausgehenden 16. Jahrhundert das ökonomische Zentrum Europas allmählich vom Mittelmeerraum und von Mitteleuropa aus hin zum Atlantik? Wo lagen die Vorteile der Nordseeküste? Noch weit stärker als in Deutschland war mit der Herausbildung des Bürgertums in der Küstenregion um Antwerpen und Amsterdam ein folgenreicher ökonomischer und politischer Strukturwandel verknüpft, ein vielfältiger Modernisierungsprozess setzte ein. Die sieben Provinzen der Utrechter Union gingen aus dem niederländisch-spanischen Krieg (seit 1567) als Sieger und als europäische Großmacht hervor. In dieser Zeit begann das so genannte Goldene Zeitalter der Niederlande.

Amsterdam als Vorreiterin

Amsterdam schloss sich erst während des Befreiungskampfs (1578) den aufständischen Provinzen an, zugleich wurden die Konkurrenten Emden und Antwerpen brutal ausgeschaltet – Antwerpen war bis dahin ein führender Finanz- und Handelsplatz. Die Amsterdamer Kaufleute handelten im Nord- und Ostseeraum (hier spielten Holz, Getreide und Hering eine wichtige Rolle), ferner war Amsterdam am Handel mit den westeuropäischen Ländern und im Mittelmeerraum maßgeblich beteiligt. Bedingt durch den langen Krieg zogen in rascher Folge viele Handwerker und Kaufleute nach Amsterdam, die nicht nur ihre Qualifikationen, sondern auch ihr Kapital mitbrachten. In Holland entwickelte sich um 1600 ein im europäischen Vergleich äußerst dicht besiedeltes Gewerbegebiet. Im Dreißigjährigen Krieg (1618–1648) schließlich wurde Holland zur führenden Waffenschmiede Europas.

Ein florierender Finanzplatz

Amsterdam bot für Kapitalanleger geradezu paradiesische Bedingungen, und zwar sowohl für Spekulanten als auch für Menschen, die eine sichere, von der Stadt Amsterdam garantierte Kapitalanlage suchten. Nicht nur Großkapitalisten erwarben Anteile (später Aktien genannt) an den Handelsgesellschaften, sondern auch Menschen mit kleinerem Einkommen. Die Wechsel der Amsterdamer genossen bald weltweit großes Vertrauen. Den holländischen Kaufleuten standen somit beträchtliche Kapitalien zur Verfügung. In Amsterdam entstand nicht nur eine Börse, an der Waren und Wertpapiere gehandelt wurden, sondern auch eine Wechselbank, ferner Börsen- und Nachrichtenblätter.

Große Handelsorganisationen

Aus einem Zusammenschluss von Kaufleuten bildeten sich die „Vereenigde Oost-Indische Compagnie" (VOC, 1602), die größte Handelsorganisation der Welt, und die „West-Indische Compagnie" (WIC, 1621); letztere operierte im Atlantik, die VOC im Pazifik. Von den Vereinigten Provinzen erhielten diese Compagnien das Handelsmonopol. Beide Compagnien nahmen hoheitsähnliche Rechte und Aufgaben wahr, etwa den Abschluss von Verträgen und Abkommen sowie das Führen von Kriegen im Namen der Niederlande. Das Grundkapital der VOC betrug 6,5 Millionen Gulden. Amsterdamer Geschäftsleute stellten 60 Prozent dieser Summe, den Rest Gesellschaften aus anderen niederländischen Städten. Diese ungeheure Summe, die etwa der Hälfte des Geldes entsprach, das damals in Frankreich in Umlauf war, brachten die Kaufleute in wenigen Wochen zusammen.

Gerrit Adriaensz Berckheyde, Das Rathaus von Amsterdam, 1690 (Gemäldegalerie Alte Meister, Dresden).

Frühneuzeitliche „Globalisierung"

Während die WIC vor allem im Sklavenhandel engagiert war, konzentrierte sich die VOC auf den nicht minder einträglichen Gewürzhandel, später auch auf Tee, Kaffee und Porzellan. Um 1650 befuhren 16 000 niederländische Schiffe die Meere, mehr als dreimal so viele wie englische. Die WID und die VOC errichten ein dichtes Netz von Kontoren, Plantagen, Warenhäusern und Forts und zwangen die einheimische Bevölkerung in den „Kolonien" zu einer Haltung, die den holländischen Kapital- und Handelsinteressen entsprach. Ein „kapitalistisches Weltsystem" entwickelte sich erst im 19. und 20. Jahrhundert, aber die Grundlagen dafür wurden in dieser Epoche geschaffen.

Gründe für den Abstieg?

Innerhalb von zweihundert Jahren stieg der Umfang der holländischen Frachtschifffahrt auf das Zehnfache, das Frachtvolumen der holländischen Schiffe übertraf damit das der spanischen, portugiesischen, französischen, englischen, schottischen und deutschen Schiffe – zusammengenommen – erheblich. Wie gelang den Holländern dieser dramatische Aufstieg zur europäischen Großmacht, die erfolgreich weltweit operierte? Welche Rolle spielte dabei die Religion und welche sozialen Strukturen formierten sich dabei? Welche Mentalitäten bildeten sich in diesem „liberalen" sozialen Klima heraus?

MATERIAL

1 Religion – Moral – Kapitalismus?

Der Historiker Heinz Schilling beschreibt soziale Folgen der calvinistischen Reformation (1992).

Vor allem der Kirchenzucht, die die calvinistischen Kirchenräte über ihre Gemeinden ausübten, hat man zu Recht eine ganz wesentliche Rolle bei der Herausbildung jener rationalen, nüchternen und disziplinierten Verhaltensweisen zugeschrieben, die sich seit dem 16. Jahrhundert in Europa verbreiteten und die als Vorbedingung für den Wandel von der alteuropäischen Stände- zur modern-bürgerlichen Wirtschaftsgesellschaft des Industriezeitalters gelten. In ihrem unermüdlichen Kampf gegen Abweichungen von den festgelegten Glaubens- und Weltanschauungssätzen, gegen Nachlässigkeit in den kirchlichen und religiösen Pflichten, gegen Streit, Gewalt und Unehrlichkeit; gegen Unmäßigkeit, demonstrativen Luxus und Exzesse in Spiel, Tanz oder Vergnügungen; gegen Unzucht, Kuppelei und Ehebruch; gegen Trunkenheit, Unreinlichkeit, Müßiggang und all die anderen kleinen oder großen Normabweichungen von dem in der Konfessionalisierung des 16. Jahrhunderts neu definierten christlichen Sitten- und Verhaltenskodex erwiesen sich die calvinistischen Ältesten nicht nur als Agenten eines geschlossenen Glaubens- und Weltanschauungssystems, sondern auch und vor allem als Motoren der modernen Affektenkontrolle, des vernünftig-gemäßigten Lebensstils, der Ausdauer und Selbstdisziplinierung sowie der nüchternen Verantwortlichkeit für das eigene Leben und dasjenige des Nächsten in Ehe, Familie, Gemeinde und Gesellschaft.

Heinz Schilling, Am Anfang waren Luther, Loyola und Calvin – ein religionssoziologisch-entwicklungsgeschichtlicher Vergleich. Berliner Antrittsvorlesung 7. Juli 1992. http://dochost.rz.hu-berlin.de/humboldt-vl/schilling-heinz/PDF/Schilling.pdf.

MATERIAL

2 Ist der „holländische Geist" ein Vorbild für die Deutschen?

Aus dem „Holländischen Kirchen- und Schulen-Staat" (1698) des lutherischen Theologen Heinrich Ludolph Benthem (1661–1723):

Die Grossen und die Reichen können nicht unterdrücken die Kleinen und Armen. Es ist die Obrigkeit zwar reformierter Lehr, aber ich habe noch nie gehöret, daß ein Lutheraner, Papist oder Mennonit, oder Jude in einer Streitsache mit einem Reformierten des Glaubens wegen unterliegen müssen. […]

Unterdessen werden die Underthanen von den Gebietenden mit aller Sanfftmuth gelind regiret. Beginnet das Volck zu murren über die Schwehre der Imposten[1], welche zur Bestreitung der vielen Ausgaben hier allgroß sind: So weiß die kluge Obrigkeit mit Nachlassung eines guten Theils die bewegten Gemüther wieder zu stillen. Es lieben die Einwohner nichts so ser als die Freyheit: und solte ein grosser Herr einen Leibeigenen in [=nach] Holland bringen, wird solcher so fort sein eigen Herr. […]

Wer anmercket, wie fleißig ein jeder in seinem Beruff allhie ist, und die Nahrung so emsig gesuchet werde, der kan einiger massen begreiffen, woher so viel tausend Menschen in einem so engen Lande nicht nur sich des Hungers erwehren, sondern auch Reichthum erwerben können. Alles ist hier in Bewegung und sind auch die rentenierer[2] nicht müßig. Dieser Orten wird der Spruch zum festen Gesetz: Wer nicht arbeitet, der soll auch nicht essen. Hergegen heisset es auch: Wer arbeiten will darff nicht Hungers sterben […].

Der Sparsam- und Mäßigkeit muß nicht vergessen werden, weil die Holländer damit uns vorleuchten. Käse, Butter, Fisch, Salat und Brot ist ihre beständige Speise. Ein jeder stellet seine Sache so an, daß er des Jahrs mehr einnehme als verzehre. Man wird nicht leicht ein Exempel finden, daß jemand durch Fressen oder Sauffen sich in Schulden gesetzet. […]

Die Geringeren ehren auch nicht sonderlich die Obern […]. Die Frau im Hause kan man von ihrer Dienst-Magd nicht wohl unterscheiden, es sey denn, daß man jene beym Manne im Bette sie-

Maerten van Heemskerck (1498–1574), Pieter Jan Foppesz und seine Familie, 1531.

het: Am Tische wird keine Ordnung gehalten, und Antje plappert und lachet wol so viel und laute als Mevrouwe[3]. [...] Was die Ehegatten betrifft, hat die Freyheit des Landes Gottes Gebot und Ordnung umgekehret: Denn hier krehet die Henne und der Hahn muß nur keckeln. Gehet man und Frau am Sonntage wandeln, muß jener das Kind auf dem Arme tragen, und diese schlendert auf ihren muilen[4] sorgloß neben ihm her. Es wird nicht leicht eine Holländerin sich an einen Teutschen verheyrathen, weil sie gehöret, daß einige mussen ihre Weiber hart halten. [...]
Die Kinderzucht ist insgemein allhie auch nicht die beste. Die Freyheit des Landes und Affen-Liebe der Eltern benimmt den Kindern die Ehrerbietung, welche sie jenen schuldig sind. Es ist nichts seltsames, daß Vater und Mutter mit dem Lehrmeister einen Contract machen, das Kind nicht hart zu halten, ob es schon bübisch und ungehorsam ist.

Jacob Jordaens (1593– 1678), Die Familie des Künstlers, ca. 1621.

---

[1] Imposten: Abgaben
[2] rentenierer: Rentiers; Personen, die von den Erträgen ihres Vermögens leben
[3] Mevrouwe: die holländische „Gnädige Frau"
[4] muilen: Pantoffeln

Heinrich Ludolph Benthem, Holländischer Kirchen- und Schulen-Staat, Frankfurt a. M. u. a. 1698, S. 8 ff.

MATERIAL

3 Ein Unabhängigkeitskrieg, eine günstige Lage und der Calvinismus

Der Journalist Heinz Koning beleuchtet verschiedene Aspekte des Amsterdamer Aufstiegs zu einem führenden Wirtschaftsstandort Europas (1977).

Am Anfang des 16. Jahrhunderts lebten in dem inzwischen befestigten Amsterdam etwa 12 000 Menschen. Aber die Stadt war noch immer eine von vielen. Eigenartigerweise wohnte gegen Ende des Jahrhunderts fast die Hälfte der Landesbevölkerung in Städten und verdiente ihren Lebensunterhalt vorwiegend damit, Rohmaterialien aus anderen Ländern in Fertigprodukte für den Export zu verarbeiten. [...]
Amsterdam nutzte seine vorteilhafte Lage voll aus und entwickelte einen einträglichen Handel mit den Ostseeländern. Die Schiffe der Stadt – jedes wurde von einer Genossenschaft, einer so genannten *rederij*, finanziert – segelten zu den dort gelegenen Seehäfen, um Getreide an Bord zu nehmen, das Leibeigene für die preußischen und polnischen Großgrundbesitzer anbauten, sowie Felle und Holz (die Provinz Holland hatte keine eigenen Wälder; jedes Stück Holz musste importiert werden, von den Latten für die Heringskisten bis zu den Pfählen, auf denen die Amsterdamer Gebäude ruhten). Was die Stadt selbst nicht brauchte, wurde weiter nach Frankreich und Portugal geschafft. Und auf der Rückfahrt hatten die Schiffe Gewürze, Wein und Salz für die Märkte im Norden Europas geladen.
Die Amsterdamer Handelsflotte konkurrierte direkt mit den Schiffen der Hanse, einer Vereinigung deutscher Küstenstädte. Aber die niederländischen Unternehmen verschafften sich bald einen sicheren Vorsprung vor ihren Rivalen. Einerseits war es für die deutschen Schiffe unmöglich, den langen Seeweg von der Ostsee bis zur iberischen Halbinsel und zurück in einer einzigen Saison zu bewältigen; die Amsterdamer Flotte hatte solche Schwierigkeiten nicht, weil die Stadt auf halbem Wege zwischen den Märkten im Norden und denen im Süden lag. Andererseits setzten die Mitglieder der *rederij* in allen wichtigen Märkten Agenten ein und konnten dadurch die Fahrten ihrer Schiffe so wirtschaftlich planen, dass ihre Frachtraten niedriger lagen als die der Deutschen. [...]

Auffallend ist, dass der Aufstieg Amsterdams in die Zeit eines 80 Jahre dauernden Krieges mit Spanien fiel. Als Kaiser Karl V. im Jahre 1556 abdankte, um sich in ein Kloster zurückzuziehen, übergab er seine Erblande seinem Sohn Philipp II., König von Spanien – 17 Provinzen, die etwa das heutige Gebiet von Belgien, Holland und Luxemburg umfassten. [...]
Philipps Unterdrückungsmaßnahmen erzeugten eine Welle des Anti-Katholizismus in den Niederlanden, wo der Calvinismus, eine strenge Form des Protestantismus, seit der Veröffentlichung der reformerischen Lehrsätze Johannes Calvins im Jahre 1536 bereits zahlreiche Anhänger gefunden hatte. Der Aufstand begann in Antwerpen, verbreitete sich aber in Windeseile über die gesamten Niederlande. [...] Die holländischen Adeligen stellten sich zunächst auf die Seite der offiziellen Regierung; als jedoch klar wurde, dass Philipp sein Besitztum lediglich als Vasallenstaat betrachtete und die hohen Zollforderungen sowie die tyrannischen Unterdrückungsmaßnahmen durch die Inquisitoren guthieß, griffen auch sie zu den Waffen. [...]
Zornentbrannt entsandte Philipp 10 000 Soldaten unter der Führung des Herzogs von Alba zur Niederschlagung des Aufstands. Albas brutale Befriedungsbemühungen wurden als „Spanische Raserei" bekannt. Sein Hauptinstrument war ein Tribunal, das im Volksmund den Namen Blutrat erhielt und willkürlich Menschen anklagen und verurteilen konnte. [...]
Obgleich 1566 in Amsterdam mehrere kleine Aufstände ausbrachen, versuchte die Stadt weiter, ihre Schäfchen ins Trockene zu bringen: Der Ostseehandel hatte die Stadt reich gemacht, und es gab viel zu verlieren, wenn man die falsche Seite unterstützte. Zahlreiche Bürger begrüßten deshalb Herzog von Alba als Verbündeten, als er 1573 in die Stadt einmarschierte. [...] Viele Protestanten flohen oder tauchten unter, andere, die weniger Glück hatten, wurden gefangengenommen und ermordet. Aus Gerichtsprotokollen geht hervor, dass ein junges Mädchen durch Ertränken in einem Fass hingerichtet wurde, weil es einen Schuh gegen eine Statue in der Oude Kerk geschleudert hatte.

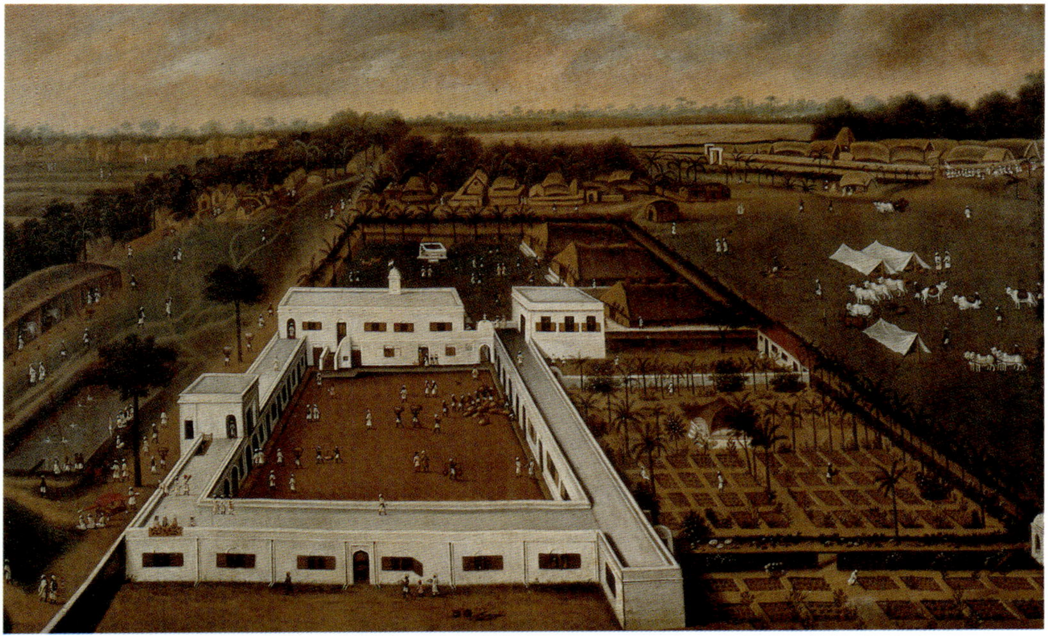

Hendrik van Schuylenburgh, Das Hauptkontor der Ostindiengesellschaft am Golf von Bengalen, 1665.

Von Amsterdam aus machte sich Alba daran, die wenigen verbliebenen Zentren des Widerstands zu vernichten. In Madrid wurde der bevorstehende endgültige Sieg mehrmals angekündigt, aber er fand nie statt. Im Oktober 1572 war Wilhelm von Oranien aus dem Exil zurückgekehrt, um die Führung der Aufständischen zu übernehmen. [...]

Trotz des Umschwungs traten die Reformierten Amsterdams erst 1578 wieder an die Öffentlichkeit, ein Jahr nachdem die Spanier sich aus der Stadt zurückgezogen hatten. Sie erklärten den protestantischen Glauben zur offiziellen Religion [...]. Anstatt die Katholiken und Anhänger der Spanier hinzurichten, verluden sie sie einfach auf Karren, fuhren sie an einen Seedeich östlich der Stadt und überließen sie dort ihrem Schicksal. [...]

Bei Beginn des Aufstands hatte Amsterdam etwa 30 000 Einwohner; ein halbes Jahrhundert später waren es mehr als 100 000. Dem Bevölkerungszuwachs entsprach die Ausweitung der Handelsflotte. Ein Engländer, der gegen Ende des 16. Jahrhunderts nach Amsterdam kam, schrieb: „Es gehören dieser Stadt tausend Schiffe, die wenigsten davon nur Hunderttonner, dazu noch zahlreiche andere Schiffe und kleinere Boote." Schon bald sah man in jedem Hafen in Europa Schiffe, die die Amsterdamer Fahne führten. [...]

Historiker nennen eine Reihe von Gründen für den Aufschwung. Der lukrative Ostseehandel hatte zu einer Anhäufung von Geld geführt, das für Investitionen zur Verfügung stand; als Folge des hereinströmenden Kapitals entwickelten sich aus Amsterdams traditionellen Zunftgewerben, wie Schiffbau, Weberei, Färberei und Seifenherstellung, die ersten kleinindustriellen Betriebe. Selbst der Calvinismus passte ausgezeichnet zu dieser frühkapitalistischen Atmosphäre. Gemäß der neuen Ideologie war Reichtum ein Zeichen für Gottes Huld, wenn man ihn durch harte Arbeit erwarb und nicht für sündhaften Luxus verschwendete.

Die neue Situation förderte auch Experimente auf kommerziellem Gebiet. Amsterdamer Händler begannen sich zu fragen, warum sie bei ihren Transaktionen weiter die beschwerlichen Zahlungsmittel Gold und Silber verwenden sollten, deren Realwert nach Gewicht berechnet wurde, zumal es nicht selten vorkam, dass skrupellose

Mit dem Schiffstyp der Fleute ist der Aufstieg Amsterdams zur Handelsmetropole eng verbunden.

Geschäftsleute durch Verkleinerung der Münzen ihren Wert um zehn Prozent verringerten. Warum sollte man statt dessen nicht Papiergeld und Hinterlegungsscheine benutzen? Alles, was dazu erforderlich war, war ein Hinterlegungsort, der von jedermann anerkannt wurde, und Amsterdam entschloss sich, einen solchen Ort zu schaffen. Die Stadt richtete 1609 eine Wechselbank ein, fast ein Jahrhundert vor London. Und die Kaufleute gingen dazu über, Handelsschulden zu zahlen, indem sie Guthaben von einem Konto auf ein anderes überwiesen, wobei nichts als ein Stück Papier, das vom städtischen Buchhalter abgezeichnet war, den Besitzer wechselte. Händler aus allen Teilen Europas machten von den Dienstleistungen der Bank Gebrauch.

Hans Koning, Amsterdam, Time-Life International, 1977, S. 37–46.

MATERIAL

4 Europas modernste Flotte sorgt für große Handelsgewinne

Gegen Ende des 16. Jahrhunderts entwickelten Amsterdamer Schiffbauer die so genannte Fleute, ein hervorragendes, hochseetüchtiges Schiff, das billig und leicht zu bauen war. Vier- bis sechsmal so lang wie breit, mit bauchigen Seiten, die sich zum Deck hin verjüngten, machte die Fleute schnellere Fahrt als die Boote der französischen und englischen Konkurrenz. Durch die Bauweise verringerten sich außerdem die Aufwendungen für Hafengebühren, die in den europäischen Häfen nach der Breite der Decks der Frachtschiffe berechnet wurden. Zu diesen Vorzügen kam noch hinzu, dass die Fleute von einer nur halb so starken Mannschaft gesegelt werden konnte wie die herkömmlichen Schiffstypen. […]

Amsterdam verfügte nun über die Schiffe, die Mannschaften und das Geld, um seinen Überseehandel auszuweiten. Die Tatsache, dass Spanier und Portugiesen, die sich noch immer im Krieg mit den Niederlanden befanden, Embargos gegen holländische Schiffe verhängt hatten, war für die Kaufleute der Stadt ein weiterer Anlass, sich nach neuen Märkten außerhalb Europas umzusehen. Die Idee für das Vorhaben war 1594 entstanden, als neun Händler aus Holland – zusammen mit einem Antwerpener Geistlichen und Kartographen namens Plancius – ein Unternehmen gründeten, das den erfreulich romantischen Namen Compagnie von Verre erhielt – die „Gesellschaft der Ferne". Die Väter des Unternehmens hatten es auf die kostbaren Gewürze aus Ostindien abgesehen, das die Portugiesen als ihre Domäne betrachteten, seit Vasco da Gama 1497 den Seeweg nach Indien entdeckt hatte.

Eine Forschungsflotte, die die Gesellschaft 1595 nach Indonesien entsandte, kehrte zwei Jahre später mit einer Ladung von neuartigen Gewürzen und Nüssen nach Amsterdam zurück. Sicher ist, dass das Unternehmen auf ernsthafte Schwierigkeiten gestoßen war: Von den vier Schiffen und 249 Mann Besatzung, die von Amsterdam aufgebrochen waren, trafen drei Schiffe und nur 89 Mann wieder ein. Das vierte Schiff sank mit seiner Mannschaft; mangelhafte Ernährung oder Krankheiten waren schuld am Tod der übrigen Seeleute. Eine zweite Expedition hatte mehr Erfolg; „nur" 85 der ursprünglich insgesamt 550 Mann starken Besatzung von vier Schiffen starben an den typischen Bordkrankheiten oder infolge von Überfällen. Im Juli 1599 segelten die vier Schiffe, mit Gewürzen beladen, das Ij hinauf, um von Glockengeläut und dem lauten Beifall der Honoratioren empfangen zu werden. [...]

Von allen Teilen des Erdballs trafen Schwärme von frachtbeladenen Fleuten in Amsterdam ein, das sich schnell zum wichtigsten Markt der westlichen Welt entwickelte. Vor der Gründung der V.O.C. wurde in jedem europäischen Hafen nur eine bestimmte Gruppe von Waren abgefertigt, und die Preise entwickelten sich durch das mehr oder weniger zufällige Zusammentreffen von Geld und Gütern. Ein kleines Fass Pfeffer konnte in Lissabon doppelt so teuer sein wie in Genua; in den Ostseehäfen gab es möglicherweise kein Salz, während La Rochelle einen Überschuss hatte, den niemand kaufen wollte. Nachdem nun aber ständig Waren jeder Art nach Amsterdam strömten, glichen sich die Preise aus, so dass es für Händler aus ganz Europa interessant wurde, in diese Stadt zu kommen, um hier zu kaufen oder zu verkaufen. [...]

Die V.O.C. erzielte horrende Gewinne, ob nun mit fairen oder unfairen Praktiken. Das Unternehmen gab Anteile aus, was zu jener Zeit noch kaum üblich war, und zahlte während der zwei Jahrhunderte seines Bestehens im Durchschnitt jährliche Dividenden in Höhe von 18 Prozent. In den erfolgreichsten Jahren erreichten die Dividenden 50 Prozent und mehr des Nominalwerts der Anteile.

Hans Koning, Amsterdam, Time-Life International, 1977, S. 46–50.

MATERIAL

Die Banken und die Aktien – Amsterdam gibt den Kunden Vertrauen 5

Der Historiker Richard van Dülmen stellt den Finanzplatz Amsterdam in seinen historischen Kontext (1982).

Das Zentrum des europäischen Edelmetallhandels wie auch des entstehenden internationalen Zahlungssystems wurde immer mehr Amsterdam. Das Geheimnis des finanziellen Erfolges der Stadt Amsterdam lag in der Allgegenwart holländischer Handelsinteressen. Hier wurden die entscheidenden Weichen zur Festlegung der für fast ganz Europa verbindlichen Preise für viele Fernhandelswaren gestellt. Vor allem sorgte Amsterdam wie kein anderes Handelszentrum für einen reibungslosen Ausgleich der internationalen Verschuldungsbilanzen.

Zur Abwicklung eines bargeldlosen Zahlungsverkehrs, der schnellere Bezahlung garantierte und es unnötig machen sollte, große Geldmengen zu transportieren, zumal die Münzgeldmenge beschränkt war, wurden anstelle der internationalen Messen mit ihrer zeitlich begrenzten Handelstätigkeit die Börsen errichtet (Antwerpen 1531, London 1571, Sevilla 1583, Amsterdam 1611), an denen erstmals ständiger Handel stattfinden konnte. Die Amsterdamer Börse schien Zeitgenossen eine kleine Welt zu sein, in der alle Teile der großen vereinigt waren. Außerdem entstanden öffentlich privilegierte Banken, in denen Kaufleute ihre Geldwerte sicher deponieren und kurzfristig abrufen konnten. Dies belebte die Handelsaktivitäten, Sicherheit verband sich mit großen Gewinnchancen.

Private Banken bestanden seit langem, sie gaben vor allem Kredite an Privatpersonen und Staaten, neu und entscheidend wurden für den Fernhandel aber die öffentlichen Banken, so in Italien der venezianische Banco della Piazza di Rialto 1584/7 – spanische Vorbilder wirkten hier nach –, dem der Banco di San Ambrogio 1593 in Mailand und der Banco del Spiritu Santo 1605 in Rom

folgten. Diese Banken nahmen Einlagen an und zahlten sie aus, sie führten Konten und nahmen Wechselbriefe an. Vorbildlich für den gesamteuropäischen Handel und Markt wurde schließlich die Gründung der in ihrem Aufgabenbereich der Rialto-Bank ähnlichen Amsterdamer Wisselbank 1609. Sie galt als sicherer Einlageort für das Betriebskapital der Geschäftsleute und leistete kostenlose Verrechnung für Kredithilfe. Jeder Kaufmann, der in Amsterdam handelte, war gezwungen, hier ein Konto zu eröffnen, was wiederum die Möglichkeit für großzügige Kredite schuf. Da die Stadt Amsterdam für die Bank bürgte, begann hier eine einmalige Konzentration des europäischen Handels in der Nachfolge von Venedig und Augsburg, wie sie erst zu Ende des 17. Jahrhunderts von London abgelöst wurde. Die neuen „öffentlichen" Banken kamen so sehr den Bedürfnissen der Kaufleute entgegen, dass bald eine Bankgründung der anderen folgte: Hamburg 1619, Nürnberg 1621, Rotterdam 1635, Stockholm 1655. Parallel zur Entwicklung des Bank- und Kreditwesens, das den Fernhandel in neue regulierbare Bahnen leitete, entstand mit den neuen Handelsgesellschaften ein vielschichtiger spekulationsträchtiger Aktienmarkt, dem ebenfalls die Amsterdamer Börse entscheidende Impulse gab. Die älteren Familienunternehmer (Fugger) hatten für ihren Handel weitgehend eigenes Kapital verwendet. Mit den Kapitalgesellschaften entstanden erstmals, wenn auch bescheidene, Aktiengesellschaften mit übertragbaren Aktien. Die Aktien der niederländischen Ostindischen Kompanie z. B. konnten seit 1617 durch offenen Verkauf auf der Börse eingelöst werden, was einen schwunghaften Spekulationshandel auslöste.
Die englische Ostindische Kompanie institutionalisierte erstmals die Trennung von Gewinn und Kapital. Gewinne schüttete sie als Dividenden aus, während sie das Kapital einbehielt. Der Handel war damit nicht länger ausschließlich Sache einzelner Kaufleute, die für alle Handelsleistungen aufkamen, aber auch alle Gewinne einsteckten, sondern auch die Angelegenheit einer vermögenden Bürgerschicht, die in Aktiengesellschaften ihr Kapital anlegen konnte und an der Ausweitung des Marktes und Intensivierung des Handels ebenso partizipierte.

Richard van Dülmen, Entstehung des frühneuzeitlichen Europa 1550–1648 (Fischer Weltgeschichte Bd. 24), Frankfurt a. M. (Fischer) 1982, S. 80 f.

1. Erläutern Sie, inwiefern der Calvinismus ein kapitalistisches Wirtschaftssystem begünstigte. (M 1)
2. Welche Wertvorstellungen begrüßt oder kritisiert der Autor im holländischen „Kirchen- und Schulenstaat"? (M 2) Sehen Sie Zusammenhänge zwischen diesen Wertvorstellungen und dem ökonomischen Erfolg in Holland?
3. Analysieren Sie die beiden Familienportraits auf S. 55 nach den Kriterien aus dem Methodenkapitel „Porträtmalerei" (S. 40). Untersuchen Sie gesellschaftliche Statussymbole. Diskutieren Sie zusätzlich das innerfamiliäre Rollenverhalten, das die Porträts ausdrücken, und vergleichen Sie mit den Aussagen Benthems (M 2).
4. Diskutieren Sie die Glaubwürdigkeit Benthems. Welches Erkenntnisinteresse hat der deutsche Autor? (M 2)
5. Untersuchen Sie die spezifischen Voraussetzungen der Amsterdamer Kaufleute für ihr europa- und weltweites ökonomisches Engagement. (M 3)
6. Stellen Sie zusammen, welche weitreichenden politischen und ökonomischen Veränderungen die Unternehmungen der holländischen Kaufleute auslösten. (M 3, M 4 und M 5)
7. Erläutern Sie, warum Börsen und Banken unternehmerische Aktivitäten begünstigen können. Sehen Sie auch Nachteile oder Risiken?

4. Europäische Expansion

4.0 Die Europäisierung der Welt trägt viele Gesichter

Europa und Amerika

Fragt man nach den zehn wichtigsten Ereignissen der Weltgeschichte, so wird sicher die „Entdeckung Amerikas" genannt. Das ist kein Wunder, denn hier gerät ein neuer Kontinent ins Blickfeld der Europäer, der seinerseits gerade in Gestalt der USA nachhaltigen Einfluss auf die europäische Entwicklung nehmen wird. Zunächst ist es ein Meilenstein für die „Europäisierung der Welt", die erste Höhepunkte durch die Eroberung der süd- und mittelamerikanischen Großreiche erfährt und mit Afrika, Australien und Teilen Asiens später die meisten Gebiete der Erdkugel erreichen wird. Fragt man allerdings 500 Jahre später Einwohner Mittel- und Südamerikas, so hält sich bei den meisten die Begeisterung für diese Vorgänge immer noch in Grenzen.

Die Reichweite Europas ist begrenzt

Das Modell Europa wird bis ins 20. Jahrhundert großenteils mit Gewalt in alle Erdteile exportiert. Nichts scheint sich dem politischen wie wirtschaftlichen Herrschaftsanspruch der Europäer sowie ihrer technischen Überlegenheit entgegensetzen zu können. Doch der Anschein trügt. Gern wird dabei übersehen, dass sich die USA relativ schnell aus der Vormundschaft Europas befreien konnten und dass z. B. ein Staat wie Japan nie in eine dauerhafte Abhängigkeit geriet. Es sind also spezifische Bedingungen, die die europäische Expansion ermöglicht bzw. verhindert haben.

Welche Bedingungen fanden die Europäer vor?

Neben Fragen nach der waffentechnischen Entwicklung treten solche nach der Größe und damit Regierbarkeit der kolonisierten Staaten, nach ihrer spezifischen kulturellen Entwicklung, aber auch danach, ob die herrschenden Eliten Interesse an einer Zusammenarbeit mit den Europäern hatten oder nicht. Am Beispiel von Kolumbus soll im Folgenden zunächst der Vorgang der „Entdeckungen" selbst untersucht werden, bevor am Aztekenreich, einem relativ kurz vor der spanischen Eroberung entstandenen Vielvölkerstaat, und an Japan, einem recht homogenen Insel-Staat mit langer kultureller Tradition, Möglichkeiten und Grenzen der europäischen Eroberungspolitik untersucht werden.

4.1 Die Entdeckungsfahrten

Land in Sicht

„Die Leute der Karavelle „Pinta" erspähten ein Rohr und einen Stock, fischten dann noch einen zweiten Stock heraus, der anscheinend mit einem scharfen Eisen bearbeitet worden war; sie griffen noch ein Rohrstück auf und sahen ein kleines Brett und eine Grasart, die von der üblichen verschieden war und auf dem Lande wuchs. Auch die Mannschaft der „Niña" sichtete Anzeichen nahen Landes und den Ast eines Dornbusches, der rote Früchte trug. Diese Vorboten versetzten alle in gehobene, freudvolle Stimmung." Das notierte Christoph Kolumbus am 11./12. Oktober 1492 in seinem Bordbuch. Die Erleichterung, nach über zwei Monaten Schiffsreise über ein bis dahin

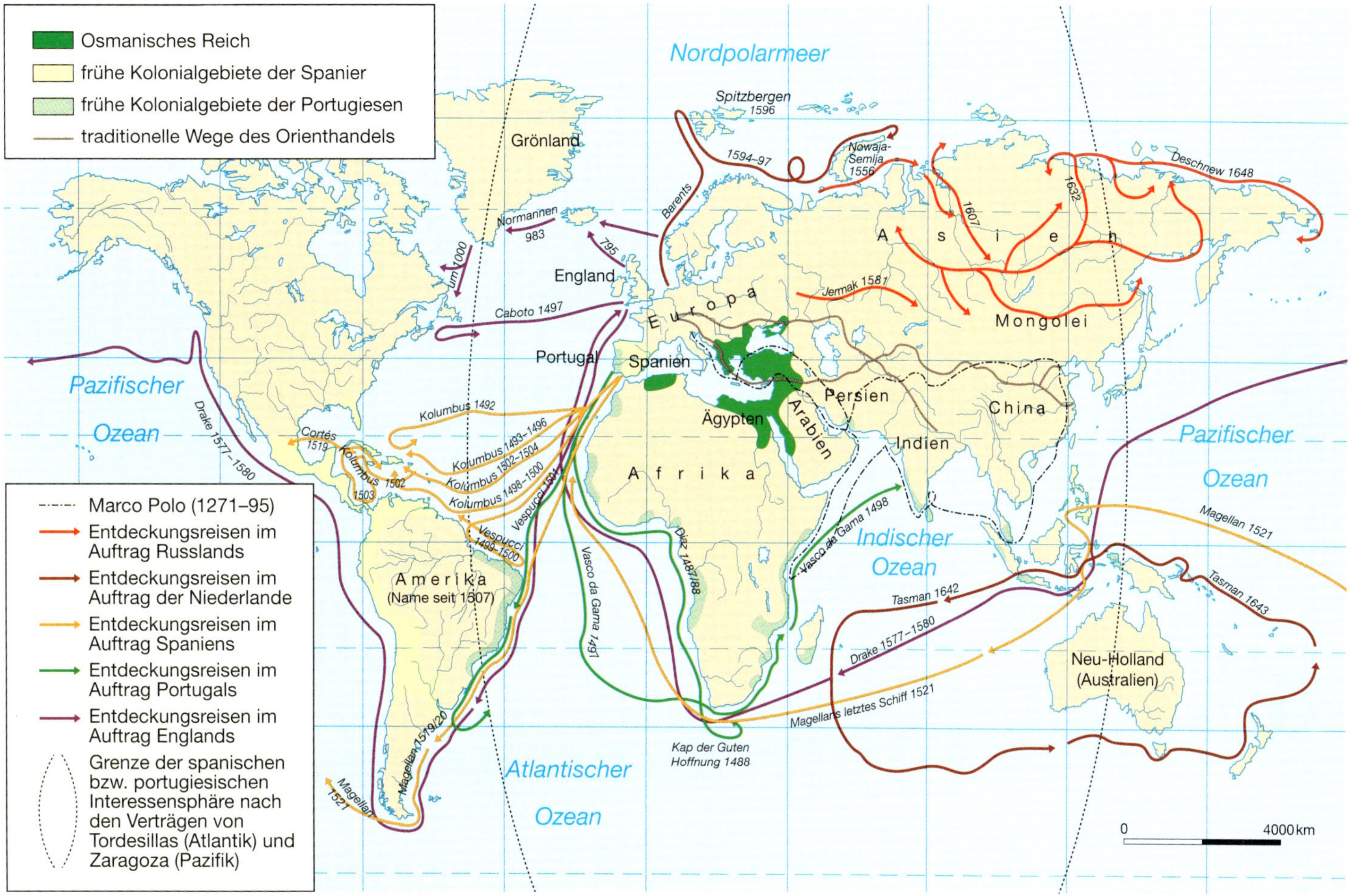

Europäische Entdeckungen vom Mittelalter bis ca. 1650.

unbekanntes Meer endlich in der Nähe von Land zu sein, spricht aus den Zeilen. Kolumbus hatte etwas ziemlich Verrücktes getan: Er wollte den fernen Osten der Erde erreichen, indem er *andersherum* fuhr. Nun näherte sich die Expedition scheinbar ihrem Ziel, der Vollendung des Seewegs nach Indien, der seit Mitte des 15. Jahrhunderts gesucht wurde.

Eine zufällige Entdeckung

Wirtschaftsgeschichtliche, machtpolitische und mentalitätsgeschichtliche Motive hatten dazu geführt, neue Wege zu den fernöstlichen Ländern zu suchen, als Kolumbus seine Fahrt nach Westen antrat. Dass dort Land lag, welches im hohen Norden gar nicht so weit entfernt war von Europa, hatten zwar schon die Wikinger um 1000 entdeckt, doch das war längst in Vergessenheit geraten. Dass Kolumbus diesen Kontinent nun zufällig wiederentdeckte, ist für die weitere historische Entwicklung von enormer Bedeutung, auch wenn es zunächst nur ein Nebenprodukt seines Unternehmens war.

Fragen an Kolumbus und die Folgen

Die historische Rekonstruktion der Zusammenhänge aus der Perspektive unserer Gegenwart ist das eine, doch wie sah die Sicht der Zeitgenossen aus? Welche Bedingungen und Ziele sind aus den zeitgenössischen Quellen zu ermitteln? Wie veränderte sich das Verhältnis zwischen Spanien und Portugal? Welche Beziehung wurde zu den Völkern im Westen aufgebaut, von denen man doch annahm, dass es sich um Hochkulturen wie in Indien, Japan oder China handelte? Welche historische Bedeutung erlangte der neu entstandene Kulturkontakt?

MATERIAL

1 Neue Wege nach Fernost? Rahmenbedingungen der Kolumbusfahrt

1453 hatten die Osmanen unter Mehmet II. Konstantinopel erobert. Kurz darauf fielen auch Mistra (1461) und Trapezunt (1462). Damit war der Weg westeuropäischer, christlicher Kaufleute nach Asien über den Bosporus und die Seidenstraße empfindlich gestört. Fieberhaft suchten die Seefahrerstaaten nun nach Alternativen auf dem Seeweg. Die Zeit der so genannten „Entdeckungen" begann. Der Vertrag von Alcacovas (1479), in dem Kastilien und Portugal ihre Interessensphären im Atlantik absteckten, verschaffte Portugal zunächst Vorteile. Kastilien behauptete sich auf den Kanaren, für die es den Portugiesen das Monopol im Handel mit Guinea und allen weiteren Entdeckungen in Afrika überließ.

Zugleich wurde durch diesen Vertrag aber die (damals noch nicht entdeckte) Südostpassage nach Indien um das Kap der Guten Hoffnung herum zu einer portugiesischen Domäne. Prinz Heinrich der Seefahrer zog in Portugal die besten Nautiker zusammen und förderte mit allen Mitteln das Unternehmen, einen Seeweg nach Indien zu entdecken. Dabei entstand ein hochseetauglicher Schiffstyp, die Karavelle. Sie ließ sich erheblich besser manövrieren als die mittelalterlichen Schiffe und konnte durch ihre drei Masten und Takelage höhere Geschwindigkeiten erreichen. Bartolomeu Dias umfuhr 1487/88 als erster Europäer das Kap der Guten Hoffnung. Damit verschaffte sich Portugal im Ostindienhandel einen großen Vorsprung vor Kastilien.

Doch das wirtschaftlich prosperierende Spanien gewann an Selbstvertrauen. Nach der staatlichen Einigung wurden 1492 die letzten Muslime auf der Iberischen Halbinsel besiegt, und die spanischen Könige Isabella und Ferdinand beauftragten noch im gleichen Jahr den Seefahrer Cristóbal Colón, den Osten über den Westen zu erreichen. Geografische Voraussetzung für diesen kühnen Plan war, dass sich in Fachkreisen gegen allen kirchlichen Widerstand ein heliozentrisches Weltbild mit der Erde in Kugelgestalt durchgesetzt hatte. Dennoch bedurfte es ungeheurer Kühnheit und der Neugier der Renaissancemenschen, um diesen Plan umzusetzen und ins Unbekannte zu segeln.

Autorentext 2004.

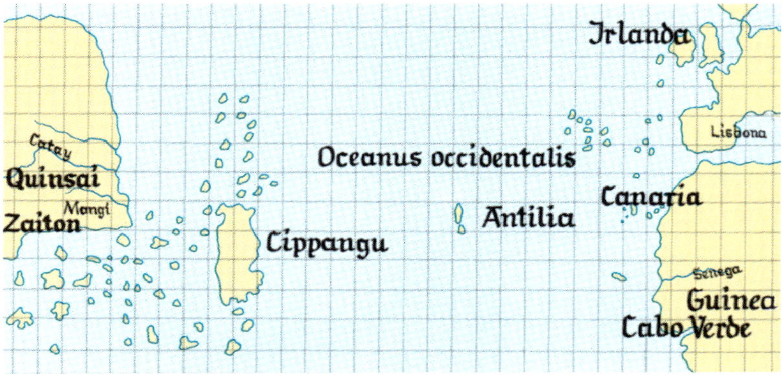

Karte Toscannellis, 1474; Cippangu = Japan; Catay = China; Quinsai = Hang-zhou; Mangi = „Südliche Barbaren", vgl. Fußnote 4; Zaiton = Quan-zhou.

MATERIAL 2

In den fernen Osten kommt man am besten, wenn man nach Westen fährt

Der Florentiner Paolo Toscanelli (1397–1482) war Mathematiker, Physiker, Arzt, Geograph, Philosoph, Astronom, aber auch der Astrologie nicht ganz abgeneigt. Er galt als einer der führenden Mathematiker seiner Zeit. Nach Studien in Padua verließ er seine Heimatstadt Florenz kaum jemals, unterhielt aber eine rege Korrespondenz mit vielen europäischen Prominenten aus Kunst und Wissenschaft. Am 25. Juni 1474 schreibt er an den portugiesischen Geistlichen Fernan Martins:

Dem Kanonikus Ferdinand Martins zu Lissabon sendet der Physiker Paolo seinen Gruß.
Mit Vergnügen habe ich gehört, dass du mit eurem edlen, hochherzigen König so vertraut bist. Über den kürzesten Weg von hier nach Indien, wo die Gewürze wachsen (denn der Seeweg ist kürzer als der, den ihr nach Guinea nehmt), habe ich schon oft gesprochen. Du sagst mir, dass Se. Majestät von mir einmal eine Erklärung und einleuchtende Darlegung wünscht, dass und wie man diesen Weg einschlagen kann.
Wenngleich ich überzeugt bin, dass man dies auf einem Globus zeigen sollte, so will ich dennoch der geringeren Mühe und des besseren Verständnisses wegen den Weg auf einer Karte erläutern, die den Seekarten ähnelt. Ich sende deshalb Sr. Majestät eine eigenhändig gezeichnete Karte. Auf ihr ist der ganze Westen der bewohnten Welt von Irland bis nach Guinea eingetragen nebst allen Inseln, auf die man unterwegs trifft. Ihnen gegenüber im Westen ist der Anfang von Indien mit den Inseln und Orten gezeichnet, wohin ihr euch nach dem Äquator wenden könnt und in welcher Entfernung, das heißt in wie viel Meilen ihr zu diesen Gegenden kommen könnt, die alle möglichen Gewürze, Edelgestein und Geschmeide in Fülle bergen. Und wundert euch nicht, dass ich die Teile, wo die Gewürze wachsen, Westen nenne, da man doch gewöhnlich sagt, sie befänden sich im Osten. Gerade (senkrechte) Linien, in der Längenausdehnung der Karte gezeichnet, zeigen die Abstände von Osten nach Westen an; die andren, die quer hindurchgehen, stellen die Entfernungen von Süden nach Norden dar. Auch habe ich in die Karte viele Orte der indischen Länder eingetragen, in die man sich begeben könnte, falls irgendein unvorhergesehener Zufall, wie Sturm oder widrige Winde, eintritt, und auch um über alle diese Gegenden gut zu unterrichten, was um so erfreulicher sein muss. Vernehmt auch, dass auf allen diesen Inseln Kaufleute leben und verkehren. Es soll dort eine ebenso große Menge von Schiffen, Matrosen und Kaufleuten nebst Waren geben wie nur irgendwo sonst in der Welt, zumal in einem sehr bedeutenden Hafen Zaiton[1], wo sich jährlich 100 große Schiffe mit Pfeffer befrachten, ungerechnet die vielen andren Schiffe, die sonstige Gewürze laden.
Dieses Land ist sehr dicht bewohnt, und es gibt dort viele Provinzen und viele Königreiche und zahllose Städte unter der Herrschaft eines Fürsten, der sich Großkhan nennt, was in unsrer Sprache soviel heißt wie: König der Könige. Seinen Sitz hat er meistens in der Provinz Cathay[2].

Die Kogge war im Hochmittelalter der gebräuchlichste Schiffstyp in Mitteleuropa, Rekonstruktionszeichnung nach dem Elbinger Siegel von 1350.

Die Santa Maria, das Flaggschiff des Kolumbus, war eine Fregatte, ein Schiffstyp, der erst im 15. Jahrhundert aufkam.

Seine Vorfahren wünschten lebhaft, mit Christen in Verbindung zu treten. […] Auch zum Papst Eugen[3] kam ein Gesandter und berichtete von der großen Freundschaft, die sie den Christen entgegenbrächten. Mit ihm habe ich mich oft unterhalten über vielerlei Dinge, über die Größe der königlichen Gebäude, über die Größe der Flüsse nach ihrer ungeheuren Länge und Breite, über die große Zahl von Städten, die dort an ihren Ufern liegen, dass sich an einem Flusse 200 Städte befinden, dass es dort sehr große und breite Marmorbrücken gibt, die mit vielen Marmorsäulen geschmückt sind. Dieses Land verdient mehr als jedes andre, dass man es aufsucht; man kann dort nicht nur sehr großen Gewinn machen und viele Dinge bekommen, sondern es gibt auch Gold, Silber, Edelsteine und alle nur denkbaren Gewürze in reicher Menge, wie nirgendwo bei uns. Es ist richtig, dass weise und gelehrte Männer, Philosophen und Astrologen und andre große Gelehrte, die in allen Künsten bewandert sind, das herrliche Land regieren und die Schlachten schlagen.

Von der Stadt Lissabon sind es auf der Karte gerade nach Westen 26 Abschnitte, jeder 250 Meilen breit, also nahezu ein Drittel des Erdumfangs, bis zu der ansehnlichen, großen Stadt Quinsay[4], die einen Umfang von 100 Meilen oder 25 leguas hat und in der sich zehn Marmorbrücken befinden. Der Name dieser Stadt bedeutet in unsrer Sprache soviel wie „Stadt des Himmels". Von ihr erzählt man Wunderdinge, so von der großen Geschicklichkeit ihrer Gewerbetreibenden und von ihren hohen Einkünften. Der Abstand bis dorthin beträgt nahezu den dritten Teil des Erdumfangs. Die Stadt liegt in der Provinz Mangi nahe der Landschaft Cathay, wo sich der König meistens aufhält.

Und von der Insel Antilia, die ihr Insel der sieben Städte nennt, von der wir Kunde haben, sind es bis zu der berühmten Insel Cipango[5] zehn Abschnitte, das heißt 2500 Meilen oder 625 leguas. Diese Insel ist sehr ergiebig an Gold, Perlen und Edelsteinen. Man bedeckt dort die Tempel und königlichen Gebäude mit reinem Gold.

---

[1] Zaiton: heute Quanzhou im Südosten Chinas, Provinz Fujian
[2] Cathay: Nordchina, später Bezeichnung für ganz China
[3] Papst Eugen: Gemeint ist Papst Eugen IV., 1431 – 1447
[4] Quinsay: Hangzhou in der chinesischen Provinz Zheijang, die unter der mongolischen Yuan-Dynastie (1271–1368) als „Mangi" (Südliche Barbaren) bezeichnet wurde
[5] Cipango oder Zipangu: Japan

F. Berger (Hrsg.), Christoph Columbus. Dokumente seines Lebens und seiner Reisen, Bd. 1, Leipzig (Sammlung Dieterich) 1991, S. 46 ff.

MATERIAL 3

„… so gute Freunde, dass es eine helle Freude war"

Nachdem seine Expedition die Insel Guanahani „entdeckt" hat, notiert Kolumbus am 11./12. Oktober 1492:

Da rief ich Rodrigo d'Escobedo, den Notar der Armada, und Rodrigo Sanchez von Segovia, zu mir und bat sie, durch ihre persönliche Gegenwart als Augenzeugen davon Kenntnis zu nehmen, dass ich im Namen des Königs und der Königin, meiner Herren, von der genannten Insel Besitz ergreife, und die rechtlichen Unterlagen zu schaffen, wie es sich aus den Urkunden ergibt, die dort schriftlich niedergelegt wurden.
Sofort sammelten sich an jener Stelle zahlreiche Eingeborene der Insel an. In der Erkenntnis, dass es sich um Leute handle, die man weit besser durch Liebe als mit dem Schwerte retten und zu unserem heiligen Glauben bekehren könne, gedachte ich sie mir zu Freunden zu machen und schenkte also einigen unter ihnen rote Kappen und Halsketten aus Glas und noch andere Kleinigkeiten von geringem Werte, worüber sie sich ungemein erfreut zeigten. Sie wurden so gute Freunde, dass es eine helle Freude war. Sie erreichten schwimmend unsere Schiffe und brachten uns Papageien, Knäuel von Baumwollfaden, lange Wurfspieße und noch viele andere Dinge mehr, die sie mit dem eintauschten, was wir ihnen gaben, wie Glasperlen und Glöckchen. Sie gaben und nahmen alles von Herzen gern – allein mir schien es, als litten sie Mangel an allen Dingen.

Karikatur aus der „tageszeitung" vom 13.01.03 (Jürgen Dieko Müller).

Aus: Friedemann Berger (Hrsg.), Christoph Columbus. Dokumente seines Lebens und Reisens, Bd. I, Leipzig (Sammlung Dieterich) 1991, S. 106.

1. Erläutern Sie die Motive von Handelsherren, Seefahrern und Herrschern, neue Seewege nach Asien zu suchen. (M 1)
2. Arbeiten Sie die Vorstellungsbilder heraus, die in Europa von Asien existierten. (M 2, vgl. auch Marco Polo, S. 82, M 3)
3. Untersuchen Sie die Abb. der Kogge und der Santa Maria auf die schiffstechnischen Veränderungen hin und erklären Sie deren Vorteile. (Abb. S. 66)
4. Vergleichen Sie den Bericht über die Landung des Kolumbus auf Guanahani mit Berichten über die erste Mondlandung am 21. Juli 1969. Nutzen Sie dazu einen Film-Fernseh-Bericht (Landeszentrale für Politische Bildung, Landesmedienzentrum) oder entsprechende Zeitungsberichte, die Sie z. B. in Ihrem Stadtarchiv finden können.
5. Informieren Sie sich über den „Vertrag von Tordesillas" vom 2. Juli 1494 und erklären Sie auf dieser Grundlage die heutige Sprachenlandschaft in Lateinamerika.
6. Halten Sie Kurzreferate über einzelne Forschungsfahrten, wie sie die Karte S. 63 zeigt. Berichten Sie über Auftaggeber, Ziele, Ausstattung und Ergebnisse der Fahrten.

4.2 Zwei Kulturen treffen aufeinander: die Eroberung des Azteken-Reichs

Kaiser Karl V., Gemälde von Jakob Seisenegger, 1532 (Kunsthistorisches Museum, Wien).

Am 18. April 1521 erschien der ehemalige Augustiner-Mönch Martin Luther vor Kaiser Karl V. auf dem Reichstag in Worms. Weder der repräsentative Rahmen der Reichsversammlung noch das Schicksal des früheren Reformators Johannes Hus, der 1415 auf dem Konstanzer Konzil verurteilt und hingerichtet worden war, konnten ihn dazu bewegen, seine reformatorischen Schriften und Auffassungen zu widerrufen. Zehn Tage später, am 28. April 1521, begannen die Spanier und ihre Verbündeten das aztekische Tenochtitlán zu belagern. Der Fall der Stadt im August des Jahres bedeutete die Eroberung des ersten großen Reiches in der Neuen Welt. Beide Ereignisse, Tausende von Kilometern auseinander liegend, erweisen sich als Ergebnisse eines weltgeschichtlichen Zusammenhangs: Europa brach auf.

Wahrnehmungsmuster, Ideologien, Lebensweisen und gesellschaftliche Verhältnisse, die seit Jahrhunderten gegolten hatten, verloren ihre Fraglosigkeit, nicht überall und nicht gleichzeitig, aber doch unübersehbar. Neben dieser Sicht auf die inneren Verhältnisse änderte sich der Blick auf die Dinge auch durch das, was die Europäer in Übersee für sich entdeckten. Fremde Länder und Kulturen gerieten in ihren Horizont. Die Welt musste neu gedacht werden.

Cortés beschreibt die neue Welt

Als Karl V. dem Reichstag vorsaß, kannte er den ersten Bericht des Hernán Cortés vom 30. Oktober 1520, die Schilderung eines Eroberungszuges, dessen Ziel die gewaltige Metropole des Aztekenreiches, Tenochtitlán, war. Auch wenn der Autor das Heidentum der Azteken betont, so ist doch seine Bewunderung für die städtebauliche Leistung unüberhörbar. Das dürfte seine Wirkung auf den jungen Kaiser, der erst seit zwei Jahren im Amt war, nicht verfehlt haben.

Neue Aufgaben

Zugleich muss ihm aber bewusst gewesen sein, dass eine ungeheure gestalterische Aufgabe auf ihn zukam. Ein Reich dieses Ausmaßes konnte nicht mehr mit den mittelalterlichen Herrschaftsinstrumenten regiert werden. Wie konnte man eine solche organisatorische Aufgabe bewältigen? Schließlich galt es dabei die Weite des Atlantiks zu überwinden. Die „Welt war aus den Fugen". Wie konnte man zu einer Lösung finden, die Altes erhielt und zugleich für die notwendigen Neuerungen offen war? Wie sollte man überhaupt dem Fremden, das deutlich Ansprüche erheben konnte, eine eigenständige Kultur zu besitzen, angemessen begegnen? Mussten die Ziele unter dem Eindruck der Eroberungen nun neu definiert werden?

Neue Welt. Kolorierter Kupferstich von Theodor de Bry, 1594.

MATERIAL

„Kulturtransfer" in beide Richtungen 1

Die Historikerin Claudia Schnurmann hat einige biologische und technische Bestandteile menschlicher Zivilisation aufgelistet, die vor der Entdeckung Amerikas im jeweils anderen Kontinent unbekannt waren (1998).

Von Amerika nach Europa	*Von Europa nach Amerika*		
Syphilis	Pferde	Pfirsich	Pocken
Mais	Schweine	Apfel	Masern
Tabak	Rinder	Orange	Wegerich
Kartoffeln	Schafe und Ziegen	Zitrone	Löwenzahn
Tomaten	Honigbienen	Wein	Kletten
Erdnüsse	Katzen	Metallkessel	Brennnesseln
	Hühner	Schusswaffen	

Nach: Claudia Schnurmann, Europa trifft Amerika, Frankfurt a. M. (Fischer) 1998, S. 119 ff. und 187 ff.

MATERIAL

Aztekische Technik – „Steinzeit" mit anderem Gesicht 2

Der Ethnologe und Altamerikanist Hanns Prem vergleicht den Stand der technischen Entwicklung der Azteken mit demjenigen der Europäer (1996).

So beeindruckend die Städte der Azteken und ihrer Nachbarn und Vorfahren auch erschienen, ihre Kultur befand sich auf einer Ebene technischer Entwicklung, die in Europa und im Mittelmeerraum schon seit Jahrtausenden überholt war. Aber was uns im Hinblick auf die Leistungen der altamerikanischen Kulturen in anderen Bereichen als Ungleichgewicht erscheinen kann, ist tatsächlich Beweis für die unterschiedlichen Wege, die die kulturelle Weiterentwicklung des Menschen in verschiedenen Teilen der Welt genommen hat. Die Liste technischer Errungenschaften, die bei den Azteken wie bei ihren Nachbarn (zumeist aber in ganz Amerika vor Ankunft der Europäer) fehlten, ist lang. Sie wird üblicherweise mit Rad und Wagen begonnen, doch gerade hier wird die Komplexität der Frage sichtbar: Räder brachte man zwar an Spielzeugtieren aus Ton an, aber man baute keine Fahrzeuge. Denn Fahrzeuge bringen Vorteile nur in geeignetem Gelände oder auf gebahnten Straßen mit geringen Steigungen, die zu bauen im mexikanischen Bergland sehr aufwändig ist. Auch hätte man die Fahrzeuge selbst ziehen müssen, da es keine Zugtiere gab. Diese fehlten, da in Mittel- und Nordamerika alle größeren Säugetiere, die sich zur Domestikation geeignet hätten, überhaupt nicht vorhanden gewesen oder nach der Eiszeit ausgestorben waren. Aus diesem Grund gab es auch außer Hund und Truthahn keine größeren Haustiere. Die Töpferscheibe war ebenfalls unbekannt, ohne dass dies eine geringere Qualität der Keramikproduktion bedeutet hätte.

Zur Steinbearbeitung benutzte man nur Steinmaterialien, war aber dennoch besonders bei kleineren Objekten zu bemerkenswerten Leistungen fähig. Feine Schneideinstrumente bestanden aus Obsidianklingen (einem sehr scharfen, aber leicht splitternden vulkanischen Glas). Die Kenntnis der Metallverarbeitung war in Mexiko jung und erst spät zu den Azteken gekommen. Hergestellt wurden hauptsächlich Schmuckgegenstände aus Gold und Kupfer (nur bei den Tarasken wurden auch Gebrauchsgegenstände angefertigt). Unbekannt waren Saiteninstrumente, die Glasur von Keramik, Maschinen mit Nutzung der Hebelwirkung einschließlich der Balkenwaage, Nutzung des Luftdrucks in Rohren beispielsweise bei Leitungen und Pumpen. In der Bautechnik mussten die Azteken ohne Gewölbe und Kuppelbau, ja selbst ohne das von den Maya entwickelte Kraggewölbe[1] auskommen; sie errichteten ihre Häuser aus Holz, aus Lehmziegeln oder Bruchsteinmauerwerk mit flachen Dächern, die aus einer Holzbalkendecke mit dicker Stuckmörtelschicht bestanden.

Auch die aztekische Schrift war – trotz leistungsfähiger Formen vor allem bei den Maya – nur sehr mangelhaft entwickelt. Aufzeichnungen aller Art erfolgten in Bilderhandschriften, die aus langen Streifen aus Leder oder papierartig verarbeitetem Pflanzenmaterial bestanden, welche in Leporello-Form[2] gefaltet und von Holzdeckeln geschützt waren. In ihnen ist eine bildartige Szenendarstellung mit „Hieroglyphen“ kombiniert. Die „Hieroglyphen“ sind kleine Bildzeichen, die zu einem gewissen Grad standardisiert und normiert sind und einen durch Konvention einigermaßen präzise festgelegten Inhalt haben. Sie dienten zur Schreibung von Personen und Ortsnamen sowie von einzelnen, eng begrenzten Gegenstandsbereichen, waren aber nicht in der Lage, auch nur einen kurzen Satz wiederzugeben. Die zusammenhängende Aussage wurde statt dessen durch die Abbildung des Geschehens aufgezeichnet.

Der Aufbau der historischen Bilderhandschriften ist chronologisch, in Zentralmexiko zumeist nach einem kontinuierlichen oder unterbrochenen Band von Schriftzeichen für die aufeinander folgenden Jahre. Die den Bilderhandschriften innewohnende Mehrdeutigkeit und Ungenauigkeit war erheblich und konnte auch von trainierten Indianern nicht völlig überwunden werden, wie Widersprüche in den Textfassungen der Quellen belegen. [...]

Die indianischen Handschriften fielen nach der Conquista[3] zum größten Teil missionarischem Eifer, der in ihnen unterschiedslos ein auszurottendes Blendwerk des Teufels sah, zum Opfer. Andererseits entstand bald nach der Conquista eine große Zahl von Quellen zumeist mit historischer und tributtechnischer Schwerpunktsetzung, die in stark unterschiedlicher Nähe zu den erhaltenen gebliebenen Schriftquellen und den mündlichen Traditionen stehen. Ihre indianischen Autoren gaben die autochthonen[4] historischen Texte, die ihnen hauptsächlich in mündlicher Form oder in Gestalt bilderschriftlicher Annalen vorlagen, in europäischer Schrift und zumeist in ihrer indianischen Sprache wieder. Der Grad ihrer redaktionellen Eingriffe ist kaum bestimmbar.

[1] Kraggewölbe: spitz nach oben zulaufende, gestufte, so genannte „falsche“ Gewölbe
[2] Leporello: ziehharmonikaförmig gefaltetes Papier
[3] Conquista (span.): Eroberung
[4] autochthon: bodenständig, aus dem Gebiet stammend

Hanns J. Prem: Die Azteken, Beck'sche Reihe 2035, München (Beck) 1996, S. 57 ff.

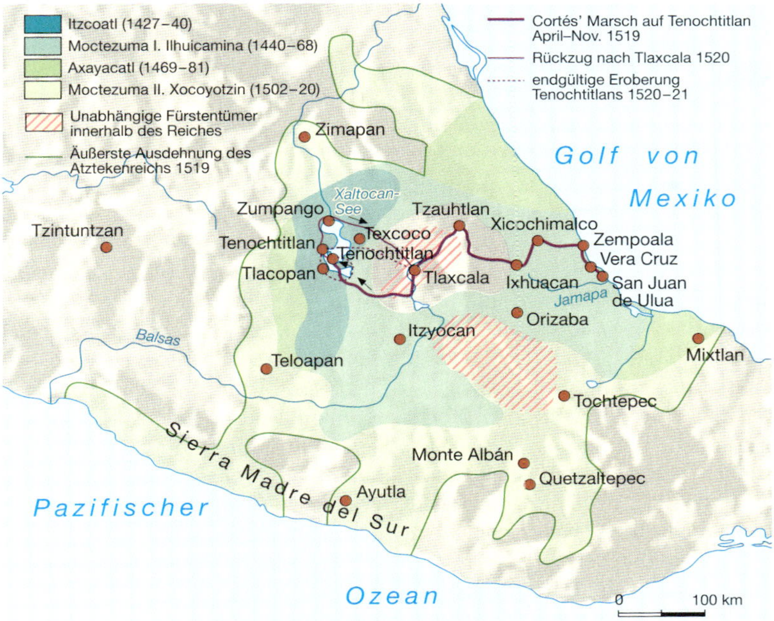

Oben: Die Entwicklung des aztekischen Machtbereichs seit 1440 und die Züge von Cortés 1519–1521.

Unten: Diego Rivera (1886– 1957), Die Landung von Cortés in Veracruz (1951). Cortés gibt einem Sklavenhändler Geld. Unmittelbar hinter ihm ist (wahrscheinlich) die einheimische Geliebte und Übersetzerin von Cortés, Malinche zu sehen, die den gemeinsamen Sohn auf dem Rücken trägt. Links unten brandmarken Soldaten Sklaven mit einem G wie „guerra" (Krieg).

MATERIAL

3 „... größer als der Marktplatz von Salamanca"

Der spanische Offizier Díaz del Castillo, Soldat unter Cortés, beschreibt das Geschehen in Tlatelolco, der unmittelbaren Nachbarstadt von Tenochtitlán, wo sich der zentrale Marktplatz befand. Díaz legte seine Erinnerungen erst 1567 im Alter von 75 Jahren schriftlich nieder. Der vorliegende Bericht bezieht sich auf Erfahrungen im November 1519.

Wir ritten, begleitet von zahlreichen Kaziken[1], über den großen Marktplatz von Tlatelolco.
Dort fanden wir eine unerwartet große Menge Menschen, zahlreiche Verkaufsstände und eine ausgezeichnete Ordnungspolizei. Die Kaziken machten uns auf alle Besonderheiten aufmerksam. Jede Warengattung hatte ihre Plätze. Da gab es Gold- und Silberarbeiten, Juwelen, Stoffe aller Art, Federn, Baumwolle und Sklaven. Der Sklavenmarkt war hier genauso groß wie der Negermarkt der Portugiesen in Guinea. Damit sie nicht fliehen konnten, waren sie mit Halsbändern an lange Stangen geschnallt. Nur wenige durften frei herumgehen.
Dann kamen die Stände mit einfacheren Waren, mit grobem Zeug, mit Zwirn und Kakao zum Beispiel. Ganz Neuspanien bot hier seine Erzeugnisse an. Ich kam mir vor wie auf der großen Messe zu Hause, in meinem Geburtsort Medina del Campo, wo auch jede Ware ihre eigene Straße hat. Da gab es Sisalstoffe, Seile und Strickschuhe. Dort wurden gekochte süße Yucawurzeln und andere aus dieser Pflanze gewonnene Produkte angeboten. Es gab rohe und gegerbte Häute von Tigern, Löwen, Schakalen, Fischottern, Rotwild, wilden Katzen und anderen Raubtieren. Wir fanden aber auch Stände, an denen Bohnen, Salbei und vielerlei andere Gemüse und Gewürze verkauft wurden.
Es gab einen besonderen Geflügel- und Wildbretmarkt, einen für die Kuchenbäcker und einen für die Wursthändler. In den Ständen der Töpfer fanden wir von großen Gefäßen bis zum kleinsten Nachttopf alles. Wir gingen an Verkäufern von Honig, Honigkuchen und anderen Leckereien vorbei, an Möbel-, Holz- und Kohlenhändlern. Ganze Kähne mit menschlichen Fäkalien lagen am Ufer. Die Mexikaner brauchten sie zum Gerben. Ich finde kein Ende mit dieser Aufzählung, und doch habe ich das Papier, die Röhren mit dem flüssigen Eukalyptusöl und mit dem Tabak, die wohlriechenden Salben und die Hallen mit den Sämereien noch gar nicht genannt, ganz zu schweigen von den Heilkräutern. Und nun hätte ich doch fast die Handwerker vergessen, welche die Feuersteinmesser machen, das Salz, den Fischmarkt und die Brote, die aus getrocknetem Schlamm gemacht werden, den man in den Seen fischt. Sie schmecken wie Käse. Schließlich gab es noch Instrumente aus Messing, Kupfer und Zinn, handgemalte Tassen und Krüge aus Holz, kurz so vielerlei Waren, dass mein Papier nicht ausreicht, sie alle zu nennen. Es gab übrigens auch eine Art Marktgericht mit drei Richtern und mehreren Gehilfen, die für die Warenschau verantwortlich waren.
Wir wollten aber den großen Cue[2] besteigen. Als wir auf dem Weg dorthin an den Vorhöfen des Marktes vorbeikamen, sahen wir noch Kaufleute, welche die Goldkörner aus den Bergwerken verkauften. Sie schütteten ihre wertvolle Ware in große Gänseknochen, deren Wände sie so lange bearbeiteten, bis das Gold durchschien. Je nach der Länge und Dicke dieser Röhren konnte man dafür soundso viele Packen Zeug oder Kakaobohnen (die heute noch als kleine Münze verwendet werden) oder Sklaven oder andere Waren eintauschen.
Vom Markt aus kamen wir bald in die großen Höfe, die den Haupttempel der Hauptstadt Mexiko umgaben. Sie waren größer als der Marktplatz von Salamanca. Um den riesigen Hof lief eine doppelte Mauer aus Kalk und Stein. Er war durchweg mit weißen, sehr glatten Platten gepflastert, die in einem bestimmten Wechsel von einem bräunlichen Estrich unterbrochen wurden. Alles war so sauber, dass man nirgends einen Strohhalm oder ein Stäubchen sah.

[1] Kazike: Häuptling, Stammesfürst
[2] Cue: Tempelberg

Díaz del Castillo: Die Eroberung Mexikos. Frankfurt a. M. (Insel) 1988, S. 215 ff.

Kampfszene aus einer Bilderhandschrift der Tlaxcalteken, die Mitte des 16. Jahrhunderts für den spanischen König hergestellt wurde. Die Tlaxcalteken sind diejenigen auf dem Bild, die an der Seite von Cortés kämpfen.

MATERIAL

Kampf um die Hauptstadt – die aztekische Sicht 4

Nachdem Cortés mit seinen Truppen 1520 Tenochtitlán unter großen Verlusten fluchtartig verlassen musste, kehrte er im April 1521 zurück und begann mit der Belagerung der aztekischen Hauptstadt. Die letzten Kämpfe, Ende Juli/Anfang August 1521 sind in einer aztekischen Version, den „Annalen von Tlatelolco", und der des spanischen Offiziers Díaz del Castillo überliefert. Die Spanier und ihre Verbündeten hungerten die Azteken aus und betrieben eine Politik der verbrannten Erde. Ein Friedensangebot der Spanier schien zunächst auf Zustimmung zu stoßen, wurde dann aber auf Grund des Widerstands der aztekischen Priester abgelehnt. Noch einmal konnten die Azteken einen Gegenangriff starten, dann aber war ihre Niederlage nach dem Fall Tlatelolcos und der Besetzung des zentralen Marktplatzes besiegelt.

Dann legten die Schiffe in Texopan[1] an. Drei Tage dauerte der Kampf und sie vertrieben uns von da. Dann kamen wir nach Teoithualco und brachten da vier Tage kämpfend zu. Dann gelangten wir hierher nach Yacacolco[2] und dort erreichten die Spanier den Weg nach Tlilhuacan[3].
Da kamen alle Bewohner der Siedlungen, zweitausend Leute, und der Ruhm der Tlatelolca[4] wurde durch sie vermehrt. Darauf errichteten wir Tlatelolca Schädelgerüste. Sie befanden sich an drei Seiten, die Schädelgerüste; sie waren im Tempelhof aufgestellt. (Das erste) in Tlillan[5]. Dort durchbohrte man die Schädel unserer Herren[6] (um sie auf dem Schädelgerüst aufzureihen).
Dort stellte man auch die Fahnen hin, welche der Tlacatecatl Ecatzin und der Tlapanecatl Popocatzin erobert hatten.
Am zweiten Ort, in Yacacolco, durchbohrte man die Häupter unserer Herren. Und zwei Pferdeköpfe am dritten Ort, in Zacatlan, vor dem Tempel der Frauen; das waren ausschließlich die Ruhmestaten der Tlatelolca. Als dies geschehen war, vertrieben sie uns; sie kamen hierher und bemächtigten sich des Marktes.
Das war damals, dass die Tlatelolca untergingen, der große Jaguar (d. i. Krieger), der große Führer. Von da breitete sich der Krieg aus und stürzte alles um. Es war auch damals, dass die Frauen der Tlatelolca kämpften, sie versetzten (den Feinden) Hiebe und machten Gefangene; sie gingen bekleidet mit Kriegerdevisen[7], sie schürzten ihre Röcke hoch, um sie besser verfolgen zu können.

Das war auch damals, dass man für den Kapitän einen Thronhimmel am Markttempel errichtete. Es war damals, dass sie eine Steinschleuder aufstellten. In dem Tempel dort auf dem Markte brachten sie zehn Tage kämpfend zu. So ging es mit uns, das war es, was wir sahen, was wir mit Verwunderung erlebten, wert der Tränen, wert des Mitleides, weil wir (so bitteres) Leid erduldeten.

Auf den Wegen lagen zerbrochene Knochen, wirre Haare, die (Dächer der) Häuser sind abgedeckt, die Behausungen sind gerötet (von Blut), die Würmer wimmelten in den Straßen. Das Mauerwerk ist mit Gehirnen beschmiert, das Wasser ist wie rötlich, wie gefärbtes Wasser. So tranken wir es. Wir tranken sogar salziges Wasser. […] Wir kauten Tzompantliholz, Queckengras, Lehmknollen, Eidechsen, Mäuse, mit Staub Bedecktes, Würmer. Wir aßen miteinander, was man auf das Feuer legte, und wenn dessen Fleisch gar war, aß man es da (gleich) so am Feuer.

1 Texopan: Ort an der Ostseite der Insel, auf der Tlatelolco lag
2 Teoithualco und Yakacolco: wahrscheinlich Ortsteile von Tlatelolco, im Nordwesten der Insel gelegen
3 Tlilhuacan: ca. 6 km nordwestlich der Hauptstadt auf dem Festland gelegene Siedlung
4 Tlatelolca: Einwohner von Tlatelolco
5 Tlillan: „Haus der Dunkelheit", offenbar eine Kultstätte
6 Schädel unserer Herren: getötete Spanier
7 Kriegerdevisen: Original „zacuampapaloti", wahrscheinlich ein spezieller Federschmuck

Matthias Gorissen, Auf der Suche nach Fremdperspektiven: Möglichkeiten und Grenzen, in: Andreas Körber (Hrsg.): Interkulturelles Geschichtslernen, Waxmann Verlag, Münster u. a. (Waxmann), S. 155.

MATERIAL

5 Kampf um die Hauptstadt – die spanische Sicht

Die Eroberung Tenochtitláns 1521 *nach dem Bericht von Diaz del Castillo* (1567).

Als Cortés sah, dass der Feind auf diese Art nicht mürbe zu machen war und dass er keineswegs bereit war, um Frieden zu bitten, besprach er mit seinen Offizieren einen neuen Plan. Der Feind sollte in Hinterhalte gelockt und dort vernichtet werden. […] Es gab ein großes Blutbad, bei dem die Mexikaner viele Leute und die Lust verloren, unsere abendlichen Rückzüge weiterhin zu stören. Alvarado hatte mit seinen Leuten einen ähnlichen Hinterhalt gelegt. Er war aber nicht so gut gelungen. Ich war an diesem Tag nicht bei meiner Division. Cortés hatte mich persönlich für seinen Hinterhalt ausgewählt.

Nun waren wir die unbestrittenen Herren von Tlatelolco. Cortés ließ dort unser Standquartier aufschlagen. Wir sparten auf diese Weise jeden Morgen eine gute halbe Stunde, weil wir nicht erst an den Feind heranmarschieren mussten. Drei Tage unternahmen wir nichts Besonderes; denn Cortés hatte befohlen, nicht weiter in die Stadt einzudringen. Er hoffte immer noch auf ein Friedensangebot des Feindes, ja, er ließ ihn noch einmal auffordern, sich zu ergeben, sicherte ihm ehrenvolle Behandlung zu, bestätigte ihn in seinem Besitzstand und schickte den hungrigen Leuten Brot, Hühner, Wildbret, Feigen und Kirschen. Cuauhtemoc[1] hielt daraufhin einen Kriegsrat ab, nach dessen Beschluss Cortés geantwortet wurde: Man wünsche nun wirklich den Frieden, man schlage vor, in drei Tagen persönlich zusammenzutreffen, um die Bedingungen festzulegen. Cuauhtemoc wollte damit aber nur Zeit gewinnen, um die Brücken auszubessern, Kanäle zu graben, Schanzen zu bauen und die Waffen in Ordnung zu bringen. […] Als sie dann plötzlich über alle drei Divisionen herfielen, hatten wir keine Zeit, uns über diesen neuen Wortbruch zu ärgern. Sie griffen so heftig an, dass wir zunächst nicht standhalten konnten. Außerdem waren wir in der sicheren Erwartung des Friedens etwas sorglos geworden. Die Mexikaner griffen so heftig an, wie wenn der Krieg nun ganz von vorn beginne. Sie verwundeten viele, darunter drei Soldaten so schwer, dass einer bald darauf starb. Sie töteten zwei Pferde und verletzten viele andere. Dieser Scherz sollte sie aber schließlich teuer zu stehen kommen. Cortés gab nun den Befehl, auch in den Stadtteil zu dringen, in den sich Cuauhtemoc zurückgezogen hatte. Als der König sah, dass auch sein letzter Zufluchtsort gefährdet war, ließ er Cortés um eine Unterredung an einem der großen Kanäle bitten. […]

Von diesem Augenblick an hatten wir vier oder fünf Tage Ruhe; denn in der Nacht flüchteten viele arme, ausgehungerte Leute von drüben zu unseren Divisionen, und Cortés hoffte immer noch, dass der Feind um Frieden betteln müsse. Ein Soldat aus der Division des Cortés, der in Europa, vor allem in Italien, viele Schlachten und manche Belagerung mitgemacht hatte, erzählte von großen Belagerungsmaschinen. Er machte sich stark, eine solche Maschine zu bauen, mit der man vom großen Marktplatz in Tlatelolco aus die festen Häuser der Mexikaner zusammenschießen könne. Cortés ließ sich beschwatzen und erteilte die notwendigen Befehle für die Ausführung dieser Arbeit. Man schaffte Steine, Kalk, Holz und Eisenwerk herbei und stellte dem Mann die notwendigen Handwerksleute. Sie bauten tatsächlich zwei große Schleudern, mit denen ungeheuer große Steine verschossen werden sollten. Die Maschine versagte aber schon beim ersten Schuss. Der Stein, den sie schleudern sollte, fiel gerade vor ihr auf den Boden. Cortés ärgerte sich sehr darüber, dass er sich auf diesen Versuch eingelassen hatte, und ließ alles wieder einreißen. […]
Die Luft in der Stadt war so verpestet, dass Cuauhtemoc darum bat, den Abzug sämtlicher Einwohner und sämtlicher auswärtiger Krieger zu gestatten. Drei Tage und drei Nächte waren die Ausfallstraßen und die Dämme mit langen Zügen von erbärmlichen Gestalten bedeckt. Männer, Weiber und Kinder schleppten ihre entkräfteten Körper aus der Stadt, ein jammervoller Leichenzug, der einen unglaublichen Gestank verbreitete.
Nach ihrem Abzug ließ Cortés die Stadt durchsuchen. Zwischen unzählbaren Leichen fand man noch einige arme Leute, die zu schwach waren, sich zu bewegen. Die Stadt sah wie ein frisch gepflügter Acker aus; denn die Einwohner hatten jede Wurzel gesucht, herausgerissen und verzehrt. Die Bäume hatten keine Rinde mehr. Es gab kein süßes Wasser, nur Salzwasser. Trotzdem soll niemand das Fleisch von Mexikanern gegessen haben, obgleich jeder gierig war, ein Stück Fleisch von den Tlaxcalteken oder den Spaniern zu verzehren. Es hat wohl kaum ein Volk gegeben, das so viel Hunger, Durst und Kriegsnot ausstehen musste.

[1] Cuauhtemoc (ca. 1495–1525): letzter Befehlshaber der Azteken, Neffe und Schwiegersohn des zuvor getöteten Moctezuma

Matthias Gorissen: Auf der Suche nach Fremdperspektiven: Möglichkeiten und Grenzen, in: Andreas Körber (Hrsg.): Interkulturelles Geschichtslernen, Münster u. a. (Waxmann) 2001, S. 156 f.

1. Setzen Sie mithilfe des Internets o. ä. die Liste des gegenseitigen „Kulturtransfers" fort (M 1). Erläutern Sie die kulturgeschichtliche Bedeutung einzelner Elemente
2. Obwohl sie nicht das Rad einsetzten, wird die Kultur der Azteken als Hochkultur bezeichnet. Definieren Sie diesen Begriff und diskutieren Sie seine Angemessenheit für die aztekische Kultur. (M 2)
3. Analysieren Sie die Darstellung von Tlatelolco durch Díaz del Castillo. (M 3) Welche Dinge, die der Betrachter scheinbar sieht, gehören nicht in die mittelamerikanische Realität der Zeit? Wie erklären sich diese Widersprüche? Vergleichen Sie den Bericht Castillos mit M 2 und prüfen Sie Übereinstimmungen und Diskrepanzen.
4. Vergleichen Sie die Darstellung Tenochtitláns durch Díaz mit solchen mittelalterlicher Großstädte wie Köln oder Mailand.
5. Klären Sie den Inhalt von M 4 mithilfe von M 5. Warum ist die aztekische Quelle (M 4) für Europäer so schwer verständlich? Diskutieren Sie an diesem Beispiel den Umgang mit „Fremdem" in Geschichtsunterricht und Schule.
6. Analysieren Sie die politischen Botschaften der Bilder auf S. 71 unten und S. 73.
7. Informieren Sie sich über Person und Schicksal von Malinche (Abb. S. 71 unten).

4.3 Zur wirtschaftlichen Bedeutung und Entwicklung der neuen Länder

Gewinne winken

Von allem Anfang an waren die Entdeckungsfahrten vor allem auf wirtschaftlichen Gewinn ausgerichtet. Die Beute der ersten Raubzüge von Cortés und anderen schien diese Hoffnungen zu bestätigen. Von Dauer waren die Erfolge aber nicht. Erst verfiel der Goldpreis in Europa, dann blieben neue Schätze aus. Wie konnte man dennoch Nutzen ziehen aus dem kostspieligen Überseeverkehr? Wie konnte man langfristige Anreize für Kaufleute schaffen?

Das Encomienda-System

Den Spaniern wurde rasch deutlich, dass sich nur bei entsprechender Ausbeutung der indigenen Bevölkerung in den überseeischen Provinzen Reichtum würde erwirtschaften lassen. Der Missionsgedanke, der bei den Entdeckungsfahrten noch häufig zitiert wurde, trat nun in den Hintergrund. Die spanische Krone bemühte sich um einen Interessenausgleich zwischen den früheren Zielen und aktuellen Entwicklungen in den Kolonien, indem sie 1536 das Encomienda-System einführte. Hierin wurde das System zeitweiliger Zwangsarbeit, wie es sich als „repartimiento" herausgebildet hatte, bestätigt. Zugleich wurde es mit der moralischen Verpflichtung des Tributempfängers verbunden, den Indios Schutz und christliche Erziehung zu gewähren. Das wurde zur Grundlage für die Ausbeutung der „Indias" durch die spanischen Kolonisten.

Sklaven aus Afrika

Ergänzend kam schon sehr früh der Verkauf von Sklaven aus Afrika nach Lateinamerika hinzu, ein Geschäft, an dem auch deutsche Kaufleute verdienten. Hier ließ sich der Missionsgedanke nicht einmal mehr vorschieben.

MATERIAL

1 Der Vertrag mit Christoph Kolumbus vom 17. April 1492

1. Kolumbus erhält für sich auf Lebenszeit und für seine Erben und Nachfolger auf ewige Zeiten die Würde des Admirals in allen Ländern und Reichen, die er im Ozean entdecken oder erobern wird, mit gleichen Ehren und Vorrechten, wie sie der Großadmiral von Kastilien in seinem Bereich besitzt.
2. Er wird Vizekönig und Gouverneur aller gedachten Länder und Reiche, mit dem Vorrecht, drei Bewerber zum Gouverneur jeder Insel oder Provinz vorzuschlagen, unter denen die Regenten einen auswählen.
3. Er ist berechtigt, von allen Perlen, Edelsteinen, Gold, Silber, Spezereien sowie allen andern Handels- und Kaufwaren, auf welche Art sie auch im Bereich der Admiralität gefunden, gebrochen, getauscht oder gewonnen werden, nach Abzug der Kosten ein Zehntel für sich zu behalten.
4. Er oder sein Stellvertreter ist der einzige Richter in allen Prozessen und Irrungen, die sich aus dem Verkehr zwischen jenen Gegenden und Spanien ergeben, genauso wie der Großadmiral von Kastilien, der eine gleiche Gerichtsbarkeit in seinem Distrikt übt.
5. Kolumbus beteiligt sich jetzt und in allen kommenden Zeiten am achten Teil der Kosten für Ausrüstung von Schiffen zu dieser Entdeckung und erhält dafür auch den achten Teil des Gewinns.

Friedemann Berger (Hrsg.), Christoph Columbus. Dokumente seines Lebens und Reisens, Leipzig (Verlag Sammlung Dieterich) 1991, Band 1, S. 66 f.

MATERIAL

Das Encomienda-System 2

Königin Isabella von Kastilien verfügt am 26. Mai 1536:

Da der König, Mein Herr, und Ich durch die Instruktion, die Wir dem Don Nicolás de Ovando zur Zeit seiner Statthalterschaft auf den Inseln und dem Festland des Ozeans erteilen ließen, befohlen haben, dass die auf der Insel Española ansässigen Indianer freie Menschen und keiner Dienstbarkeit unterworfen sein sollten (wie das näher in der genannten Instruktion enthalten ist), Ich jetzt aber erfahren habe, dass die Indianer infolge der ihnen gegebenen reichlichen Freiheit die Christen fliehen, Gespräch und Umgang mit ihnen meiden, auch gegen Lohn nicht arbeiten wollen und sich müßig herumtreiben, geschweige sich denn dazu gewinnen lassen, belehrt und zu Unserem heiligen katholischen Glauben bekehrt zu werden, dass deshalb die dort auf der Insel wohnenden Christen keine Arbeitskräfte für ihre Farmen und für die Goldgewinnung finden können, wodurch den einen wie den andern Schaden erwächst, und weil Wir wünschen, dass die genannten Indianer sich zu Unserem heiligen katholischen Glauben bekehren und darin unterrichtet werden, dies sich aber besser tun lässt, wenn die Indianer mit den auf der Insel wohnenden Christen in Berührung kommen, mit ihnen umgehen und zu tun haben, beide einander helfen und so die Insel kultiviert, bevölkert und ertragreich gemacht wird, auch Gold und andere Metalle gefördert werden, und Meine Königreiche und deren Bewohner daraus Nutzen ziehen, so habe Ich diese Verfügung wie folgt ausfertigen lassen und befehle hiermit Euch, Unserem Gouverneur, dass Ihr von dem Tage an, wo Ihr diese Meine Verfügungen erhaltet, künftig die Indianer nötigt und antreibt, mit den Christen der genannten Inseln Umgang zu pflegen, in ihren Häusern zu arbeiten, Gold und andere Metalle zu schürfen und Landarbeit für die auf der Insel ansässigen Christen zu leisten, und dass Ihr jedem für den Arbeitstag Tagelohn und Unterhalt geben lasst, wie sie Euch nach der Beschaffenheit des Bodens, des Arbeiters und der Tätigkeit angemessen erscheinen,

– dass Ihr jedem Kaziken auferlegt, eine bestimmte Anzahl Indianer bereitzuhalten, um sie jeweils da, wo es nötig ist, zur Arbeit einsetzen zu können, und damit sie sich an den Festtagen, und wann es sonst erforderlich scheint, zusammenfinden, um an den dafür bestimmten Orten über die Dinge des Glaubens zu hören und darin unterrichtet zu werden,

– dass jeder Kazike die von Euch jeweils vorgeschriebene Zahl von Indianern beibringt und an die von Euch benannten Personen zur Arbeit überlässt, gemäß näherer Anweisung dieser Personen und gegen einen von Euch festzusetzenden Tagelohn. Die genannten Verpflichtungen sollen sie als freie Personen leisten, die sie ja sind, nicht als Sklaven. Ihr habt dafür zu sorgen, dass diese Indianer gut behandelt werden, und zwar diejenigen unter ihnen, die Christen sind, besser als die andern; Ihr dürft nicht dulden oder Anlass geben, dass irgend jemand ihnen Leid oder Schaden zufügt oder sie ungebührlich behandelt.

Geschichte in Quellen, Bd. III, bearbeitet von Fritz Dickmann, München (bsv) 1966, S. 67 f. (Übers. F. Dickmann).

MATERIAL

Eine kaiserliche Vollmacht zum Sklavenhandel 3

Der Kaiser des Heiligen Römischen Reichs Deutscher Nation, Karl V., zugleich König von Spanien, schließt mit dem Handelshaus der Welser am 12. Februar 1528 einen Vertrag.

Da ihr, Heinrich Ehinger und Hieronymus Sauer, unsere Untertanen, um uns zu dienen und unseren Untertanen auf den Inseln und dem Festland Westindiens nützlich zu sein, euch anheischig gemacht habt, auf eure Kosten 50 deutsche erfahrene Bergleute aus Deutschland nach den genannten Inseln zu bringen, damit mit ihrem Fleiß und Können die Lager und Adern von Goldmetall gefunden werden, das dort vorkommt, und da ihr ebenso es übernehmen wollt, nach den Inseln Española, San Juan[1] und anderen Gegenden Westindiens 4 000 Negersklaven zu transportieren, wozu wir euch die Lizenz erteilt haben, befehlen wir, Folgendes vertraglich zu vereinbaren: Wir geben euch Erlaubnis, dass ihr oder wer eure Vollmacht hätte, 4 000 Negersklaven, davon wenigstens ein Drittel weiblichen Geschlechts, nach den genannten Inseln und dem Festland bringen und dort verteilen könnt, gemäß der dafür euch ausgestellten Verordnung, wobei wir die Bedingung stellen, dass die angegebene Zahl von Sklaven innerhalb von vier Jahren ab Datum dieses Vertrages hinüberzubringen ist. Auf Grund der uns zustehenden Gerechtsamen[2] von den Lizenzen und dem Almojarifazgo[3] habt ihr uns 20 000 Golddukaten zu zahlen [...]. Wir erteilen euch die Lizenz, um die Neger von diesen unseren Reichen oder vom Königreich Portugal und dessen Inseln und Ländern auf Schiffen unserer Untertanen oder des Königs von Portugal zu transportieren [...]. Während der vereinbarten Zeit von vier Jahren oder bis ihr alle 4000 Sklaven hinübergebracht habt, werden wir keinem Stadtrat, keiner Gesellschaft oder Einzelperson die Erlaubnis geben, um Sklaven nach Westindien zu bringen, mit Ausnahme von zwei Sklaven und nicht mehr, die jeder der dorthin neu ausreisenden Siedler und Konquistadoren mit sich führen darf [...]. Ihr seid verpflichtet, auf den genannten Inseln oder dem Festland die Sklaven zum Preis von 55 Dukaten für jeden und nicht für mehr zu verkaufen.

[1] Inseln Española und San Juan: Haiti und Puerto Rico
[2] Gerechtsamen: Nutzungsrechte
[3] Almojarifazgo: Ein- und Ausfuhrsteuer

Hartwig Weber, die opfer des kolumbus: 500 jahre gewalt und hoffnung, rororo, Reinbek (Rowohlt) 1982, S. 182.

MATERIAL

4 Statistik zu Bevölkerungsentwicklung in Mittel- und Südamerika

Der Historiker Angel Rosenblat hat die Bevölkerungsentwicklung in Lateinamerika für die Jahre 1570, 1650 und 1825 zu errechnen versucht. Seine Ergebnisse werden hier z. T. zusammengefasst und gerundet wiedergegeben.

Jahr	*Weiße*	*Mischlinge*[1]	*Indianer*	*Afrikaner*
1570	138 000	260 000[2]	9 827 000	
1650	729 000	670 000	9 175 000	835 000
1825	4 349 000	6 252 000	8 211 000	4 188 000

[1] für 1570 einschließlich Afrikaner
[2] einschließlich Afrikaner

Nach: Richard Konetzke, Süd- und Mittelamerika I, Fischer Bücherei (Weltgeschichte Bd. 22), Frankfurt a. M. (Fischer) 1965, S. 102 ff.

1. Erarbeiten Sie aus dem Vertrag von 1492 und den Bestimmungen zum Encomienda-System, wie Erwartungen sowie tatsächliche wirtschaftliche und politische Bedeutung der neuen Welt zueinander stehen. (M 1 und M 2)
2. Schätzen Sie den Gewinn, der für die Welser nach der Vereinbarung mit Karl V. aus dem Sklavenhandel entsteht. (M 3 und M 4)
3. Interpretieren Sie die Bevölkerungsstatistik hinsichtlich des Vorgehens und der Wirtschaftsordnung der Spanier und Portugiesen in Lateinamerika. (M 4)
4. Informieren Sie sich über Lebensbedingungen und rechtliche Situation von Indianern in heutigen mittel- und südamerikanischen Ländern.

Die Ankunft der Portugiesen in Japan; Ausschnitt aus einem Wandschirm des 16. Jahrhunderts.

4.4 Europäer in Japan

Märcheninsel Japan

Als Jonathan Swift in dem satirischen Reiseroman „Gullivers Reisen" seinen Helden Lemuel Gulliver in Japan landen lässt, da berichtet dieser von „Erfahrungen" in einem Land, das den Europäern damals offenbar ähnlich fremd war wie der Zwergenstaat Lilliput oder das Land der Riesen Brobdingnag. Japan hatte sich zu dieser Zeit schon bald 100 Jahren lang von der restlichen Welt abgeschlossen und war für die Europäer eher Objekt der Phantasie als Gegenstand realer Erfahrung gewesen. Portugiesen und Spanier waren des Landes verwiesen worden, und nur die Niederländer durften über ihren Stützpunkt auf der künstlichen Insel Deshima Handelsbeziehungen zu Japan aufrecht erhalten. Wahrscheinlich hatte man in Europa kaum den Beginn dieser Ereigniskette im Fernen Osten registriert, der letztlich neben dem Abfall der Niederlande (seit 1581) und dem Untergang der Armada (1588) für Spanien eine dritte Niederlage bedeutete, die Zeichen seines beginnenden Niedergangs als Weltmacht war.

Hideyoshi und Ieyasu

Die Entwicklung begann etwa 1584, als sich bei Owari in Japan zwei Feldherren mit ihren Heeren gegenüber lagen: Hideyoshi und Tokugawa Ieyasu. Der Tenno, der Gott-Kaiser Japans, hatte seine politische Macht zu dieser Zeit eingebüßt und fungierte nur noch als rituelles Oberhaupt in seinem Palast in Kyoto. Der Shogun, der Militärmachthaber in Japan, war 1573 gestürzt worden, und 1582 übernahm Hideyoshi die Einigung des Landes. Dass sich einzelne Feldherren bekämpften, war also die direkte Folge einer fehlenden starken Zentralgewalt in Japan.

Die Übereinkunft von Owari

Das Besondere an der Situation in Owari war nun aber, dass nach wechselhaftem Kampfverlauf Ieyasu einsah, dass er auf lange Sicht keine Chance gegen Hideyoshi hatte, und sich diesem als Heerführer zur Verfügung stellte. Damit konnte Hideyoshi die Einigung des Landes ungehindert fortsetzen. Mit Ieyasu Tokugawa war zudem der Nachfolger gefunden, der 1603 Stammvater der in den kommenden etwa 250 Jahren regierenden Tokugawa-Dynastie wurde. Sie errichtete die Verwaltung des Shogunats (Bakufu) in Edo, dem heutigen Tokio. Dort waren die regierenden Landesherren (die Daimyo), als Vasallen in bestimmten Zeitabständen zur Residenzpflicht gezwungen. In diese wirre Zeit hinein waren die Portugiesen in Japan gelandet und hatten ihre Missionstätigkeit aufgenommen.

Ein japanischer Sonderweg?

Wie kam es dazu, dass sich die Ereignisse in Lateinamerika nicht in Japan wiederholten und sich dieser Staat erfolgreich der europäischen Expansion widersetzen konnte? In welchem Zusammenhang standen dabei die innenpolitische Situation in Japan und seine Politik gegenüber dem Ausland? Wie würde sich Japan auf längere Zeit gegenüber den Europäern verhalten?

MATERIAL

1 Zeittafel zur Geschichte Japans bis zur Mitte des 17. Jahrhunderts

1271–1295	Mutmaßliche Reisen Marco Polos nach Asien, vor allem China
1470–1570	„Zeit der kämpfenden Länder“: Bürgerkrieg in Japan zwischen adligen Heerführern und ihren Truppen – Verwüstung des Landes
1543	Portugiesen landen in Japan; Verkauf von Feuerwaffen an Japaner
1549	Der Jesuit Francisco de Xavier beginnt seine Missionstätigkeit in Japan
1584/85	Einigung der Feldherren Toyotomi Hideyoshi und Tokugawa Ieyasu in Owari
1587	Toyotomi Hideyoshi bringt Kyushu unter seine Herrschaft; Vertreibung der christlichen Missionare
1590	Einigung des Landes unter Toyotomi Hideyoshi
1603	Tokugawa Ieyasu wird zum Shogun ernannt und errichtet sein Bakufu (Shogunatsregierung mit Beamtenapparat) in Edo
1609	Eröffnung der Faktorei der Holländisch-Ostindischen Kompanie in Japan
1613	Verbot der Verbreitung der christlichen Lehre
1635	Verbot das Land zu verlassen; Daimyos (Provinzfürsten) haben in regelmäßigen Abständen Residenzpflicht in Edo
1637/38	Christenaufstand von Shimabara
1639	Vertreibung der Portugiesen, Verstärkung der Christenverfolgung
1641	Holländer werden auf der künstlichen Insel Deshima vor Nagasaki interniert; Abschließung des Landes

MATERIAL

Gäste müssen das Kruzifix mit Füßen treten 2

Auf der Rückreise von Brobdingnag verschlägt es Gulliver nach Japan. Der Ire Jonathan Swift, der auch lange in England lebte, veröffentlichte seinen berühmten Roman anonym 1726.

Sie stellten mir Wagen und Diener zur Verfügung und übernahmen die Kosten meiner Reise bis Yedo, wo ich Zutritt zur Audienz erhielt und meinen Brief überreichte. Er wurde mit großer Förmlichkeit geöffnet und dem Kaiser[1] durch einen Dolmetscher erläutert, der mir auf Befehl Seiner Majestät verkündete, dass ich mein Ansuchen aussprechen möchte, und was es auch sei, es solle seinem königlichen Bruder von Luggnagg zuliebe gewährt werden. Dieser Dolmetscher war ein Mann, der dazu verwendet wurde, die Geschäfte mit den Holländern abzuwickeln. Aus meinem Verhalten erriet er bald, dass ich ein Europäer sei, und wiederholte deshalb die Befehle Seiner Majestät auf holländisch, das er sehr gut sprach. Ich erwiderte (wie ich mich vorher entschieden hatte), dass ich ein holländischer Kaufmann sei, der in einem sehr entlegenen Land Schiffbruch erlitten habe; von dort sei ich zu Wasser und zu Lande nach Luggnagg gereist, und dann hätte ich mich nach Japan eingeschifft, wo, wie ich wisse, meine Landsleute häufig Handel trieben. Ich hoffte, bei einigen von ihnen eine Gelegenheit zu erhalten, nach Europa zurückzukehren. Deshalb erbäte ich untertänigst die königliche Gunst, Befehl zu geben, dass ich sicher nach Nagasaki geleitet werde. Dazu fügte ich eine weitere Bitte: Meinem Beschützer, dem König von Luggnagg, zuliebe möge Seine Majestät geruhen, mir den Vollzug der Zeremonie zu erlassen, die meinen Landsleuten vorgeschrieben sei, nämlich das Kruzifix mit Füßen zu treten. Ich sei ja nur durch mein Missgeschick in sein Königreich verschlagen worden, ohne die geringste Absicht, Handel zu treiben. Als diese letztere Bitte dem Kaiser übersetzt wurde, schien er ein wenig erstaunt und sagte, er glaube, ich sei der erste von meinen Landsleuten, der in diesem Punkt irgendein Bedenken gehabt habe, und dass er zu zweifeln beginne, ob ich wirklich ein Holländer sei. Vielmehr hege er den Verdacht, ich müsse ein Christ sein. Aus den Gründen, die ich vorgebracht hätte, vorzüglich aber, um dem König von Luggnagg durch eine außergewöhnliche Bezeigung seiner Gunst gefällig zu sein, werde er jedoch meiner einzigartigen Laune willfahren. Die Angelegenheit müsse jedoch mit Geschicklichkeit ins Werk gesetzt werden, und seine Offiziere würden Befehl erhalten, mich durchzulassen, als geschehe es aus Unachtsamkeit. Er versicherte mir nämlich, dass meine Landsleute, die Holländer, mir unterwegs die Kehle abschneiden würden, wenn sie das Geheimnis entdeckten. Ich stattete durch den Dolmetscher meinen Dank für eine so außerordentliche Gunstbezeigung ab, und da zu jener Zeit gerade einige Truppen auf dem Marsch nach Nagasaki waren, erhielt der kommandierende Offizier Befehl, mich sicher dorthin zu bringen, und außerdem noch ausführliche Instruktionen über die Angelegenheit mit dem Kruzifix.

Gulliver auf Reisen. Illustration einer Swift-Ausgabe aus dem 18. Jahrhundert.

[1] Kaiser: Swift hielt – wie die meisten Europäer – den Shogun von Edo für den Kaiser von Japan.

Jonathan Swift: Gullivers Reisen. Frankfurt a. M. (Insel) 1974, S. 311 ff. (übers. v. Franz Kottenkamp).

Illustration aus einer französischen Bilderhandschrift des späten Mittelalters, in der die Fahrten Marco Polos beschrieben werden.

MATERIAL

3 Gold, Perlen und Götzendienst – erste Nachrichten im 13. Jahrhundert

Erste Berichte über Japan waren durch Marco Polo nach Europa gekommen, der wahrscheinlich von 1271 bis 1295 eine Reise ins heutige China entlang der Seidenstraße unternommen hatte. Er selbst war nie in Japan gewesen, sondern gibt nur wieder, was er über dieses Land gehört hat. Im Zentrum seines Berichtes steht dabei die Auseinandersetzung zwischen „Tartaren" und Japanern, die eine Okkupation der Insel durch die Mongolen verhindern konnten.

Zipangu ist eine sehr große Insel im östlichen Ozean, etwa fünfzehnhundert Meilen vom Festland und der Küste der Provinz Manji entfernt. Die Einwohner der Insel haben eine helle Gesichtsfarbe und gute Sitten. Ihre Religion ist Götzendienst. Sie haben einen unabhängigen, selbstständigen Staat und werden nur von ihren eigenen Königen regiert. Gold gibt es bei ihnen in größtem Überfluss; weil aber der König dessen Ausfuhr nicht gestattet, kommen wenig Kaufleute in das Land, und die Insel wird selten von Schiffen aus fernen Gegenden besucht. Aus diesem Umstand erklärt sich wohl der ungeheure Luxus im Palast des Königs, vorausgesetzt, uns wurde von denen, die Zutritt zum Palast haben, die Wahrheit erzählt: Das Dach des Palastes ist vollständig mit Goldplatten bedeckt; auch die Decken der Säle sind aus demselben kostbaren Metall. In vielen Zimmern stehen kleine Tische aus dickem, massivem Gold, und auch die Fenster zeigen goldene Verzierungen. Es soll vollkommen unmöglich sein, sich eine Vorstellung von den Reichtümern dieses Palastes zu machen. Auf der Insel Zipangu gibt es auch sehr viele Perlen, die rot, rund und sehr groß sind; diese erzielen einen noch höheren Preis als die weißen Perlen.

Marco Polo, Von Venedig nach China, hrsg. v. Theodor A. Knust, München (Wilhelm Heyne) 2001, S. 256 f.

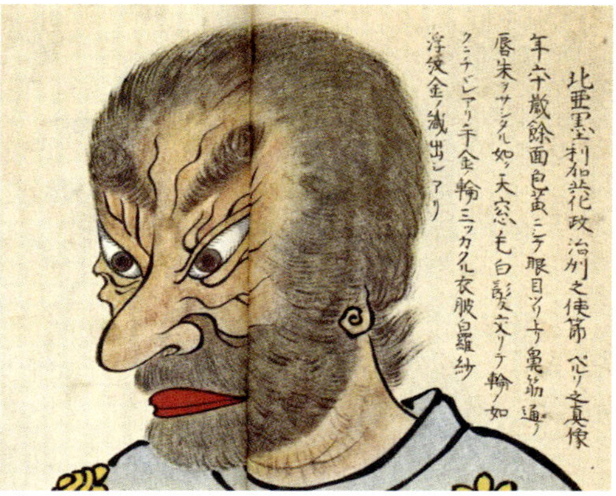

Oben: Anonymes japanisches Portrait von Commander Matthew Perry, dem Befehlshaber eines amerikanischen Geschwaders, mit dem die US-Amerikaner 1854 ihre Macht vor Japan demonstrierten.

Rechts: Ankunft der Portugiesen in Japan; Ausschnitt aus einem japanischen Paravent des 16. Jahrhunderts. Porto, (Museo Soares dos Reis, Porto). Foto Dagli Orti, Paris.

MATERIAL 4

„Zähne länger als die eines Pferdes – Japaner sehen Europäer

Eine anonyme Schrift, die von der Wissenschaft auf 1639 datiert wird („Kirishitan monogatari"), beschreibt, wie die ersten Christen 1549 nach Japan kamen.

In der Regierungszeit des Kaisers Go-Nara no In […] kam ein Handelsschiff der Südbarbaren an unsere Küsten. Aus diesem Schiff entsprang zum ersten Mal eine unbeschreibliche Kreatur, im Aussehen einem menschlichen Wesen verwandt, aber doch mehr einem langnasigen Dämon […] ähnlich sehend. Nach intensiver Befragung wurde entdeckt, dass dieses Wesen Pater genannt wurde. Die Länge seiner Nase war die Sache, die zuerst die Aufmerksamkeit auf sich zog: Sie sah aus wie eine Spiralmuschel […], die durch Ansaugung im Gesicht gehalten wird. Seine Augen waren groß wie Gläser, und sie waren gelb. Sein Kopf war klein. An seinen Händen und Füßen hatte er lange Klauen. Seine Größe übertraf sieben Fuß und er war überall schwarz; nur seine Nase war rot. Seine Zähne waren länger als die eines Pferdes. Sein Haar war mausgrau, und über seinen Brauen war ein rasierter Punkt, als ob man ein Weinglas darüber gestülpt hätte.
Was er sagte, konnte überhaupt nicht verstanden werden: Seine Stimme war wie das Kreischen einer Eule. […] Obwohl er insgeheim die Verbreitung der Christen-Religion plante, schien er zunächst die Weisheit der japanischen Menschen vergrößern zu wollen. Mit sich brachte er alle Sorten von seltsamen Dingen aus dem Land der südlichen Barbaren[1].

---
[1] Land der südlichen Barbaren: Bezeichnung für Europa

Nach: George Elison, Deus destroyed. The image of christianity in early modern Japan, Cambridge Mass. (Harvard Univ. Pr.) 1973, S. 321, in: Geschichte lernen, Heft 38: Japan, 1994, S. 27.

MATERIAL

5 Der direkte Anblick ist vorteilhafter als die Erzählungen

Der Jesuit Valignano, ein Gesandter des portugiesischen Vizekönigs, berichtet von einer portugiesischen Delegation aus Macao an den Hof in Kyoto vom 27. Februar 1590.

Am folgenden Morgen stellten sich die Portugiesen, die ihre besten Gewänder angetan hatten, in Reihen zu einem Festzug auf und bewegten sich von Toba zu der eine Meile entfernten Hauptstadt. Die Menschentrauben, die sich von nah und fern zusammengefunden hatten, um einen Blick auf die befremdliche Prozession zu werfen, bevor sie Miyako erreichte, waren wunderschön anzusehen. Als wir uns der Stadt näherten, war jede Straße, durch die unsere Prozession führte, mit zahllosen Menschen gefüllt, und alle bestaunten den Einzug dieser geordneten Prozession von exotischen und unbekannten Personen in prächtiger Festtagskleidung in die Stadt. Alle waren im höchsten Maß verwundert und sagten zueinander, jeder in diesem Festzug müsse ein Bodhisattva[1] sein, der direkt vom Himmel herabgestiegen sei. Für sie waren wir staunenswerte Wesen, denn sie wissen kaum etwas über die Portugiesen. Bislang hatten die Portugiesen nur durch ihre jährliche Reise nach Nagasaki Bekanntheit gewonnen; und weit davon entfernt, in den Augen der Japaner Ansehen durch Kultiviertheit zu genießen, hatten wir uns nur den Ruf erworben, ein in Handelsgeschäften kundiges Volk zu sein. Da unsere Bräuche denen der Japaner entgegengesetzt waren, hatte sich bei den Bewohnern von Miyako, denen Berichte von japanischen Kaufleuten zu Ohren gekommen waren, die sich wegen Handelsgeschäften mit dem Großen Schiff[2] nach Nagasaki begeben hatten, der Eindruck verfestigt, dass die Portugiesen von minderem Wert seien und keine Achtung verdienten.

[1] Bodhisattva: Im Buddhismus ein Erleuchtungswesen, ein zukünftiger Buddha

[2] Großes oder Schwarzes Schiff: japanische Bezeichnung für die Überseeschiffe der Europäer (vgl. M 6)

Thomas Schleich, Vom Warenumschlag zum Wissenstransfer: Die Anfänge der japanischen Öffnung zum Westen in der Phase des verschlossenen Landes (1640 – 1853), in: Thomas Beck u. a. (Hrsg.), Kolumbus' Erben, Darmstadt (Wissenschaftliche Buchgesellschaft) 1992, S. 223.

MATERIAL

6 Mission muss unterbleiben, Handel ist erlaubt

Das Ausweisungsedikt Toyotomi Hideyoshis vom 24. Juli 1587.

1. Japan ist das Land der Götter. Unklarheiten in diesem Punkt durch eine schädliche Lehre aus dem Christenland sind höchst unerwünscht.
2. Menschen aus unseren Ländern anzusprechen, diese zu Mitgliedern der Christen-Sekte zu machen und sie dazu zu bringen, die Schreine der Götter und die Tempel der Buddhas zu zerstören, ist eine bislang ungehörte Sache. [...]
3. Es ist das Urteil des Vorsitzenden der Tenka[1], dass die vorgenannten Gewalttätigkeiten gegen das buddhistische Gesetz [...] erfolgten, seit die Patres durch ihre geschickte Lehre nach ihrem Wunsch Gefolgsleute gesammelt haben. Da dies schamlos ist, kann ihnen kaum erlaubt werden, weiterhin auf japanischem Boden zu bleiben. Sie haben innerhalb von 20 Tagen ihre Vorbereitungen zu treffen und in ihre Länder zurückzukehren.
4. Der Zweck des Schwarzen Schiffes[2] ist Handel, und dies ist eine andere Angelegenheit. Während die Jahre und Monate vergehen, kann der Handel in

[1] Tenka: Regierungsbehörde unter Hideyoshis Kontrolle

[2] Schwarzes oder Großes Schiff: japanische Bezeichnung für die Überseeschiffe der Europäer (vgl. M 5)

Nach: George Elison, Deus destroyed. The image of christianity in early modern Japan, Cambridge Mass. (Harvard Univ. Pr.) 1973, S. 321, in: Geschichte lernen, Heft 38: Japan, 1994, S. 27.

MATERIAL
Die pragmatische Interpretation eines allzu harten Ediktes 7

Das Ausweisungsedikt Hideyoshis (siehe M 6) wird begleitet von einer internen Verwaltungsanweisung (23. Juli 1587).

1. Der Beitritt zur Sekte der Patres soll die freie Entscheidung jedes Individuums sein.
2. Dass die Vorsteher von Provinzen, Distrikten und Landgütern ihre Bauern, welche in buddhistischen Tempeln registriert sind, [...] dazu zwingen, gegen ihren Willen dem christlichen Glauben beizutreten, ist unvernünftig jenseits aller Worte und schamlos. [...]
4. Personen, die über 200 *cho*, zwei oder dreitausend *kan*[1] innehaben, dürfen mit offizieller Erlaubnis nach dem Wunsche des Vorstehers der Tenka Mitglieder des Christenglaubens werden. [...]
6. Soweit der Vorsteher der Tenka vernommen hat, sind die Patres sogar mehr in Verschwörungen mit äußeren Elementen verwickelt als die Ikko-Sekte[2]. [...]
9. Anhänger der Patres sollen, soweit sie den unteren Klassen angehören, ungestört bleiben [...].
10. Der Verkauf von Japanern nach China, in das Land der südlichen Barbaren und nach Korea ist schamlos[3]. [...].
11. Der Handel mit und das Schlachten von Vieh und Pferden als Nahrungsmittel soll als kriminell eingestuft werden.

Japan zur Tokugawa-Zeit im 17. Jahrhundert.

[1] cho, kan: japanische Flächenmaße

[2] Ikko-Sekte: politisch einflussreiche religiöse Bewegung, die zeitweise ganze Landesteile kontrollierte und der Steuervergehen und Abtrünnigkeit in großem Stil vorgeworfen wurden

[3] In Japan war Menschenhandel verboten

Nach: George Elison, Deus destroyed. The image of christianity in early modern Japan, Cambridge Mass. (Harvard Univ. Pr.) 1973, S. 321, in: Geschichte lernen, Heft 38: Japan, 1994, S. 28.

MATERIAL
Waren die Maßnahmen gegen die christliche Mission berechtigt? 8

Ein alter Japaner, der holländischer Dolmetscher auf Deshima war, erzählte dem deutschen Reisenden, Forscher und Schiffsarzt Engelbrecht Kaempfer, der von 1690 bis 1692 auf Deshima lebte, aus der Zeit der Christianisierung Japans.

Die christliche Religion ist durch den gewiss lobenswürdigen, ganz außerordentlichen Eifer der spanischen und portugiesischen Missionare, und vorzüglich auch der Jesuiten, vom Jahre 1549 an (da Japan 1543 zuerst entdeckt worden) bis auf 1625 oder beinahe 1630 mit einem außerordentlich glücklichen Fortgang durch das ganze Reich ausgebreitet worden. Das katholische Christentum hat in dieser Periode auch die Prinzen und Vornehmsten des Landes in allen Provinzen mit unter seinen Anhängern gezählt; und wahrscheinlich würde es bei einem so glücklichen Anfange sich bald über ganz Japan ausgebreitet haben, wenn nicht die ehrsüchtigen Absichten und unruhvollen Unternehmungen der Missionare (die weltliche und geistliche Belohnung ihrer Arbeit zugleich verlangten) sich den gerechten Zorn der höchsten Majestät des Reiches zugezogen – und dadurch eine Verfolgung über die neuen Christen veranlassten, die an unmenschlicher Grausamkeit in der ganzen Geschichte nicht ihresgleichen hat. Dadurch ist dann aber auch der christliche Glaube bis auf die letzte Sprosse vertilget, und es ist endlich so weit gekommen, dass die bloße Erwähnung des teuren Namens unseres Heilandes mit Kreuz und Schwert bestraft wird.

Gertrude C. Schwebell, Die Geburt des modernen Japan in Augenzeugenberichten, München (dtv) 1981, S. 23.

MATERIAL

9 Deshima, die strenge Ausländerschleuse der Japaner

Von Engelbrecht Kaempfer stammt der erste wissenschaftliche Bericht über das Land Japan nach der Abschließung. Er wird erst 35 Jahre nach seinem Aufenthalt auf Deshima, 1727, publiziert.

Deshima hat nach meiner angestellten genauen Messung in der Breite 82, in der Länge nach ihrer Krümme durch die Mitte 236 gemeine Schritte [...]. Eine Kreuzgasse läuft durch die ganze Insel und auch eine Gasse, die rund um die Insel geht. Die Kreuzgasse hat an beiden Seiten Häuser [...]. Es sind sehr schlechte Gebäude, die etwa das Ansehen von Ziegenställen haben, von Tannenholz aneinandergepappt; sie bestehen aus zwei Stockwerken, von denen der untere zu Packkellern und Niederlagen, der Söller[1] aber zur Wohnung dient. [...] Es gibt noch Wachhäuser auf der Insel, eine ansehnliche Küche, ein Haus für die Dolmetscher, [...] ferner einen Garten zu Küchengemüsen, einen Platz zum Waschen, einige kleine Privatgärten und eine Badstube. Einen Teil des Platzes hat der Gassenrichter zu seinen Wohn- und Lusthäusern eingenommen. Ein Teil bleibt endlich noch übrig für Kramläden, die bei Anwesenheit der Schiffe aufgestellt werden, und ein anderer dient zur Niederlage der aufgepackten Waren. [...] Auch ist hier ohnlängst ein blutiger Gerichtsplatz eingerichtet worden, wo die Schleichhändler[2] künftig hingerichtet werden sollen, und zwar (wie uns der Statthalter noch ohnlängst versicherte) nicht nur die Japaner, sondern auch die Holländer [...]. So ist der enge Raum eingerichtet, auf welchem die Holländer in diesem Reiche beschränkt sind.

Wenn unsere Schiffe in diesen Hafen einlaufen (welches alle Jahre einmal geschieht), so dürfen sie ihre Leute (nachdem jeder vorher auf das genaueste visitiert und aufgezeichnet worden) nacheinander auf die Insel abtreten lassen, um sich zu verfrischen. Nach derselben Abzuge muss das Oberhaupt mit noch verschiedenen Personen, sieben gemeiniglich [...], hier bleiben. Obgleich nun die japanische Nation von diesen wenigen Überbleibenden nichts Nachteiliges befürchten darf, keine Feindseligkeit wegen der so kleinen und unbewehrten Anzahl, keinen Schleichhandel, weil alle Waren mit ihren eigenen Siegeln bewahrt und in ihren Tabellen auf das genaueste verzeichnet sind – und ob sie auch in Absicht des Punktes der Religion schlechterdings nichts von uns zu befürchten haben, da das Licht unseres christlichen Glaubens allhier aus unserm Lebenswandel und Betragen schlechterdings nicht hervorleuchtet: So werden aller dieser Gründe ungeachtet unsere Leute doch noch in diesem Gefängnis ganz ausnehmend genau und strenge bewacht von verschiedenen Wachen, Gesellschaften und Zünften. [...] Wir werden hier nicht wie ehrliche Menschen, sondern wie Übeltäter, Kundschafter und Gefangene oder, aufs gelindeste geredet (und nach dem sehr vorsichtigen Ausdruck der Japaner), wie Geiseln Seiner Kaiserlichen Majestät behandelt. [...]

In dieser Dienstbarkeit haben wir uns viele beschränkende Einschränkungen von diesen stolzen Heiden müssen gefallen lassen. Wir dürfen keine Sonn- und Feiertage feiern, keine geistlichen Gesänge und Gebete hören lassen; niemals den Namen Christi nennen, kein Bild des Kreuzes oder irgendein äußerliches Zeichen des Christentums bei uns führen. Dabei müssen wir noch viel andere beschimpfende Zumutungen ausstehen, die einem edelmütigen Herzen allemal sehr empfindlich sind. Die einzige Ursach, welche die Hollän-

Modell der künstlichen Insel Deshima; Japan 1851.

der bewegt, alle diese Leiden so geduldig zu ertragen, ist bloß die Liebe des Gewinns und des kostbaren Marks der japanischen Gebirge. [...] Besonders war das Jahr 1641 vorzüglich vorteilhaft für unsere Kompanie. Wir setzten damals für 80 Tonnen Goldes Waren um und führten die schon vorher erwähnte Summe von 1400 Kisten Silber aus. Die edle Kompanie hielt nachher um die freie Ausfuhr von Kupfer an (was ihr erlaubt wird). [...] Das Kupfer ist beim indischen Handel[3] viel wichtiger als das Silber. Dieses gibt nur 4, jenes aber 90 bis 95 Prozent Gewinn.

[1] Söller: offener Saal
[2] Schleichhändler: Schmuggler
[3] Indischer Handel: Kaempfer meint den Fernost-Handel insgesamt

Engelbrecht Kaempfer: Die Geschichte und Beschreibung von Japan, in: Gertrude C. Schwebell: Die Geburt des modernen Japan in Augenzeugenberichten. München (dtv) 1981, S. 31 f.

MATERIAL 10

Die „Verwestlichung" Japans war eine japanische Entscheidung

Über die Veränderungen, die sich in Japan während der Zeit des Abschlusses abspielten und die eine schnelle Entwicklung hin zu westlichen Standards nach der gewaltsamen Öffnung 1853 ermöglichte, schreibt der Historiker Thomas Schleich 1992:

Der Umstand verdient Beachtung, dass die Verwestlichung Japans (über die individuelle Rezeption niederländischen Gedankenguts und die Einrichtung niederländischer Schulen seit dem Beginn des 19. Jahrhunderts) ganz wesentlich eine japanische Leistung und eine japanische Entscheidung war.
Europäer, die diesen Prozess hätten kanalisieren können, standen nicht zur Verfügung. Die Holländer waren nämlich lange Zeit nicht gewillt, Wissen weiterzugeben, das ihrer Position geschadet hätte. Das verdeutlicht sowohl ihre jahrzehntelange Hinhaltetaktik bei der Erfüllung japanischer Forderungen nach westlichen Waffen als auch ihr Verhalten bei der Lieferung bestimmter Handelswaren. So erfüllte die VOC (Vereenigde Oost-Indische Compagnie) zwar 1731 den Wunsch nach Lieferung von Setzlingen bestimmter Gewürzpflanzen, aber die Angestellten vor Ort tränkten sie – weisungsgemäß – kurz vor der Übergabe mit Salzwasser, um das Eingehen dieser Pflanzen zu gewährleisten. Ganz ähnlich restriktiv zeigten sich übrigens die englischen Kolonisten in Amerika gegenüber indianischen Wünschen nach Technologietransfer. Die japanische Leistung wird besonders deutlich, wenn man sie mit der Nicht-Europäisierung Chinas im gleichen Zeitraum vergleicht. Dort wirkten jahrzehntelang Jesuiten-Missionare als herausragende Repräsentanten europäischer Wissenschaft und Bildung; obwohl

sie sich großen Prestiges und großen Einflusses am Hofe erfreuten, gar höchste Staatsämter bekleideten, war ihr Einfluss auf die Kultur des Landes gleich null.

Sakoku – die Phase der freiwilligen Isolation Japans – ging durch den allmählichen Prozess der Europäisierung zu Ende, der durch politische und soziale Entwicklungen im Lande verdichtet wurde. Die ursprünglich immens reiche Zentralregierung stand vor dem Bankrott. Die feudale Ordnung der Tokugawa-Zeit war durch das Städtewachstum, durch die Entstehung der Geldwirtschaft und die Herausbildung einer Schicht von kapitalkräftigen Kaufleuten und Finanziers dauerhaft unterminiert worden, und die bohrende Kritik an und die Opposition gegen die Zentralregierung in breiten Kreisen der Eliten nahm angesichts der Hilflosigkeit der Führung gegenüber den Entwicklungen in Politik, Gesellschaft und Wirtschaft zu. Es bestand keine Notwendigkeit, das Land gewaltsam dem westlichen Einfluss zu öffnen: Die Zentralregierung hatte zwar den Zugang zu westlichem Wissen – angesichts des ihr bedrohlich scheinenden Ausmaßes der Verbreitung – nach 1790 einzuschränken gesucht und entsprechendes Schrifttum in von ihr kontrollierten Bibliotheken gesammelt; doch diese Versuche waren erfolglos geblieben. Schon 1773 hatte man im Lehenstum Satsume Experimentierwerkstätten und eine medizinische Schule eingerichtet; am Ende der Tokugawa-Zeit wurden an 77 (von 240 vorhandenen) Schulen die westlichen Wissenschaften und an 68 Medizin unterrichtet.
Dieser Prozess der evolutionären, selbstbestimmten und gleichsam gesellschaftlich kontrollierten Öffnung wurde dann jedoch 1853 von den Vereinigten Staaten gewaltsam abgebrochen, einer erst seit 1784 in Asien vertretenen Kolonialmacht. Das amerikanische Vordringen hat jedoch die Öffnung Japans zum Westen nicht überhaupt erst erzwungen, wie eine amerikanische Legende besagt: Die japanische Tür musste nicht eingetreten werden, sie stand vielmehr bereits halb offen. Allerdings hat das imperialistisch motivierte Vordringen des Westens – nach dem Vertrag von Kanegawa 1855 – Japans Metamorphose zu einem modernen Nationalstaat zweifellos beschleunigt.

Thomas Schleich, Vom Warenumschlag zum Wissenstransfer: Die Anfänge der japanischen Öffnung zum Westen in der Phase des verschlossenen Landes (1640–1853), in: Thomas Beck u. a. (Hrsg.), Kolumbus' Erben, Darmstadt (Wissenschaftliche Buchgesellschaft) 1992, S. 238 ff.

1. Entwickeln Sie auf Grundlage der Quellen (bes. M 4 und M 5) zwei Standbilder, in denen die jeweilige Sicht auf den anderen, also Japaner bzw. Portugiesen deutlich wird. Erläutern Sie Ihre Darstellungsabsicht dann über die Quellentexte.
2. Erläutern Sie aus der japanischen Bürgerkriegssituation heraus, warum Hideyoshi die Christenverfolgung im Zusammenhang der Reichseinigung aufnahm. (M 6) Erklären Sie, warum die Umsetzung dann doch nicht so streng sein sollte (M 7).
3. Die Niederländer waren auf Deshima demütigenden Verhältnissen ausgesetzt. Erläutern Sie, warum sie das auf sich nahmen; (M 9) berücksichtigen Sie dabei auch die Geschichte der Unabhängigkeitsbewegung der Niederlande und die der VOC. (vgl. Kap. 3.2, S. 52 ff.)
4. Zeigen Sie, wo Swift in seinem „Gulliver" historisch angemessen Informationen über das „abgeschlossene Japan" verarbeitet und in welchen Passagen der Autor satirisch übertreibt. Welches Ziel verfolgt die Satire? (M 2)
5. Vergleichen Sie den Erfolg der Expansionsbemühungen von Europäern in Japan und in Amerika. Wodurch wurde die Eroberung Mittel- und Südamerikas erleichtert?
6. Analysieren Sie kulturelle Fremdbilder und Selbstbilder in den Darstellungen von Menschen (Abb. S. 79, 82, 83).

Arbeit mit historischen Karten

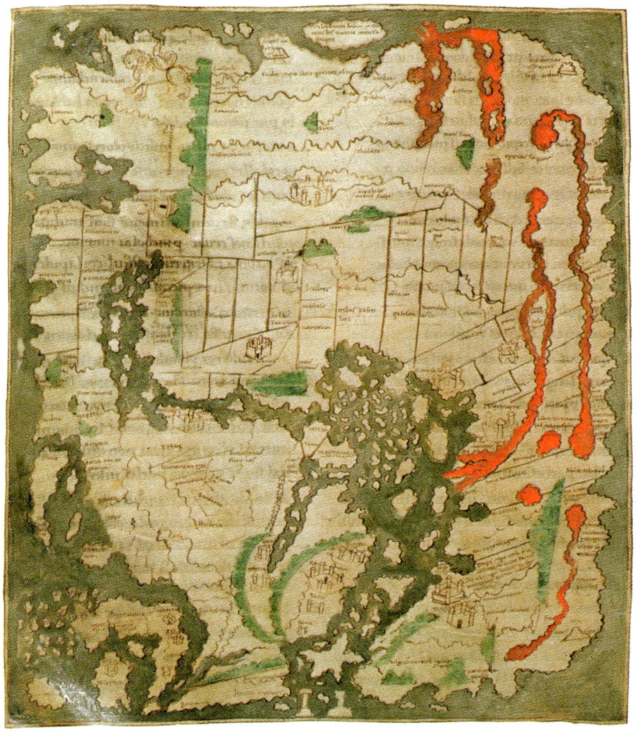

Auf Baumwolle gemalte Weltkarte aus Canterbury, 11. Jahrhundert. Die Karte wurde wahrscheinlich auf der Basis eines römischen Plans angefertigt und um Kenntnisse der Zeit erweitert.

Wem gehören die Gewürze?

In der ersten Novemberwoche 1521 sichteten die überlebenden Mitglieder der unter spanischer Flagge fahrenden Magellan-Expedition die Insel Tidore, eine der Gewürzinseln der heutigen Molukken. Beladen mit Muskatnuss, Zimt und Gewürznelken, also einem Vermögen, kehrte das letzte Schiff der Expeditionsflotte nach Sevilla zurück. Die portugiesische Kaufmannschaft protestierte sofort, denn die Inselgruppe gehörte ihres Erachtens nicht zu Spanien, sondern zu Portugal, dem im Vertrag von Tordesillas die entsprechenden Weltteile zugestanden worden seien. Sehen wir auf eine moderne Karte (S. 63), so können wir erkennen, dass die Portugiesen Recht hatten. Ein Blick auf Karten des 16. Jahrhunderts zeigt aber, dass diese so ungenau waren, dass die Spanier durchaus behaupten konnten, Besitzer der Inselgruppe zu sein (vgl. Abb. S. 35). Der Fall verdeutlicht die Bedeutung historischer Karten für den Historiker. Sie sind wichtige Quellen, zeitgenössische Abbilder einer bestimmten Weltkenntnis und eines bestimmten Weltbildes. Um diese Gegebenheiten angemessen einordnen zu können, braucht man Wissen über den Entstehungszeitraum, die Auftraggeber, die Zeichner und die Vorlagen für die Karte. Dann allerdings kann sie uns Informationen geben, die u. U. Textdarstellungen der Zeit weit überlegen sind.

Entwicklung der Kartografie

Die Kartografie war in der Antike als eine Kulturtechnik entstanden, die in ihrer Qualität während des Mittelalters weitgehend verloren ging. In dieser Epoche waren Karten in der Regel Ausdruck

eines religiös geprägten Weltbildes. Ein Werk wie die „Cotton"- oder „Tiberius"-Karte (Abb. S. 89) verwirrt uns heute zunächst. Grund dafür ist die „Orientierung" der Karte, ihre Ausrichtung nach Osten, dem Heiligen Land im Orient. Sie zeigt weiter, dass man sich die Welt als von einem Meer umgeben vorstellte und West-, Mittel- und Südeuropa sowie Nordafrika und den Vorderen Orient recht genau kannte, der „Rest" aber weitgehend vermutet wurde. Auffällig ist auch, wie überdimensioniert der italienische Stiefel dargestellt ist.
Einen großen Aufschwung erlebte die Kartografie in der Frühen Neuzeit. Impulse gingen von Eigentumsfragen aus, die eine Fülle von regionalen Karten erforderten, aber auch von den „Entdeckungen" der Europäer. Nicht zuletzt deshalb entstand die berühmte „Mercator-Projektion" der Welt, entwickelt von dem in Duisburg gestorbenen Kartografen Gerhard Mercator (1512–1594). Darin erscheint die Gegend in der Nähe der Pole vergrößert, die Land- und Wasserflächen dadurch zwar etwas verzerrt, aber klarer erkennbar. Dieses Verfahren sollte eine bessere Orientierung ermöglichen, als man im 17. Jahrhundert nach einer Nordpassage nach Indien suchte – die man freilich erst sehr viel später fand.

Weiter verbessert wurde die Kartografie durch die militärischen Anforderungen im 30-jährigen Krieg und schließlich durch das 19. Jahrhundert, das zum eigentlichen Zeitalter der Kartografie wurde. Die Entwicklung der Nationalstaaten und deren Bedarf nach genauen Kenntnissen über die Gegebenheiten im Land waren ebenso Grundlage für eine Vielzahl kartografischer Erneuerungen und Darstellungen wie drucktechnische Innovationen, so vor allem die Lithografie, der Steindruck, der die aufwändigen Kupferstiche ersetzte. Heute hat die Kartografie durch die Satelliten-Technik weitere Möglichkeiten gewonnen.

Nutzung historischer Karten

Will man die Entwicklung von Weltbildern nachvollziehen, ist es meist sinnvoll, Karten miteinander zu vergleichen, und zwar historische Karten untereinander wie auch historische mit solchen aus unserer Zeit.
Sogar räumliche Veränderungen in Europa selbst können über historische Karten belegt werden, wie ein Blick auf die Karte „Grafschaft Holland" von Pieter van der Keere (1610) zeigt. Die Niederlande haben sich zu dieser Zeit von Spanien unabhängig erklärt, die VOC ist bereits gegründet, und die Karte zeigt neben geografischen Gegebenheiten vor allem, worin holländische Identität wurzelt (siehe Abb. 91). Im Vergleich mit der heutigen Küstenlinie lässt sich aber auch erkennen, dass die Zuider Zee zu dieser Zeit noch eine ganz andere Gestalt hatte, weil Eindeichungs- und Landgewinnungsmaßnahmen späterer Zeiten noch nicht durchgeführt worden waren.

Abb. rechte Seite: Pieter van den Keere, Comitatus Hollandiae, 1610. Im oberen Rand schmücken Alltagsszenen mit Vertretern des Landvolks, des Bürgertums und eine Familie von Edelleuten die Karte. Das Volk und die Grundlagen seines Wohlstands werden darin angedeutet. In der unteren Leiste finden sich Bilder aus der Geschichte und Mythologie von Holland: in den äußeren Bildern Hinweise auf Fischerei und Müllerei sowie Torfgewinnung und Viehzucht. Das zweite Bild von links zeigt Deichbaumaßnahmen und das zweite von rechts den Grundriss einer römischen Villa, der sichtbar wurde, wenn das Wasser sehr niedrig stand; in der Mitte (links) findet man eine Erinnerung an eine holländische Gräfin, die 360 Kinder zur Welt gebracht haben soll, daneben eine gefangen genommene Seejungfrau. All diese Elemente tragen dazu bei, eine Art holländischen Nationalgefühls zu transportieren, das zugleich ein wichtiges Moment der Identität nach dem Abfall von Spanien bedeuten konnte.

HAERLEM
LEYDEN
DERGOU
DEN BRIEL
HOORN
DORDRECHT
DELFT
AMSTERDAM
ROTTERDAM
ALCKMAER
ENCKHUYSEN
MARE GERMANICUM
ZUYDER ZEE
Scala Miliarum

Weitere Möglichkeiten, historische Karten zu nutzen, seien hier nur angedeutet: An Stadtplänen aus verschiedenen Zeiten lässt sich detailliert die Stadtentwicklung rekonstruieren. Eine Karte mit Poststationen kann ebenso dazu dienen, Raum-Zeit-Erfahrungen in einer bestimmten Epoche nachzuvollziehen, wie eine Seekarte mit Häfen und Routenlinien. Historische Karten haben aber auch seit jeher die Phantasie der Menschen gefüttert. Was ging in einem deutschen Auswanderungswilligen des 19. Jahrhunderts vor, der eine Nordamerika-Karte studierte? Gab es Karten, die bestimmte Phantasien vielleicht gezielt hervorrufen wollten? Im Gegensatz dazu zeigen See- und Landkarten früherer Jahrhunderte an den Rändern der bekannten Welt oft Fabelwesen und Ungeheuer. Sie spielen in der geographischen Imagination der Menschen dieser Zeiten wahrscheinlich eine ebenso wichtige Rolle wie Schul- und Straßenatlas heute für unser rationales, detailliertes Weltbild. Ein mentalitätsgeschichtlicher Vergleich kann Interessantes zutage fördern.

Fragen an historische Karten

Grundsätzlich müssen historische Karten als Quellen interpretiert werden.

- Von wann stammen sie?
- Welcher Raum ist dargestellt?
- Welche geografischen Kenntnisse besaß der Zeichner, verglichen mit heute?
- Welche geografischen Kenntnisse besaß der Zeichner, verglichen mit anderen Geografen seiner Zeit?
- Wie ist die Karte ausgerichtet?
- Welche Symbole werden verwendet?
- Welche Funktion haben die Ornamente?
- Wer waren die Adressaten der Karte?
- Lassen sich ideologisch motivierte Darstellungsabsichten nachweisen?

Internetportale

Im Internet ist eine Vielzahl von historischen Karten verfügbar gemacht worden, die teilweise auch kommentiert und in ihren Entstehungszusammenhang gestellt werden. Einige attraktive Adressen:

- http://www.henry-davis.com/MAPS/carto.html
- http://oddens.geog.uu.nl/index.html
- http://beatl.barnard.columbia.edu/maritime/atlas.htm
- http://cf.uba.uva.nl/nl/collecties/kaarten/chrnwrl1.html
- http://www.maphistory.info/webimages.html

1. Untersuchen Sie die Toscanelli-Karte (Kap. 4.1, S. 65) samt dem dazu gehörigen Brief nach den oben entwickelten quellenkritischen Kriterien.
2. Suchen Sie im Internet oder im Heimatmuseum einen alten Stadtplan Ihrer Heimatstadt.
   a) Legen Sie einen aktuellen Stadtplan daneben und erläutern Sie wesentliche Tendenzen der Stadtentwicklung.
   b) Recherchieren Sie den historischen Hintergrund des alten Plans und zeigen Sie, inwiefern sich dieser Hintergrund in der Karte spiegelt.
3. Recherchieren Sie unter einer der angegebenen Internetadressen und stellen Sie fest, ob die dort angebotenen Zusatzinformationen für einen quellenkritischen Umgang mit dem Material ausreichen.

5. Religion und Politik:
Reformation und konfessionelles Zeitalter

Die Einteilung der Weltgeschichte in verschiedene Weltalter hat eine lange Tradition, sie reicht bis ins vierte Jahrhundert zurück und bestimmt das Geschichtsdenken und die Chroniken des Mittelalters. Bei diesem Denken durchdringen sich christliche Heilslehre und Universalgeschichte. Das siebte Weltalter (das sechste reicht vom Leben Jesu bis zur Gegenwart des Künstlers) beginnt mit dem Antichrist. Auf dem Holzschnitt wird er von dem Erzengel Michael in die Tiefe gestürzt. Hartmann Schedel (1440–1514) überschreibt dieses letzte Kapitel seiner Weltgeschichte „Von dem todt und endschaft der ding".

5.0 Apokalypse und Konfessionalisierung

Ewige Verdammnis oder ewige Seeligkeit?

Für den Menschen des Mittelalters stand unumstößlich fest: Am Ende der Geschichte, das bald erreicht sein wird, erscheint der Antichrist, der in einer Übergangszeit eine Schreckensherrschaft ausübt. Der Antichrist wird aber von Gott besiegt. Beim Jüngsten Gericht spricht Gott sein Urteil, und bei der Auferstehung der Toten wartet auf den Menschen entweder die ewige Verdammnis in der Hölle oder die ewige Seligkeit im Himmel. Die Menschen stellten zahlreiche Berechnungen an, um Aufschluss über den Zeitpunkt des Erscheinens des Antichrist zu erlangen und entwickelten vielfältige Handlungsstrategien, wie sie der ewigen Verdammnis entrinnen könnten.

Die letzten Dinge der Welt

Dieses apokalyptische Denken manifestierte sich in den Totentänzen, in Weltgerichtsspielen, in vielfältigen Spekulationen über das Erscheinen des Antichrist usw. In diesem Zusammenhang spielte die Johannes-Apokalypse, eine Schrift des Neuen Testaments, eine große Rolle. Wörtlich übersetzt meint „Apokalypse" die Enthüllung oder Offenbarung der künftigen Ereignisse, sie vermittelt gewissermaßen einen Einblick in göttliche Geheimnisse, in den Plan Gottes, der die Weltgeschichte mit unwiderstehlicher Konsequenz zu ihrem Ende bringt.

Apokalyptisches Denken als Motor

Das von Papst Bonifatius VIII. für das Jahr 1300 verkündete „Heilige Jahr" oder Jubeljahr, in dem man in Rom einen vollständigen Ablass – eine Befreiung von allen Sünden – erlangen konnte, war daher nicht einfach nur eine raffinierte oder machttaktisch motivierte Erfindung des Papstes, sondern entsprach durchaus der weit verbreiteten Volksfrömmigkeit und der Erwartungshaltung der Menschen. Der Glauben an die Apokalypse prägte auch in den folgenden Jahrhunderten maßgebend das religiöse und soziale Denken sowie das Handeln der Menschen, insbesondere während der Reformation und im Konfessionellen Zeitalter bis zum Dreißigjährigen Krieg. Die großen kulturellen Leistungen dieser Epoche wurden hiervon genauso motiviert wie deren Kehrseite, der erbitterte, ja fanatische Kampf gegen religiöse Gegner, Ketzer oder gegen Menschen, in deren Handeln man das Wirken des Teufels zu erblicken meinte. Die Juden- und Hexenverfolgung des 16. und 17. Jahrhunderts hat auch eine Ursache in der apokalyptischen Signatur dieser Zeit.

Der Staat greift ein

Im Zuge der Reformation bzw. der späteren Konfessionalisierung änderte sich auch die Rolle des christlichen Herrschers und des Staates. Die Fürsten bzw. Staaten – sowohl die protestantischen wie die katholischen – intervenierten immer stärker in das religiöse Geschehen, waren doch damit auch politische Machtfragen verbunden. Glaube und Konfession wurden – auch – zu einer staatspolitischen Aufgabe. Die Fürsten griffen in theologische Streitfragen ein, die die Menschen intensiv bewegten, sie regelten das kirchlich-religiöse Leben, den konfessionellen Unterricht. Der allmähliche Ausbau des frühmodernen Staates ist daher auf das engste mit der Konfessionalisierung des gesamten Lebens und Alltags verbunden. Im Gefolge der Reformation nahm die obrigkeitliche Herrschaft, die Souveränität hoheitlicher Macht in den deutschen Einzelstaaten erheblich zu.

5.1 Die Reformation zwischen traditioneller Apokalyptik und theologischem Neuansatz

Fratzen des Teufels

Künstlerische Werke können die geheimsten und genauesten Seismographen der seelischen und geistigen Verfassung einer Zeit sein. Viele um 1500 entstandenen Kunstwerke enthüllen das Ausmaß der apokalyptischen Ängste, die das Alltagsleben des Einzelnen prägten. Diese Ängste manifestierten sich in der Heiligenverehrung und dem Reliquienwesen, im Ablasshandel und im Hexenglauben, in den Ängsten vor Seuchen und Naturkatastrophen sowie im sensationslüsternen Wunderglauben der Epoche. Überall lauerten die Fratzen des Teufels und der Hölle, Todes- und Jenseitsängste der gequälten Menschen. Zahlreiche Ablasshändler, aber auch Verkäufer von religiösen Traktaten und mit Holzschnitten geschmückten Flugschriften machten aus diesen Ängsten ein einträgliches Geschäft.

Missstände in der Amtskirche

Die Volksfrömmigkeit paarte sich mit der scharfen Kritik an zahllosen Missständen in der Kirche. Das Papsttum wie auch die Bischöfe hatten viel von ihrer Autorität eingebüßt, der Ablasshandel wirkte unseriös und geldgierig, viele Mönchsorden galten als „sittenlos", die Forderung nach einer Reform der Kirche an „Haupt und Gliedern" hat um 1500 bereits eine lange Tradition. Viele Kirchenmänner machten sich Gedanken darüber, wie man Kirche, Gläubige und die Gebote eines gottesfürchtigen Lebens wieder zusammenbringen könne.

Die Lehre Martin Luthers

Martin Luther war es, der das komplexe theologische Gebäude der katholischen Kirche zugleich radikalisierte und vereinfachte. Er beantwortete die drängende Frage, wie man das Seelenheil erlangen könne, durch drei einfache Aussagen: Allein durch den Glauben (*sola fide*) und allein durch die Gnade Gottes (*sola gratia*), wobei allein die Heilige Schrift Autorität in allen Glaubensfragen habe (*sola scriptura*). Diese elementaren Antworten auf die Frage der „Rechtfertigung" (also wie man vor Gott „richtig" wird), stellten den entscheidenden reformatorischen Durchbruch dar, der bei den Zeitgenossen großen Widerhall fand.

Machtverlust der Kirche

Die Institution Kirche verlor durch die reformatorische Rechtfertigungslehre ihre zentrale Stellung. Es galt nicht mehr der alte Glaubenssatz *„nulla salus extra ecclesiam"* (es gibt kein Heil außerhalb der Kirche), der bislang die Existenz und die Macht der katholischen Hierarchie legitimierte, da sie exklusiv über die „Schlüssel" - die Sakramente – zum Heil verfügte.

Apokalyptische Tradition?

In diesem Kapitel wird u. a. problematisiert, inwiefern Luthers Denken – wie auch das anderer Reformatoren – primär der apokalyptischen Tradition verpflichtet ist. Gefragt wird, welche Ansätze sich bei ihm zeigen, die in die Zukunft weisen, die z. B. dem individuellen, subjektiven Denken Raum eröffnen, die vielleicht Mut machten, sich – zumindest zunächst im religiösen Bereich – von traditionellen religiösen und politischen Autoritäten zu emanzipieren.

MATERIAL

1 „Und es werden Zeichen geschehen …" – Martin Luther über Lukas 21

Martin Luthers Predigt am zweiten Adventssonntag 1521 wurde sehr weit verbreitet, zwischen 1522 und 1552 erschienen 36 Drucke als Teil seiner Adventspostille, daneben wurde sie vor allem zwischen 1522 und 1524 in zahlreichen Einzeldrucken publiziert.

„Und es werden Zeichen geschehen an der Sonne, und Mond, und Sternen; und auf Erden wird den Leuten bange sein, und werden zagen; und das Meer und die Wasserwogen werden brausen […]" (Lukas 21, 25 ff.).

Hier ist nun die Frage, ob solche Zeichen alle vor dem jüngsten Tag werden geschehen. Aber nach solchem darf man nicht fragen. Denn der Herr sagt: Wenn solches anfängt zu geschehen, so soll man darauf sehen. Deswegen glaube ich, dass etliche, vielleicht die meisten Zeichen hernach geschehen werden, dass der Herr lehret, wo man solche Zeichen sehen und warten soll, nämlich, an den Himmel, Sonne, Mond und Sternen, und an den Menschen und dem Meer. Wenn man nun etliche derselben sieht, so solle man sich auf diese Zukunft schicken, und nicht warten, bis alle geschehen sind. Denn sonst würde uns die Zeit einholen. An der Sonne und Mond geschehen zweierlei Zeichen: erstlich, dass sie ihren Schein verlieren. Solches, ob es wohl nicht seltsam und natürlich ist […], so ist dennoch ein Zeichen, wie es Christus selbst klar deutet im Evangelium Matthäus. Aber neben diesem können an der Sonne auch solche Zeichen geschehen, die man nicht wissen kann, sondern begeben sich plötzlich und fallen

Vorder- und Rückseite eines Altarflügels aus Regensburg, ca. 1480. Abgebildet sind die Heilige Messe (links) und das Fegefeuer (rechts).

herein gegen alle Mathematik, wie die Finsternis zur Zeit, da Christus am Kreuz gehangen hat. Denn die Kunst fällt so, dass die Finsternis an der Sonne geschehen muss im Anfang des Mondes, wenn er neu wird. Wenn es aber geschieht im Vollmond, wie damals, oder auf einen anderen Tag im Mond, so ist es nicht natürlich. Darum ist solche Finsternis ein besonderes großes Wunderwerk gewesen. Ob wir nun dergleichen nicht gesehen haben, so kann es sich doch sehr bald zutragen. [...]
Denn merkt, eure Erlösung ist nahe. Eure, spricht er, die ihr glaubt; die anderen, die nicht glauben, werden verdammt. Deswegen sollten sie sich wohl fürchten, aber sie tun es nicht. Denn der Herr Jesus würde beides mitbringen: denen, die gläubig und fromm gewesen sind, den Himmel; den anderen aber die Hölle und die Verdammnis. Solches redet der Herr mit den Frommen. Die werden auch darüber erschrecken, wenn Sonne und Mond die Augen verdrehen und die Welt voll mit Feuer sein wird. Denn die Heiligen sind nicht so stark; es müsste auch St. Peter oder ein anderer Heiliger davor erschrecken, wenn sie lebten. Aber, spricht der Herr, seid getrost; es wird euch wohl jämmerlich und erschrecklich ankommen, aber solches gilt euch nicht, es gilt dem Teufel und den Ungläubigen. Euch aber kommt die Seligkeit und die fröhliche Erlösung, da ihr solange nach geseufzt habt und gebeten, dass mein Reich zu euch komme, euch eure Sünde vergeben und ihr von allem Übel sollt erlöst werden.

M. Luther, Predigt über Lukas 21, in: Kritische Gesamtausgabe, Weimar 1920, 10, I, 2, S. 93 ff.

MATERIAL

2 Wer macht den Priester zum Priester?

Aus Luthers Schrift „An den christlichen Adel deutscher Nation von des christlichen Standes Besserung“ (1520):

Man hats erfunden, dass Papst, Bischöfe, Priester und Klostervolk wird der geistliche Stand genannt, Fürsten, Herrn, Handwerks- und Ackerleute der weltliche Stand, welches gar ein fein Komment und Gleißen ist; doch soll niemand darob schüchtern werden, und das aus dem Grund: Denn alle Christen sind wahrhaft geistlichen Standes, und ist unter ihnen kein Unterschied denn des Amts halben allein, wie Paulus, I. Korinth. 12, sagt, dass wir allesamt ein Körper sind, doch ein jeglich Glied sein eigen Werk hat, womit es den andern dienet; das macht alles, dass wir eine Taufe, ein Evangelium, einen Glauben haben und sind gleiche Christen, denn die Taufe, Evangelium und Glauben, die machen allein geistlich und Christenvolk. Dass aber der Papst oder Bischof salbet, Platten macht[1], ordiniert, weihet, anders denn Laien kleidet, mag einen Gleißner und Ölgötzen machen, macht aber nimmermehr einen Christen oder geistlichen Menschen. Demnach so werden wir allesamt durch die Taufe zu Priestern geweihet, wie Sankt Peter, I. Petr. 2, 9, sagt: „Ihr seid ein königlich Priestertum und ein priesterliches Königreich“, und die Offenbarung: „Du hast uns gemacht durch dein Blut zu Priestern und Königen.“ Denn wo nicht eine höhere Weihe in uns wäre, als der Papst oder Bischof gibt, so würde nimmermehr durch des Papstes und Bischofs Weihen ein Priester gemacht, könnte auch weder Messe halten, noch predigen, noch absolvieren.

[1] Platten machen: Tonsuren scheren (lassen), also Mönche weihen

Martin Luther, Ausgewählte Werke, hrsg. von Hans Heinrich Borcherdt, München (Georg Müller) 1914, Bd. 2, S. 7f.

MATERIAL

3 Über das Weltgebäude huschen bereits die Flammen

Der Religionswissenschaftler Jacques Solé erörtert 1982 die Wurzeln und Bedingungen von Luthers religiösem Denken.

Luthers hauptsächliche dogmatische Erkenntnis bestand 1518 also darin, im Papsttum den Hort des Bösen zu erkennen. Er drückte sie, zunächst vorsichtig, dann mit zunehmender Kraft aus. Alle Protestanten nährten sich mindestens zweihundert Jahre lang davon. Sie befriedigte jenes Bedürfnis, das Gläubigen so unerlässlich ist, endlich einen klar umrissenen Feind zu haben, gegen den man unablässig wettern kann. Eine heilige Gewalt wiederholte die Ermahnungen der Propheten, nun gegen den Vatikan gerichtet. Hatten die Herren Romas nicht während ihrer gesamten Geschichte die ursprüngliche Lehre verraten? Ihre abscheuliche Herrschaft allein, ein Gegenstand des Zorns Gottes, rechtfertigte die Taten der Prädestinierten. Diese verknüpfte Luther stets mit der christlichen Verschwörung der Elemente. Ausgehend von einer Betrachtung des Lukas-Evangeliums kündigte ein Pamphlet von 1522 den Gläubigen die zeitgenössischen Zeichen des nahenden Gerichts an. Das Auftreten der Syphilis steht da neben der Erscheinung eines Monstrums mit Eselskopf und Frauenkörper in der Papststadt. So beutete der Begründer der Reformation die Zeichen der Natur im Dienste seiner religiösen Sache aus. Seine Predigten aus jener Epoche zeigen ebenfalls, dass er davon überzeugt war, die für 1524 vorhergesehene Planetenkonjunktion werde nicht nur den Himmel erschüttern, sondern zugleich auch das Jüngste Gericht einleiten.
Wie alle seine Zeitgenossen war der Doktor weniger ein Mann des Gedankens als ein Mann des Zeichens. Er glaubte, er werde nur deswegen von Gott beschützt, weil er gegen den Antichrist zu kämpfen wisse. Seine feste Überzeugung, es überall mit dem Satan zu tun zu haben, spiegelt in erster Linie seine Besessenheit von den letzten Tagen wider. Ob es sich um die Elemente oder um die politische Lage handelte (darin be-

In den Jahren 1523 und 1524 erlebte die Zahl der Druckerzeugnisse einen Höhepunkt. Sehr beliebt waren illustrierte Flugschriften. In der Bildmitte dieses Siegeszugs präsentiert der reitende Hutten die in einer Kette gefangenen Kleriker als Beute. Hinter Papst und Kardinal befinden sich die mit Tiermasken gekennzeichneten Gegner Luthers: u. a. der Franziskaner Thomas Murner als Kater, Johannes Eck als Eber, Hieronymus Emser als Bock, Jacob Lemp als Hund, August Alveld als Esel und Graf Carl von Hochstratten als Ratte. In dem mehrere Tausend Zeilen umfassenden Begleittext zu diesem Holzschnitt heißt es zu dem gotischen Schrein, dem „Grab der Heiligen Schrift": „Ich mein das grab die heilig Schrift, Die unser selen heil an trifft, Das alt und auch neu testament, Das billich würt ein grab genent, Dan warlich drin vergraben ist, Das götlich wort das Got selbs ist."

stand das doppelte Barometer für die Beobachter der Zeit), alles schien dem vierzigjährigen Luther darauf hinzuweisen, dass er das Ende der Geschichte erleben würde. Seine Kirche organisierte er nur, um den Gläubigen bei ihrer Vorbereitung darauf zu helfen, und in dieser Wartezeit hielt er ganz ehrlich alle seine Gegner für Agenten des Verderbens, für Widersacher Christi. Er wandte sich in dem Maße gegen die aufständischen Bauern, in dem er in ihnen nur ein zusätzliches Zeichen des Zorns Gottes sah. Luthers Handeln war von seinen unablässigen Klagen über die bevorstehenden Verhängnisse nicht zu trennen. Gleich den Propheten stärkte er sich dadurch. Daher ist es trügerisch, die Heftigkeit des jungen Luther in einen Gegensatz zu seiner späteren Entmutigung zu setzen. In Wirklichkeit spielt sich seine ganze Laufbahn im Schatten der Apokalypse ab. Seit den 1520er Jahren erwartete er das Weltende für ein unmittelbar bevorstehendes Morgen. Außer Krankheiten und Häresien genügten die Kriegsdrohungen und himmlischen Erscheinungen, um ihn davon zu überzeugen, dass er seine Bibelübersetzung nicht vor dem Zusammenbruch des Universums beenden würde; das Weltgebäude, über das die Flammen huschten, krachte bereits in allen Fugen, heillos von Eidechsen befallen.

Jacques Solé, Christliche Mythen. Von der Renaissance bis zur Aufklärung, Frankfurt/Berlin (Ullstein) 1982, S. 48 f.

MATERIAL

Der ganze Klerus ist von der Ketzerei angesteckt … 4

Die Reise zum Wormser Reichstag (Dezember 1520 und Februar 1521) gestaltete sich für Luther wie ein Triumphzug; er wurde in vielen Orten begeistert begrüßt. Der päpstliche Gesandte Aleander kommentiert das Ereignis später in einem Bericht.

Nicht genug wundern kann man sich über die Tatsache, dass Geistliche und Mönche von anderer Ordensregel als der Luthers ihm für ihr Leben zugetan sind. Eine Ausnahme macht nur der Abt von Fulda […]. Fast der ganze Klerus außer den

Martin Luther, Gemälde aus der Werkstatt von Lukas Cranach dem Älteren, um 1526.

Pfarrern ist von der Ketzerei über die Maßen angesteckt und am ärgsten machen es die von Rom aus Beförderten. Das Volk lässt sich durch Worte blindlings fortreißen. [...] Diese alle rühren sich aber durchaus nicht etwa deshalb, weil sie von den Grundlagen der lutherischen Lehre viel verständen, – denn nur seine Schmähreden und Huttens Satiren machen auf sie Eindruck, – sondern im Voraus gegen die römische Kirche aufgebracht, vermengen sie den Glauben mit ihren Privatleidenschaften, die sie gegen Rom erbittern, und lassen ihn in ihrem Hasse untergehen. [...] Sie lassen den Glauben im Stich und werden leichten Herzens Gottesleugner, nur um für diese ungeheuren Übergriffe [des Papstes] sich zu rächen [...]. Jetzt aber ist ganz Deutschland in hellem Aufruhr; neun Zehnteile erheben das Feldgeschrei: „Luther!" und für das übrige Zehntel, falls ihm Luther gleichgültig ist, lautet die Losung wenigstens: „Tod dem römischen Hofe!" Alle aber haben die Forderung eines Konzils auf ihre Fahnen geschrieben, welches in Deutschland abgehalten werden soll [...] Täglich regnet es lutherische Schriften in deutscher und lateinischer Sprache. Auch hier wird eine Druckerei unterhalten, wo dieses Handwerk bisher unbekannt war. Es wird hier gar nichts anderes verkauft als Schriften Luthers, und selbst am kaiserlichen Hofe, denn die Leute halten ganz erstaunlich zusammen und sie haben Geld in Menge. [...] Immer wieder wird uns die Ausfertigung [des Mandats gegen Luther] vorenthalten – durch die geheime Begünstigung Luthers von Seiten des Kurfürsten von Sachsen, durch die wütenden Beschwerden, welche die Fürsten bei dem Kaiser über uns führen [...]. Und nun geraten wir auch noch dadurch in die größte Verlegenheit, dass die heimkehrenden Romfahrer überall erzählen, in Rom mache man sich lustig über Luther und lege seiner Sache nicht die geringste Bedeutung bei.

Paul Kalkoff, Die Depeschen des Nuntius Aleander vom Wormser Reichstage 1521, Halle (Niemeyer) 1886, S. 24 f., 43 f., 46.

1. Analysieren Sie das „apokalyptische Weltbild" und ziehen sie Rückschlüsse auf das Lebensgefühl der Menschen (Abb. S. 94 und 97; vgl. auch S. 14 und 118).
2. Erläutern Sie, worin die zentrale Erkenntnis Luthers besteht. (VT, M 2 und M 3)
3. Welche Haltung nimmt Luther zur katholischen Hierarchie ein und wie begründet er dies? (VT, M 2 und M 3)
4. Was bedeutet seine Behauptung eines „allgemeinen Priestertums" für den „einfachen Menschen" und für die Machtstellung der katholischen Kirche? (M 2)
5. Erläutern Sie die Kritikpunkte des päpstlichen Nuntius Aleander. (M 4)
6. Informieren Sie sich über die Biographie und das Wirken von bedeutenden anderen Reformatoren, insbesondere Zwinglis und Calvins. Worin unterscheiden sich diese in theologischer Hinsicht von Luther?

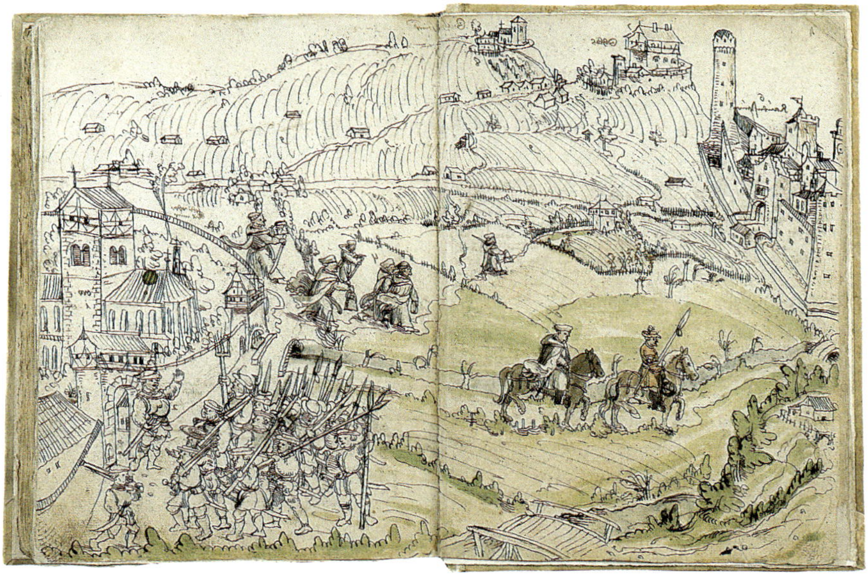

Bewaffnete Bauern ziehen vor das Kloster Weißenau; Illustration aus Jacob Murers „Weißenauer Chronik", einer zeitnahen Beschreibung der regionalen Bauernkriegsereignisse von 1525.

5.2 Religiöse und soziale Auseinandersetzungen auf dem Land und in den Städten

Vielgestaltige Reformation

Die Reformation entwickelte sehr rasch eine große Dynamik, zunächst in den Städten, aber auch bei der Masse der Bevölkerung, den Bauern. Dabei konnten die protestantischen Prediger oft an eine traditionelle Widerständigkeit verschiedener sozialer Gruppen anknüpfen. Zugleich weitete sich die reformatorische Bewegung weit über Deutschland hinaus aus. In den Städten differenzierten sich je nach den jeweiligen Predigern die theologischen Orientierungen. Vor allem in Mitteldeutschland bis in die Niederlande bildeten sich so genannte Täufergemeinden, besonders heftig tobten die Kämpfe in Münster. Thomas Müntzer (ca. 1490–1525) und Johannes Calvin (1509–1564) radikalisierten reformatorische Ideen.

Bauernkriege

Angeregt durch protestantische Prediger erhoben sich in einigen Regionen auch Bauern. Sie forderten eine Gesellschaftsordnung, die im Einklang mit der Heiligen Schrift steht. Die längste Zeit wurde das Ergebnis der Bauernkriege so gedeutet, dass die Bauern eine demütigende und vernichtende Niederlage erlebt hätten, von der sie sich Jahrhunderte lang nicht mehr erholen sollten. In der Folge hätten sie sich daher der feudalen Obrigkeit unterworfen. Inzwischen gibt es Zweifel an der Gültigkeit dieser Deutung. Des weiteren ist zu untersuchen, inwiefern die unterschiedlichen inhaltlichen Ausprägungen der Reformation mit den sozialrevolutionären Unruhen in Verbindung gebracht werden können.

MATERIAL

1 Die Rolle der Stadt im Prozess der Reformation – zwischen überregionalem Machtvakuum und persönlicher Entscheidungsmacht

Der Historiker Heinrich Lutz erläutert die sozialen und machtpolitischen Rahmenbedingungen der Reformation (1983).

Quer durch die deutschen Lande gewannen die Städte eine führende Stellung in der Frühgeschichte der Reformation. Reichsstädte vor allem, aber auch landesfürstliche Städte boten als Zentren des Schul- und Buchwesens, aufgrund ihrer langfristigen Tendenzen zur Laienkontrolle über das Kirchenwesen wie mit Hilfe der erheblichen sozialen Mobilität und politischen Autonomie vielfache Anknüpfungspunkte für die evangelische Bewegung. Nur in der Stadt konnte unter den damaligen Bedingungen die reformatorische Bewegung zur Massenbewegung werden. Man darf sich die Dinge freilich nicht zu eindimensional vorstellen.

Wohl gab es spezifische Formen bürgerlicher Frömmigkeit und Kirchenkritik, doch wirkten die konkreten Verhältnisse mit einem Pluralismus von kirchlichen und klösterlichen Zentren, Stiftungen und Bruderschaften oft recht kontrastreich: In ein und derselben Stadt wurde das eine Kloster zum Mittelpunkt entschiedener reformatorischer Bestrebungen, das andere Kloster zur Zufluchtsstätte massiven katholischen Widerstandes. Auch die soziale Dynamik, die sich in sehr vielen Fällen konfliktverschärfend mit dem städtischen Ringen um Rezeption der evangelischen Lehre verband, konnte zu unterschiedlichen Formen und Ergebnissen der Auseinandersetzung führen.

Meist reagierten der städtische Rat und ein Teil der Oberschicht – vor allem im Hinblick auf die politischen und ökonomischen Außenbezüge der Stadt – vorsichtig und langsam. Revolten der Unterschicht, Rivalitäten innerhalb der Mittel- und Oberschichten erhielten in vielen Fällen Schärfe, Rechtfertigung und auch Erfolg durch die Verbindung mit dem religiösen und kirchlichen Veränderungswillen. Dazu kam in den Jahren nach 1521 der fast totale Ausfall der kaiserlichen Autorität, was zumal für die Reichsstädte eine nicht vereinzelt, sondern kollektiv wirkende und animierende Ausnahmesituation schuf. [...]

So ist es zu erklären, dass auf dem Wege zu einer neuen Kirche einige der größeren deutschen Städte an der Spitze lagen. [...]

Als beispielhaft lassen sich die Vorgänge in Nürnberg betrachten, wo Albrecht Dürer unmittelbar in die reformatorische Entwicklung verflochten war. In Dürers vorreformatorischer Kunst begegnet uns die spätmittelalterliche Frömmigkeitswelt in ihrer Tiefe und Breite aufs eindringlichste. Er war bei Luthers erstem Auftreten ein Mann von sechsundvierzig Jahren, auf der Höhe seines Ruhms, und er bekannte sich 1520 voller Dankbarkeit und uneingeschränkt zu Luther, der ihm „aus großen Ängsten geholfen" habe. Nochmals kann man in solchen Äußerungen die christliche, seelische Befreiung nachempfinden, die Luthers deutsche Schriften für viele bedeuteten, zumal für jene, welche wie Dürer Latein nicht verstanden. Mit seinen Nürnberger Freunden, vor allem mit dem Humanistenkreis um Willibald Pirckheimer, begrüßte Dürer den Weiterweg Luthers und die beginnende Rezeption des Luthertums in Nürnberg. Der Rat verfügte hier über die Besetzung der beiden Pfarrkirchen St. Sebald und St. Lorenz. An beiden Kirchen amtierten evangelisch gesinnte Pröpste, die der Rat in dem eskalierenden Konflikt mit dem Bamberger Bischof unterstützte. 1524 hatte der Bischof den Bann über die beiden Pröpste verhängt. Der Rat beließ sie im Amt. Die Stadt musste befürchten, vom Kaiser in die Reichsacht erklärt zu werden. In dieser bedrängten Situation, als nur mehr eine kleine katholische Minderheit in der Stadt gegen die neue Solidarität der evangelischen Bewegung stand, bekannte sich Dürer ausdrücklich zu den Gefahren, die das evangelische Bekenntnis für Nürnberg brachte. [...]

Wenig später veranstaltete der Nürnberger Rat eine öffentliche Disputation zwischen evangelischen und katholischen Theologen, die dazu führte, dass nun die Stadt sich offiziell zum evangelischen Gottesdienst bekannte.

Heinrich Lutz, Das Ringen um deutsche Einheit und kirchliche Erneuerung, Berlin (Propyläen Verlag) 1983, S. 231–233.

MATERIAL 2

Die Zwölf Artikel der Memminger Bauernschaft 1525

Sebastian Lotzer, ein Kürschnergeselle und Laienprediger, sowie Christoph Schappeler, Stadtpfarrer in Memmingen, legten im Februar/März 1525 die Beschwerden aufständischer Bauern schriftlich nieder. Der Text wurde weit verbreitet.

Der Erste Artikel. Erstens ist unsere demütige Bitte und Begehren, auch unser aller Wille und Meinung, dass wir von nun an Gewalt und Macht haben wollen, dass eine ganze Gemeinde ihren Pfarrer selbst erwählt und prüft. Sie sollen auch Gewalt haben, denselben wieder zu entlassen. [...]

Der Zweite Artikel. Zweitens, weil der rechte Zehnte im Alten Testament eingesetzt und im Neuen erfüllt ist, wollen wir den berechtigten Kornzehnten gerne geben. Doch wie es sich gebührt: d. h., man soll ihn Gott geben und den Seinen zuteilen. Gebührt er einem Pfarrer, der klar das Wort Gottes verkündigt, so wollen wir diesen Zehnten hinfort durch unseren eigenen Kirchenvorsteher, von der Gemeinde eingesetzt, einsammeln lassen. Davon soll dem Pfarrer, der von der ganzen Gemeinde gewählt wird, der gebührende und genügende Unterhalt, ihm und den Seinen, gegeben werden. Was übrig bleibt, soll man den Bedürftigen [...] zuteilen [...].

Der Dritte Artikel. Drittens ist es bisher Brauch gewesen, dass sie uns für ihre Leibeigenen gehalten haben, was zum Erbarmen ist, weil uns Christus alle mit seinem kostbaren Blut erlöst und erkauft hat, den Hirten ebenso wie den Höchsten [...]. Aus der Schrift ergibt sich, dass wir frei sind, deshalb wollen wir es auch sein. [...]

Der Vierte Artikel. Viertens ist bisher üblich gewesen, dass kein armer Mann die Erlaubnis erhielt, Wildbret, Geflügel oder Fische in fließenden Gewässern zu fangen, was uns ganz unangemessen und unbrüderlich erscheint und dem Wort Gottes nicht gemäß. [...]

Der Fünfte Artikel. Fünftens sind wir auch belastet und geschädigt, was die Holznutzung [des Waldes] anbetrifft, denn unsere Herrschaften haben sich die Wälder alle allein angeeignet. [...]

Der Sechste Artikel. Sechstens wird uns eine schwere Last aufgebürdet durch die Dienstleistungen, die von Tag zu Tag mehr und täglich umfangreicher werden. Wir begehren deshalb, uns nicht so hart zu beschweren, sondern uns so zu belassen, wie unsere Vorfahren gedient haben.

Der Siebente Artikel. Siebentens, dass wir uns künftig von einer Herrschaft nicht mehr belasten und schädigen lassen wollen [...]. Insbesondere soll ihn der Herr nicht weiter zwingen oder dringen, weitere Dienste ohne Entgelt zu verrichten. [...]

Der Achte Artikel. Achtens werden viele dadurch belastet, dass Güter die Zinsen nicht erbringen können und die Bauern das Ihre einbüßen und verlieren. Wir begehren, dass die Herrschaften diese Güter von ehrbaren Leuten besichtigen lassen und nach Billigkeit einen Zins vom Ertrag erheben, damit der Bauer seine Arbeit nicht umsonst tue, denn ein jeder Arbeiter ist seines Lohnes würdig.

Der Neunte Artikel. Neuntens sind wir belastet und geschädigt durch die großen Frevel, dass man stets neue Gesetze macht, nicht dass man uns dem Vorfall gemäß bestraft, sondern mal aus großem Neid und mal aus großer Gunst. Es ist unsere Meinung, dass man nach altem geschriebenem Strafmaß strafen soll, wonach die Sache verhandelt wird, und nicht nach Gunst.

Der Zehnte Artikel. Zehntens werden wir dadurch geschädigt, dass einige Herren sich Wiesen angeeignet haben, desgleichen Äcker, die der Gemeinde gehören. Dieselben werden wir wieder in unseren gemeinsamen Besitz nehmen, es sei denn, man hat sie redlich gekauft. [...]

Der Elfte Artikel. Elftens wollen wir den „Todfall"[1] ganz und gar abschaffen und nimmer dulden und gestatten, dass man Witwen und Waisen das Ihre nimmt.

Beschluss. Zwölftens ist unser Beschluss und endgültig Meinung, wenn einer oder mehrere Artikel, die hier aufgestellt sind, dem Worte Gottes nicht gemäß sein sollten – wie wir aber nicht glauben –, so möge man uns diese mit dem Wort Gottes als unzulässig erweisen, dann wollen wir davon absehen, wenn man es uns aufgrund der Schrift nachweist.

[1] Todfall: Pachtaufschlag bei Vererbung

Günter Franz, Quellen zur Geschichte des Bauernkrieges, Darmstadt (Wiss. Buchgesellschaft) 1963, S. 174–179.

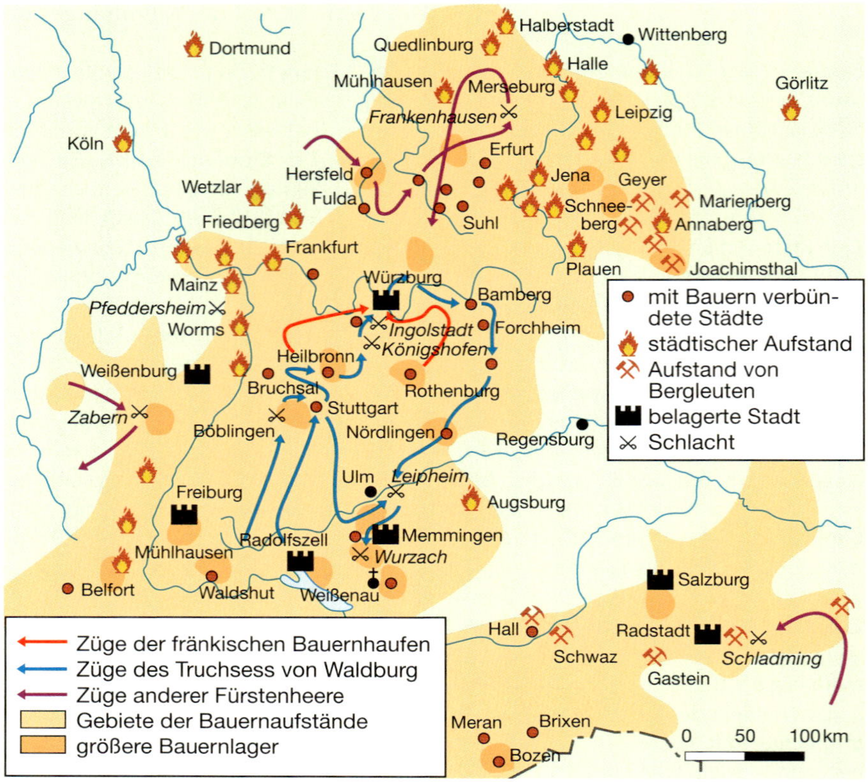

Der deutsche Bauernkrieg 1524/25.

MATERIAL

3 Nur eine vernichtende Niederlage für die Bauern?

Der Historiker Winfried Schulze analysiert 1995 Ursachen und Folgen der Bauernkriege 1524–1526.

Die Beziehungen zwischen den bäuerlichen Untertanen und ihren adligen und geistlichen Grundherren waren – so können wir folgern – im zentralen Bereich agrarischen Wirtschaftens prekär geworden. Das bedeutete keinesfalls, dass es den Bauern schlecht ging bis zur schieren Not, sondern es heißt vielmehr, dass unter den obwaltenden Umständen einer wachsenden Bevölkerung und des zunehmenden Drucks der Grundherren auf die Erträge ihrer Untertanen der Spielraum bäuerlichen Wirtschaftens subjektiv enger geworden war. Jetzt mussten adlige Beschränkungen von Jagd, Wasser und Wald besonders drückend wirken, mussten neue Steuern für die Territorien und das Reich und die Zehntabgaben als schwerere Belastung erscheinen: Das Gesamtgefüge von herrschaftlichen und bäuerlichen Einkommen wurde zunehmend als ungerecht empfunden. Das bestehende Besitzrecht gab den Herren oft die Möglichkeit, die Güter nach jedem Heimfall (d. h. dem Tod ihres jeweiligen Besitzers) nach Belieben wieder zu vergeben; die bäuerliche Familie konnte sich daher in einer Zeit erhöhter Belastung nicht einmal ihres sicheren Besitzes erfreuen. […]

Hier soll eine abweichende Interpretation der Folgen des Bauernkriegs versucht werden. Es stellt sich nämlich heraus, dass eine nur am kurzfristigen Erfolg gemessene Beurteilung des Bauernkrieges den Blick auf die langlebigen Wirkungen dieses Ereignisses zu verstellen droht. […]

Folgt man der Chronologie der Ereignisse, stoßen wir in einigen der Bauernkriegsgebiete auf

Die Bauern plündern das Kloster Weißenau; aus Jacob Murers „Weißenauer Chronik“ (*vgl. Abb.* S. 101).

vertragliche Lösungen, die einzelnen Beschwerden der Bauern Rechnung trugen. [...] Auch verschiedene Landesordnungen, die nach dem Ende des Aufstands erlassen wurden, zeigten sich von der Absicht geprägt, den bäuerlichen Beschwerden die Spitze abzubrechen [...].
Die Hauptsorge aller politischen Bemühungen nach dem Bauernkrieg blieb die Verhütung zukünftiger Revolten. Aber dieses Hauptziel wollte man nicht durch stärkere Unterdrückung erreichen, sondern man eröffnete den Weg legaler Beschwerden. In den Reichsabschied[1] von 1526 schrieb man die Generalklausel hinein, dass die Herren ihre Untertanen so behandeln sollten, wie sie es mit ihrem „Gewissen“, „göttlichem und natürlichem Recht“ und der „Billigkeit“ vereinbaren könnten. Da die Regelung von zukünftigen Streitfällen zwischen Untertanen und Adel den fürstlichen Hofgerichten zugewiesen wurde und die Möglichkeit eines Prozesses am Reichskammergericht eingeräumt wurde, lässt sich abschließend urteilen, dass hier eine historisch bedeutsame Entwicklungsmöglichkeit eröffnet wurde, die schon im weiteren Verlauf des 16. Jahrhunderts intensiv genutzt werden sollte. Seit dem späten 16. Jahrhundert war im Reich eine Bauernrevolte ohne einen gleichzeitigen Prozess undenkbar. In diesem Sinne wird man vom Bauernkrieg tatsächlich als einem wirklichen Wendepunkt der deutschen Geschichte sprechen können. [...] Aus der Niederlage der Bauern [ist] keine langlebige Resignation oder gar politische Apathie der bäuerlichen Untertanen abzuleiten.

[1] Reichsabschied: Beschluss des Reichstags mit rechtlicher Verbindlichkeit

Winfried Schulze, Der deutsche Bauernkrieg 1524–1526, in: Hans-Ulrich Wehler (Hrsg.), Scheidewege der deutschen Geschichte. Von der Reformation bis zur Wende 1517–1989, München (Beck) 1995, S. 42 f., 48 ff.

Johannes Calvin (1509–1564), französisches Gemälde von 1555.

Ein radikaler Reformator mit europaweitem Einfluss

Johannes Calvin, eigentlich Jean Cauvin, wurde am 10. Juli 1509 als Sohn eines Juristen in bischöflichen Diensten im nordfranzösischen Noyon geboren. Er studierte von seinem fünfzehnten bis zu seinem sechsundzwanzigsten Lebensjahr, finanziert durch die Einkünfte einer kirchlichen Pfründe, an den Universitäten Paris, Orléans und Bourges Philosophie und Theologie, humanistische Wissenschaften und Jurisprudenz. Damals erfuhr er, wie er in einer späteren Rückschau auf sein Leben (1557) mitteilte, eine plötzliche Bekehrung („conversio"). 1534 verließ Calvin Paris wegen einer Protestantenverfolgung.

In Basel verfasste er seine „Institutio religionis Christianae", eine „Unterweisung in der christlichen Religion". Dieses Buch machte ihn über Nacht zu einem berühmten Mann. Es wurde in viele Sprachen übersetzt. Calvin erweiterte den Band von Auflage zu Auflage. War das Werk anfänglich eine Art Katechismus gewesen, so stellte es in seiner letzten Fassung von 1559 das grundlegende Kompendium der reformierten Glaubenslehre dar.

1536 wurde Calvin auf einer Reise nach Straßburg in Genf festgehalten. Der oberste evangelische Stadtgeistliche, Wilhelm Farel, bat ihn, zu bleiben und ihn bei der Durchführung der Reformation zu unterstützen. Calvin machte sich jedoch durch sein rigoroses kirchliches und politisches Reformprogramm so unbeliebt, dass ihn der Stadtrat schon zwei Jahre später auswies. In Straßburg lernte er 1538 das vielleicht lebendigste, interessanteste Zentrum des deutschen Protestantismus kennen. Durch seine Tätigkeit als Fremdenseelsorger erlangte er Einblick in eine gut organisierte evangelische Stadtgemeinde. Calvin hatte Kontakte mit zahlreichen Theologen, die zum humanistisch-liberalen Flügel des deutschen Protestantismus gehörten. 1541 rief man Calvin nach Genf zurück. Dort blieb er bis an sein Lebensende (1564). Calvin unterhielt Korrespondenzen u. a. mit zahlreichen europäischen Adeligen und Fürsten und hat durch sein Wirken maßgeblich die Reformation weit über den deutschen Raum hinaus erweitert.

Autorentext 2004.

Protestantisches Abendmahl, Stahlstich aus einem französischen Lehrwerk über religiöse Bräuche (1733).

MATERIAL

Genf – ein neues Zentrum des Protestantismus 4

Der Historiker Ernst Walter Zeeden ordnet Johannes Calvin in den geistigen und politischen Kontext seiner Zeit ein (1982).

Vierzehn Jahre kämpfte Calvin mit dem Rat und den politischen Instanzen der Stadt um die Macht in dem sich selbst regierenden Gemeinwesen. Er vermochte in den Jahren des hin- und herwogenden Kampfes sowohl die Geistlichkeit als auch die in kirchlichen Dingen allmächtige Oberinstanz des Konsistoriums geschlossen hinter sich zu bringen. Zudem konnte er auf die Ergebenheit der nach Genf einströmenden Glaubensflüchtlinge zählen. Desgleichen verstand er sich bei einem Teil der städtischen Politiker in Respekt zu setzen. Mit dieser Hausmacht brachte er auf dem Umweg über das kirchliche Sittenregiment, die Kirchenzucht, einzelne Personen und kleinere Gruppen seiner politischen Gegner aus der altgenferischen Führungsschicht nach und nach zu Fall. Im Jahr des Augsburger Religionsfriedens, 1555, gewannen seine Anhänger in den entscheidenden politischen Gremien des Stadtstaats die Mehrheit. Seitdem war Calvin der mächtigste Mann in Genf. Nach dem Umschwung von 1555 machten seine Anhänger von der Macht, die sie legal ergriffen hatten, gegen die politische und kirchliche Opposition rigoros Gebrauch. Sie verbannten ihre Gegner, ließen Todesurteile fällen und konfiszierten das Vermögen der Missliebigen. Angehörige der wohlhabenden Schichten verließen in Mengen die Stadt. Immigranten waren willkommen, sie kamen in immer größerer Zahl. Die Bevölkerung von Genf wurde völlig umstrukturiert. Die Glaubensinquisition merzte die Opposition gründlich aus. „Das Gefängnis öffnet seine Türen allen, die an der strengen Lehre des Reformators Kritik üben", so Imbart de La Tour in seinem Werk über die Ursprünge des französischen Protestantismus. Wie die verlästerte Sorbonne richtete Genf eine Bücherzensur ein. Es gab keinen Druck ohne Lizenz des Rates, keine Lizenz des Rates ohne Überprüfung des Textes durch die Pastoren, keine Übersetzung oder Kommentierung der Bibel ohne das Imprimatur der Geistlichkeit. Calvins engster Mitarbeiter Theodor de Bèze, auch Beza genannt, stellte sogar den Antrag, dass mit dem Tode bestraft werden

solle, wer am Wortlaut von lizensierten Büchern etwas ändere. [...]
Ähnlich streng wie der Glaube wurde nun die Lebensführung überwacht. Imbart de La Tour schreibt darüber: „Wie gegen den Irrtum muss der Gläubige auch vor dem Laster geschützt werden. Der – von der Kirche in Dienst genommene – Staat ist eben Wächter des Glaubens wie Wächter der Sitten. Er bestraft jede Gotteslästerung mit dem Pranger, jede Ausschweifung mit Gefängnis [...]. Eine Frau, die leichtfertige Liedchen sang, wurde eingekerkert und schließlich auf Lebenszeit verbannt. 1557 wurde ein Genfer, der während der Predigt plötzlich aufstand und wegging, ins Gefängnis gebracht [...]. Calvin nahm das ganze Leben in Zucht [...]. Die religiöse Diktatur Calvins machte auf diese Weise aus der moralischen Zucht eine gesetzliche Einrichtung. Der (Stadt-)Staat stellt seine Gesetzbücher, Tribunale und Strafregister in den Dienst der Kirche. Und diese strenge Überwachung wird für den häuslichen Herd und die Familie – in Gestalt der jährlich zweimaligen Wohnungsvisitationen durch eine Pastorenkommission – zu einer wirklichen Inquisition."
Was Calvin in Genf verwirklichte, war ein Triumph der Lehre und der Zucht. Beides betrachtete er als Wesenselemente der wahren Kirche: die Lehre als ihre Seele, die Zucht als ihre Muskeln. Was er in Genf schuf, sollte so etwas wie eine Kernzelle der wahren Kirche sein. Und als eine solche sahen viele Zeitgenossen diese Stadt an. [...]
Calvins Ziel war die Weltreformation. [...] Seit etwa 1555 machte er in dieser Richtung rapide Fortschritte. Das lässt sich rein äußerlich schon am Anschwellen seiner Korrespondenz in seinem letzten Lebensjahrzehnt ablesen. Zu den mancherlei Unterschieden, durch die er sich von Luther abhob, gehörte auch, dass er die Ausbreitung seiner Lehre über Europa in eigener Person systematisch betrieb. [... Er] nahm auch zahllose Kontakte zu Fürsten, Königen und republikanischen Regierungen außerhalb Genfs und der Eidgenossenschaft auf.

E. W. Zeeden, Hegemonialkriege und Glaubenskämpfe 1556–1648, Frankfurt a. M. (Ullstein) 1982, S. 38 ff.

MATERIAL

5 Die alte Autorität schlägt zurück: Maßnahmen der Gegenreformation

Die Katholiken traten der Reformation dort am erfolgreichsten gegenüber, wo sie sie mit ihren eigenen Waffen schlugen, mit der Predigt und im Bildungs- und Erziehungsbereich. Der von dem spanischen Offizier Ignatius von Loyola gegründete Jesuitenorden sollte nicht in abgeschiedener Beschaulichkeit wie die alten Mönchsorden wirken, sondern die Menschen für den Katholizismus zurückgewinnen. Der nach militärischen Prinzipien strukturierte Jesuitenorden verlangte von seinen Angehörigen Disziplin und bedingungslosen Gehorsam gegenüber dem Papst und den Ordensoberen. Die Jesuiten gründeten zahlreiche Schulen und Universitäten, die nicht nur dem Priesternachwuchs dienen sollten, sondern auch gebildete Laien, die treu zu ihrer Kirche standen. Zahlreiche politisch einflussreiche Hofprediger, Erzieher und Diplomaten gingen aus diesen Kollegien hervor.
Auf dem Konzil von Trient (1545–1563) spielten die disziplinierten Jesuiten eine große Rolle. In mehreren Sitzungsperioden wurden alle großen religiösen und kirchlichen Probleme erörtert.
Das Konzil legte in klarer Abgrenzung zum Protestantismus („*sola scriptura*") fest, dass die Tradition der Kirche und die Lehren der Kirchenväter den selben Rang als Offenbarungsquellen beanspruchen dürfen wie die Bibel, der Mensch könne durch seine „guten Werke" selbst einen Beitrag zu seiner Erlösung leisten. Die Siebenzahl der Sakramente wurde bestätigt. Zugleich legte das Konzil die Grundlagen für eine Reform der Liturgie, die sorgfältige Ausbildung der Priester und eine gewissenhafte Amtsführung der Bischöfe. – Das Konzil hat einerseits die katholische Kirche umfassend erneuert, zugleich aber auch die Kirchenspaltung in folgenreicher Weise verfestigt.

Autorentext 2004.

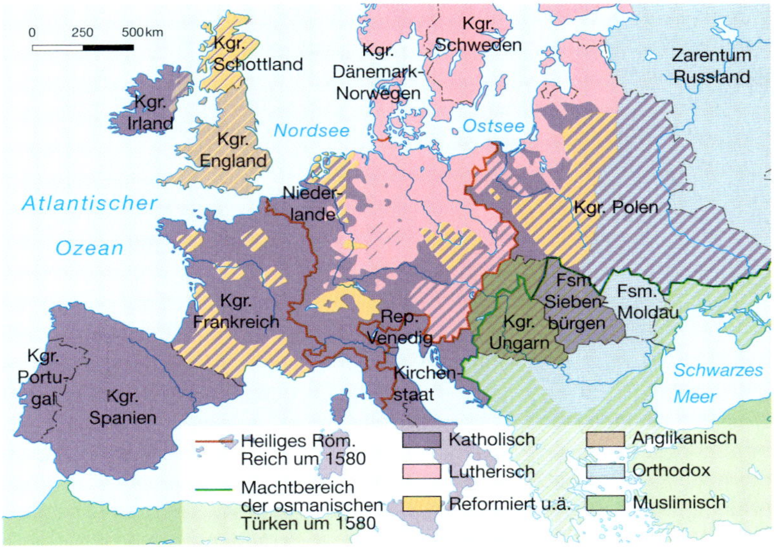

Konfessionen in Europa um 1550.

MATERIAL 6

Luther – Loyola – Calvin: Ein Vergleich

Der Historiker Heinz Schilling diskutiert strukturelle Ähnlichkeiten der reformatorischen Ansätze (1992).

Über Jahrhunderte hin wurde der deutsche Reformator Martin Luther glorifiziert oder verteufelt: Von den Zeitgenossen glorifiziert als *Herkules Germanicus*, der mit einer mächtigen Keule die hergebrachten Traditionen und überlebten Autoritäten zerschmettert, um dem Neuen den Weg zu bahnen oder verteufelt als *Pestis Germaniae* [...]. Nachdem seit der Reformation die Geschichte der europäischen Glaubensgemeinschaften – also des Luthertums, des Calvinismus und Katholizismus [...] über Jahrhunderte hin als Konkurrenz- und Abgrenzungsgeschichte geschrieben wurde, ist heute das Interesse der Historiker nicht mehr vorrangig auf die Unterschiede zwischen den einzelnen Konfessionen gerichtet, sondern auf strukturelle und funktionale Ähnlichkeiten. [...] Falsch ist zum Beispiel, in Luther nur den nach vorn, in die Moderne gerichteten Reformator zu sehen und in Loyola den rückwärts gewandten, restaurativen Gegenreformator. Beide waren dem Denken, Empfinden und Streben des späten Mittelalters verpflichtet. Ihre Nöte waren die Nöte des zutiefst frommen, aber auch zutiefst verunsicherten Zeitalters der Geißler und Flagellanten, der Wallfahrer und Wundergläubigen, der religiösen Reformbewegungen, die gar zu oft in die Nähe von Heterodoxie und Häresie gerieten! Und auch die aus der Krise herausführende Tat – die Glaubens- und Gemeindekirche bei Luther, die unbedingte Christusnachfolge in priesterlicher Lebensgemeinschaft bei Loyola – war weit stärker den Reformen des späten Mittelalters verpflichtet, als das im Falle Luthers erkennbar war, solange eine im Denken des 19. Jahrhunderts verwurzelte Geschichtswissenschaft den Wittenberger Thesenanschlag zum Auftakt der Neuzeit oder der frühbürgerlichen Revolution erklärte. [...]

Direkt neben der mittelalterlichen Prägung standen allerdings bei allen drei Reformern, wenngleich in je unterschiedlicher Einfärbung, Mentalitäts- und Verhaltensweisen, die der ohne Typisierung nicht auskommende Historiker als neuzeitlich, wenn nicht gar modern kategorisiert. Überraschend ist das wiederum vor allem bei Calvin, und zwar nicht die Modernität als solche, die wird ja traditionell eher überbetont, sondern deren individualpsychologische Basis. Im Gegensatz zu Luther und Loyola war Calvin nämlich

auch nach der *conversio* trotz radikaler Glaubens- und Gesetzestreue ein zutiefst unsicherer und getriebener Mensch, der selbst in der evangelischen Gewissheit keine dauernde Lebensgelassenheit fand. [...] Luther und Loyola fürchteten die Mächte der Finsternis, und zwar – hierin ganz unmodern – in sehr konkreter Gestalt von Teufel und Dämonen. Von existentieller Unsicherheit indessen blieben sie nach ihrer *conversio* verschont. [...] Allgemein gilt es heute unter Frühneuzeithistorikern als ausgemacht, dass nicht nur die Reformation, sondern auch die spätmittelalterlichen religiösen Bewegungen und die katholische Konfessionalisierung modernisierend wirkten. Die arg deutschprovinziell und protestantisch wirkende Vorstellung vom befreienden Einbruch des revolutionär Reformatorischen in eine verrottet altmodische, nicht wandlungsfähige römische Kirche wird geradezu auf den Kopf gestellt, wenn der Berliner Mediävist Kaspar Elm aus der Sicht der Ordens- und Religiosenreformen feststellt, dass das in den religiösen Bewegungen des 14. und 15. Jahrhunderts aufgebrochene Neue „durch die Reformation zunichte gemacht wurde" [...]. Neuere Forschungen machen skeptisch gegenüber der klischeehaften Entgegensetzung von demokratischem Calvinismus einerseits und obrigkeitsstaatlichem Luthertum oder autokratisch absolutistischem Katholizismus andererseits. Die historische Realität war differenzierter. [...]
Legt man das Klischee vom prinzipiell rückständigen Katholizismus ab, dann zeigt sich sehr rasch, dass der im Sinne Loyolas reformierte Katholizismus [...] ganz ähnliche gesellschafts- und mentalitätsgeschichtliche Wirkungen wie der Calvinismus hatte. Kardinalagenten dieser katholischen Modernisierung waren die Jesuiten, die der Ordensgründer Loyola auf eine systematisch-rationale Methodik ebenso wie auf eine neuzeitliche Psychologie und radikale Selbstdisziplinierung eingeschworen hatte. Auf dieser Basis waren sie ganz ähnlich wie die calvinistischen Kirchenräte rastlos bemüht, die neuzeitlich formierten Denk- und Verhaltensnormen des erneuerten Katholizismus in allen Gesellschaftsschichten durchzusetzen: Jesuitische Beichtväter, Gymnasiallehrer und Professoren beeinflussten über Generationen hin Einstellung und politisches Handeln der Fürsten, des Adels und der bürokratischen Eliten des frühmodernen Staates.

Heinz Schilling, Am Anfang waren Luther, Loyola und Calvin – ein religionssoziologisch-entwicklungsgeschichtlicher Vergleich. Berliner Antrittsvorlesung 7. Juli 1992 (http://dochost.rz.hu-berlin.de/humboldt-vl/schilling-heinz/PDF/Schilling.pdf.).

1. Erläutern Sie, warum die Reformation vor allem in den Städten günstige Voraussetzungen vorfand. (M 1)
2. Legen Sie thesenartig dar, inwiefern die 12 Artikel der Bauern die bisherige Feudalordnung in Frage stellten. (M 2) Welche Zusammenhänge zwischen reformatorischen Ideen und den Forderungen der Bauern sind identifizierbar?
3. Beschreiben Sie die Abbildungen der Weißenauer Chronik und nehmen Sie Stellung zu deren Perspektivik. (Abb. S. 101 und 105)
4. Informieren Sie sich über Ursachen und Verlauf der Bauernkriege und vergleichen Sie diese Darstellung mit den Thesen von Schulze. (M 3)
5. Der Historiker Ernst W. Zeeden entwickelt ein eher negatives Bild von Calvin. (M 4) Nehmen Sie dazu Stellung: Was könnte man Zeeden aus der Sicht eines Parteigängers von Calvin entgegenhalten? Beziehen Sie in Ihre Überlegungen auch den Text von Schilling ein. (M 6)
6. Informieren Sie sich über die Biografie von Ignatius von Loyola und den Jesuitenorden. Orientieren Sie sich in einem historischen Atlas über die Schulgründungen der Jesuiten. Welche Intentionen hat dieser Orden damit verfolgt?
7. Erläutern Sie die Parallelen, die Schilling zwischen den Reformatoren Luther, Loyola und Calvin ausmacht. (M 6)

Ein Jesuit hat in Teufelsverkleidung versucht, eine evangelische Magd zu verführen und muss dafür büßen, Abbildung auf einem Flugblatt von 1569.

5.3 Konfessionalisierung – Modernisierung?

Sozialdisziplin gegen magisches Denken?

Waren die Versuche der Fürsten und der kirchlichen Obrigkeiten erfolgreich, ihre Untertanen im christlichen Sinne zu prägen? Enthält das oft beschworene Konzept „Sozialdisziplinierung" einen realistischen Kern? Tatsächlich hatten es die Reformatoren und die an ihren Bestrebungen interessierten Fürsten mit einer Bevölkerung zu tun, die noch zu Beginn der Neuzeit in weiten Teilen Mitteleuropas nur oberflächlich christianisiert, vielmehr noch magischen Denkstrukturen verpflichtet war. Die Reformatoren stießen dabei auf eine Volkskultur, die tief im Alltag und Arbeitsleben der „einfachen Menschen" verankert war und die durch intellektuelle Predigt und Aufklärung nicht so ohne weiteres überwindbar war. Die historische Forschung über diese Volkskultur hat gerade erst begonnen. Manche Forscher sprechen eher vorsichtig davon, dass durch den Prozess der Konfessionalisierung sich zunächst allenfalls eine Reform der Volkskultur vollzogen habe, keinesfalls aber deren Überwindung. Letzteres habe sich noch Jahrhunderte hingezogen.

Was ist Sünde?

Den frühneuzeitlichen Menschen war oft nicht bewusst, was Beichte oder Sünde bedeutete, von der sie absolviert werden sollten. Kirchenglauben, Magie, Zauberei und Wahn gingen ohne klare Grenzen ineinander über. Die Reformatoren aus allen Konfessionen und die sie fördernden Fürsten standen daher vor großen Problemen und gewaltigen Aufgaben, wollten sie ihr Verständnis von christlichem Glauben in den Herzen und Seelen ihrer Untertanen verankern.

Innere und äußere Homogenisierung

In diesem Unterkapitel werden zunächst die Konzepte „Sozialdisziplinierung“ und „Konfessionalisierung“ vorgestellt, anschließend werden entsprechende Maßnahmen von Fürsten präsentiert, die ihr Territorium konfessionell „homogenisieren“ sollten. Inwiefern führten diese Tendenzen zur modernen Staatsbildung? Inwiefern baut der moderne Staat auch auf einer „innerlich homogenisierten“, also disziplinierten Bevölkerung auf?

Hexenverfolgungen

Auf spektakuläre Abwege geriet die obrigkeitliche Disziplinierungsstrategie mit der Verfolgung von Frauen und – selten – Männern als „Hexen“, denen teilweise die absurdesten Verfehlungen, oft sexueller Natur, vorgehalten wurden. Die Hexenprozesse erlebten im ausgehenden 16. Jahrhundert ihren Höhepunkt. Obgleich die Forschungsarbeiten zu diesem Thema kaum mehr übersehbar sind, gibt es bislang kaum schlüssige Erklärungen für diesen Massenwahn der Frühen Neuzeit, wohl aber einigermaßen abgesicherte empirische Befunde, die die verbreiteten Vorstellungen von Millionen hingerichteter Frauen als Mythos entlarven.

MATERIAL

1 Stichwort Sozialdisziplinierung

Im Wort „Disziplinierung“ steckt das lateinische „*disciplina*“, was soviel heißt wie „Unterweisung und Lehre“, „Erziehung und Zucht“, seltener auch „Staatsverfassung und Staatsordnung“. Sozialdisziplinierung lässt sich demnach als Erziehungs- und Bildungsprozess begreifen, der die Menschen in gesellschaftliche und staatliche Ordnungen einfügen soll.

Dabei geht es um die Einübung von Normen, Werten und Spielregeln, um Anpassung des Bewusstseins und des Verhaltens an die Bedingungen einer Umwelt, die unter dem Einfluss von Wirtschaft und Staat, Wissenschaft und Technik in dauernder Bewegung ist. Sozialdisziplinierung steht insofern in enger Verbindung mit der allmählichen Durchsetzung des modern National- und Territorialstaates seit dem 16. und 17. Jahrhundert.

Erzwungen und gefördert wird sie durch die Organe der Justiz, die verschiedenen Einrichtungen und Zweige der Verwaltung, durch Militär, Kirche und Schule, Arbeits-, Armen- und Waisenhäuser, Manufaktur- und Fabrikbetriebe. Bezweckt wird damit die Steigerung individueller Qualifikationen, der Leistungsbereitschaft und Leistungsfähigkeit, um so zur Stärkung des Staatswesens, staatlicher Effizienz und Macht beizutragen. Sozialdisziplinierung ist kein punktueller Vorgang, kein einmaliges Ereignis, sondern ein langwieriger und komplexer Prozess.

Manfred Asendorf u. a., Geschichte. Lexikon der wissenschaftlichen Grundbegriffe, Reinbek bei Hamburg (Rowohlt) 1994, S. 573.

MATERIAL

2 Das neue historische Deutungsmuster „Konfessionalisierung“: Durchdringung von Staat und Kirche

Der Begriff „Konfessionalisierung“ erlangte in den letzten Jahrzehnten eine hohe Konjunktur in der historischen Forschung. Er bezeichnet den seit der zweiten Hälfte des 16. Jahrhunderts einsetzenden Prozess der gegenseitigen Durchdringung von Staat und Kirche bzw. der jeweiligen Konfession (katholisch, lutherisch, calvinistisch bzw. reformiert). Im Verein mit der Kirche erließen die Staaten eine Flut von Vorschriften, die das kirchliche – und damit auch das schulische – Leben sowie zahlreiche Aspekte des Alltags betrafen. Daneben entstanden Verwaltungsbürokratien, die sich um die Organisation des ehemals kirchlichen Eigentums im Gefolge der Enteignung von Klöstern (Säkularisierung) und u. a. um die Pfarrerbesoldung u. ä. kümmerten.

Da sich die Landesherren in der Regel um eine konfessionell homogene Bevölkerung in ihrem Territorium bemühten – immerhin bestimmte der Landesherr seit dem Augsburger Religionsfrieden von 1555 die Konfession seiner Untertanen („*cuius regio, eius religio*") –, bewirkte die Konfessionalisierung eine schroffe Abgrenzung gegenüber konfessionell anders geprägten Territorien. Diese Gegensätze trugen oft zu politischen und militärischen Konflikten zwischen diesen Territorien bei. Die dabei entstandenen Gräben innerhalb Deutschlands, aber auch Europas, wirkten bis in die Mitte des 20. Jahrhunderts. Sie trugen einerseits zu einer kulturellen Vielfalt bei, andererseits aber auch zu zahlreichen Religionskriegen, vor allem in Deutschland, Frankreich (Hugenottenkriege), den Niederlanden und in England. Der Dreißigjährige Krieg bildete nur den Höhepunkt dieser zunächst konfessionell motivierten Kriege. Im Gefolge dieser nicht selten bürgerkriegsähnlichen Auseinandersetzungen kam es zu beachtlichen Migrationswellen von Glaubensflüchtlingen oder von ausgewiesenen „glaubensfremden" Menschen.

Der Begriff „Konfessionalisierung" verdrängt allmählich die Begriffe „Reformation" und „Gegenreformation". Diese beiden Vorgänge werden von der historischen Forschung nicht mehr als Gegensätze (reformatorischer Aufbruch – konservativer Gegenschlag) interpretiert, sondern unter dem Begriff „Konfessionalisierung" unter vergleichbaren Fragestellungen untersucht. Dabei wurden eine Reihe von parallel sich vollziehenden Prozessen im evangelischen, katholischen und reformierten Lager deutlich. So wurden z. B. die jeweiligen Konfessionen nicht nur zur Herrschaftslegitimation instrumentalisiert, sondern auch zur „Disziplinierung" der Untertanen. Insofern leisteten die Kirchen einen wesentlichen Beitrag zur Formierung der Untertanengesellschaft. Die Kirchen- und die Staatsverwaltung wurden eng verschränkt, wenn nicht ganz vom Staat monopolisiert. Staatliche Amtsträger mussten sich eidlich auf das jeweilige Bekenntnis festlegen. Kirchliche Behörden führten nun Tauf-, Heirats- und Begräbnisregister – schier unerschöpfliche Quellen für die Geschichtswissenschaft und die Demografie.

Der Staat reglementierte und überwachte im Verbund mit kirchlichen Institutionen in zunehmendem Maße die Gottesdienstordnung, die Glaubenspraxis, die „Kirchenzucht" seiner Untertanen, bemühte sich um die Qualifikation der Geistlichen sowie um eine zumindest elementare (religiöse) Grundbildung seiner Bevölkerung. Diesem Ziel dienten u. a. die von vielen Untertanen kritisch beäugten, wenn nicht verhassten Visitationen, bei denen das glaubens-, sitten- und ordnungsgemäße Verhalten der Kirchenangehörigen, der Geistlichen und der Zustand der kirchlichen Einrichtungen überprüft wurden. Die Kirche fühlte sich jetzt auch für weitere Bereiche des Lebens zuständig, z. B. für lebensgeschichtlich einschneidende Passageriten[1] wie Taufe, Hochzeit, Begräbnis, insbesondere aber für das Eheleben und die jetzt verstärkt stigmatisierte voreheliche wie außereheliche Sexualität. Möglicherweise hat der Hexenwahn des 16. und 17. Jahrhunderts eine Wurzel in der negativen staatlichen wie kirchlichen Fixierung auf alle Formen illegitimer Sexualität und deren Verfolgung.

Manche Historiker betonen, dass durch die Konfessionalisierung die Volkskultur zurückgedrängt worden sei, damit wurden auch magische Vorstellungen und Riten bekämpft, das alltägliche Konfliktpotential einer „ungezähmten" Bevölkerung eingeschränkt. Tatsächlich war zum Beginn der Neuzeit ein beachtlicher Teil der Bevölkerung allenfalls nur oberflächlich christianisiert. Vielerorts kann in diesem gläubigen Jahrhundert eine Unkenntnis bei Glaubensfragen oder gewaltige Defizite im religiösen Grundwissen konstatiert werden. Selbst für viele Gebildete waren Kirchenglaube und Magie noch untrennbar verwoben.

Sozialwissenschaftler wie Norbert Elias oder Max Weber sahen in der Institution der Kirchenzucht, die allmählich die Affekte der Menschen modellierte, einen wesentlichen Beitrag zur Ausbildung der Selbstdisziplinierung bzw. Selbstkontrolle der Menschen, zur Rationalisierung der alltäglichen Lebensführung, also einen zentralen Aspekt im „Prozess der Zivilisation" bzw. der Herausbildung der modernen Gesellschaft.

[1] Passage, hier: Übergang von einer Lebensform in eine andere

Autorentext 2004.

MATERIAL

3 Hundert Gulden, Pfarrhof und Garten für die Reformation

In vielen Archiven finden wir heute noch Bestallungsurkunden für Pfarrer aus dem 16. Jahrhundert, hier aus Wiesbaden:

Wir Philipp, Graf zu Nassau, Herr zu Wiesbaden und Idstein, bekennen und thun kund für allmeniglich, dass wir den wohlgelehrten und andächtigen, unsern lieben getreuen Magister Wolff Denthener von Wemding, genannt Evander zu unserem Pfarrherrn und Predig Ambt in unserer Gemeinde zu Wiesbaden bestellen und nachfolgender Maßen annehmen lassen, nämlich und dergestalt, dass er die Christlich Kirch und Gemein zu Wiesbaden mit Predigen, Lehren, Unterweisen, Reichung der Sakramenten, fleißig und treulich einfältiglichen das Volk verständigen. [...] Das fort mehr in unser Grafschaften und Gebieten solche reine Gottlichs Worts Mitteilung der Sacramenten und Ceremonien, dermaßen gelehrt, gebessert, aufgericht und gefördert, in ein einhellige einmütige, heilge, christliche Gleichheit heraus erfolgt, gehalten, vollzogen. Auch die Schuln aufgericht, taugliche Schulmeister angenommen und jeder Gelegenheit bestellt mit unserm Vorwissen, ziemlicher gebührlicher Belohnung, die Kinder und Schüler zu Gottes Ehrn, Zucht und seliger Lehre aufgezogen werden mögen, ernstlich daran zu sein. Zu solchem Anfang und Mithilf seines Pfarrn und Predig Ambts vergünstigen wir ihm zu bestellen und anzunehmen einen ehrlichen, gelehrten, tauglichen Mann zu einem Kappellan, desgleichen einen Schulmeister, Jeder von uns eine sondere Bestellung und Belohnung auch haben soll. Diese beide jenen ihrer Bestallung und seines Befehls nach gehorsam, gewärtig und Mitgehilfen sein sollen. [...] Also lang er des Orts Wiesbaden unser Pfarrherr und Predikant ist, für sein Belohnung hundert Gulden [...] und dazu der Pfarrhof mit seinem Begriff und Garten, der jetzt soll einmal in einen gewohnlichen guten Bau und Besserung nothdürftiglichen gestellt, und dann zu zwei Krautgarten, zwei Wiesenplacken und einem Weingarten, der Pfar zugeeignet zu einer Bewohnung und Besitzung eingeräumt und ihm übergeben werden. [...] So soll ihm zu einer Haussteuer noch geben und von den geistlichen Einkommen oder aus dem gemeinen Kasten jährlich gefolgt werden zwölf Malter Korns. [...] 1.1.1543

Hessisches Hauptstaatsarchiv Wiesbaden 121 (behutsam modernisiert).

MATERIAL

4 Zum Verhältnis von Schule und Kirche

Zugleich mit dem Pfarrer (M3) bestallt Philipp von Nassau am 1. Januar 1543 einen Schulmeister.

Wir Philipp [...] bekennen [...], dass wir den gelehrten Bartholomeus Beringer von Ötting zu unserm Schulmeister und Schulenamt in unserer Stadt Wiesbaden bestellen und nachfolgender Maßen annehmen lassen, nämlich dass er die Schüler zu Wiesbaden und andere, so durch ihn angenommen und ihm vertrauet werden, getreulich und fleißig soll lehren, unterweisen und zu aller Zucht und Gottseligkeit auferziehen und regieren, auch einem jeden Pfarrherr, er und die Schüler, zu den christlichen Ceremonien in der Kirche gehorsam und seines Befehls in guter Ordnung gewärtig sein und folgen. Des soll er haben von den Schülern zu einer gemeinen Belohnung die der Bürger zu Wiesbaden oder sonst Inheimischen im Land Kinder sind, von einem jeglichen Jungen erst anfangenden Jahrs [...] eins Gulden, von einem so der in die Grammatica kommet ein halben Gulden. Und so einer zu der Dialektica[1] kommet ein Gulden, alle Quatember das virtenteil daran zu bezahln. [...] Doch in alle Weg wes der Pfarrherr hierin für billig und recht erkennet, dem soll der Schulmeister folgen.

[1] Grammatica und Dialektica: ursprünglich Teile der „Freien Künste" des Mittelalters; hier ist Elementarunterricht (Lesen und Schreiben) und weiterführender Unterricht (freies Reden, Disputieren, theologische Argumentation u. ä. gemeint.

Hessisches Hauptstaatsarchiv Wiesbaden 121 (behutsam modernisiert).

Adriaen van Ostade (1610–1685), Der Schulmeister, 1662, Ausschnitt (Louvre, Paris).

MATERIAL
Reformierte Kirchenzucht 5

Für die Überwachung der Kirchenzucht waren die Gemeindeältesten vorgesehen, die sich allerdings häufig dieser Pflicht zu entziehen suchten. Der Historiker Paul Münch erläutert das Gemeindegeschehen im hessischen Nassau-Dillenburg.

Die wichtigste Aufgabe der Presbyter[1] bestand neben der Überwachung des Pastors und der Gemeinde in der [...] Kirchendisziplin [...]. Im regelmäßig tagenden Presbyterium – in Nassau-Dillenburg waren wöchentliche oder vierzehntägige Treffen vorgesehen – kontrollierte man das gesamte religiös-sittliche Leben der Gemeinde. In die Kompetenz dieses Gremiums fielen generell alle Verfehlungen gegen die zehn Gebote, mithin zuallererst Abweichungen von der allein gültigen reformierten Doktrin. Im Visier hatte man hierbei namentlich diejenigen Personen, „die mit zauberey/ warsagen/ crystallen sehen/ segnen der kreuter/ viehes oder anderer ding/ mit bullentrencken/ benennung der mannheit/ für schiessen/ hawen/ stechen sich fest machen/ vnd dergleichen mannigfaltigen zauberischen künsten vnd rechten Teufels wercken behaftet sind/ vnd vmbgehen" – jene Praktiken der Volkskultur und Volksfrömmigkeit also, die seit dem 16. Jahrhundert dem Verdikt der „Elitenkulturen" verfielen. Fluchen, Gotteslästerung, Verachtung der Prediger, Entweihung der Sonn- und Feiertage zählten nach reformierter Auffassung ebenfalls zu den Verfehlungen gegen die ersten vier Gebote [...]. Wie sehr man die ersten Dekalogvorschriften[2] als soziale Normen auszulegen bereit war, zeigt in diesem Zusammenhang die Frage nach Eltern, die ihre Kinder „zur arbeit nicht gewehnen/ oder bey gute handwercker thun: sondern zu aller gottlosigkeit/ leichtfertigkeit/ zärtlichkeit vnd müssiggang erziehen/ vnd allen mutwillen jnen gestatten." Die Pflichten aller vorgesetzten Personen von den Eltern bis zu den territorialen Obrigkeiten fielen, wie umgekehrt diejenigen der Kinder, Knechte, Mägde und Untertanen, als Vorschriften des fünften Gebotes ebenso in den Kontrollbereich des Presbyteriums. Neid, Hass und üble Nachrede rügte man als Verfehlungen gegen das sechste, sexuelle Libertinage, Völlerei und übermäßiges Trinken als Hauptsünden wider das siebte Gebot. Wucherer, Geizhälse, Diebe

und Betrüger suchte man unter dem achten Gebot zu erfassen, das sich zum Schutz des Eigentums betont auch gegen „Faule vnd müssiggänger" wandte, „die kein gewiß ehrlich handwerck haben oder brauchen/ sich/ vnd die jhren mit Gott vnd ehren zu nehren: sondern nur auf fürwitz außgehen/ vnd in fremde hendel sich stecken/ damit sie fressen vnd sauffen darvon haben mügen." Der Schutz der Wahrheit war dem neunten Gebot vorbehalten. Mit seiner Hilfe suchte man, vielleicht um der Bedenklichkeit der eigenen Kundschaftertätigkeit von vornherein zu begegnen, alle diejenigen abzuwehren, „die es vor ein verrähterey schelten vnd außrufen/ wenn man/ erforderter weise/ für den obrigkeit vnd gerichten der warheit zeugnus geben sol." Mit dem zehnten Gebot schließlich hatte man diejenigen im Auge, „die jrem Nechsten sein gesind abspannen/ oder nach seinem lehngut trachten."
Überblickt man den breiten Themenkatalog, der vor dem Presbyterium zur Verhandlung kommen konnte, dann wird deutlich, dass die kirchliche Zuchtpraxis nicht nur auf die Durchsetzung der neuen dogmatischen Prinzipien zielte, sondern mehr noch die Formierung einer neuen, spezifisch reformiert geprägten Konfessionsgesellschaft im Visier hatte. Auffällig ist, dass alle in die Kompetenz des Presbyteriums fallenden Tatbestände gleichzeitig auch zum Befugnisbereich der weltlichen „Polizei" zählten. Die nassau-dillenburgische Polizeiordnung basierte ebenfalls auf dem Dekalog, ein deutliches Indiz für die enge Zusammenarbeit von Kirche und Staat bei der Regulierung des sozialen Lebens. Trotz dieses engen Verbunds sah man jedoch bedeutende Unterschiede zwischen kirchlicher Zucht und weltlicher Gerichtsbarkeit. Im Gegensatz zur weltlichen Strafpraxis beschränkte sich die *„censura ecclesiastica"* auf die Verhängung geistlicher Strafen. Sie folgte hierbei einem geregelten Verfahren, das zwischen verborgenen und öffentlich bekannten Verfehlungen unterschied. Geheime Sünden rügte man in Privatermahnungen, ruchbar gewordene, schwere Verfehlungen mussten prinzipiell öffentlich, also vor dem Presbyterium als der Gemeinderepräsentation, verhandelt werden. Die Strafen reichten von der Verweigerung des Abendmahles bis zum Ausschluss aus der Gemeinde („Exkommunikation"), der allerdings nur mit Zustimmung des nächst höheren synodalen Gremiums, des Klassenkonvents, verhängt werden durfte.

[1] Presbyter: Gemeindeälteste
[2] Dekalog: Zehn Gebote

Paul Münch, Kirchenzucht und Nachbarschaft, in: E. W. Zeeden und P. T. Lang (Hrsg.), Kirche und Visitation, Stuttgart (Klett-Cotta) 1984.

MATERIAL

6 „Die Edelleute gebrauchen die Pfarrer zu Empörern"

Der Historiker Walter Sohm veranschaulicht das Klima, das die Arbeit der Superintendenten in Hessen verbreitete.

Vielleicht, dass die Superintendenten die bestgehasstesten Männer Hessens waren. Voller Feinde war ihnen das Land. Auch die christlichen Untertanen waren Menschen von unserem Blut. Und diese Gegner der Geistlichkeit hatten wiederum zum guten Teil den natürlichsten Einfluss beim Landgrafen: Es waren seine weltlichen Beamten und seine Edelleute, die niedere Obrigkeit. Auf den Synoden von 1538 und 1541 erhoben die Superintendenten ihre klagenden Stimmen über Adel und Amtmann. Diesen sei es zuzuschreiben, wenn das Werk der Visitation auf die größten Schwierigkeiten stieße. Wider die Amtleute und die Adligen wandten sich 1543 (in jener Unterredung mit dem Landgrafen) die Geistlichen: „sonderlich die Amtleute sein gottlos". „Die Edelleute gebrauchen die Pfarrer zu Empörern." „Die Obrigkeit liegt am meisten in Gotteslästerungen." In verbitterter Amtsmüdigkeit beschwerte sich [der Visitator] Kymäus 1546 über den Adel. Wir schweigen von den mannigfachen Seufzern, die hier und dort in den Briefen der Geistlichkeit ertönten.

Walter Sohm, Urkundliche Quellen zur hessischen Reformationsgeschichte. Einleitung. Territorium und Reformation in der hessischen Geschichte 1526–1555, Marburg 1915, S. 175.

MATERIAL

Reformation und moderne Staatsbildung 7

Der Historiker Karlheinz Blaschke analysiert den Beitrag der Reformation zum inneren Staatsausbau in der Frühen Neuzeit (1993).

Neben der quantitativen Erweiterung des Territorialstaates durch die Einverleibung geistlicher Fürstentümer nach außen und die Säkularisierung geistlicher Güter nach innen bot die Reformation die Chance für einen qualitativen Ausbau staatlicher Wirksamkeit. In dieser Hinsicht ist auf die Entwicklung des Behördensystems hinzuweisen, ohne das sich der moderne Staat nicht hätte herausbilden können. An die Stelle der persönlich wahrgenommenen Herrschaft eines Fürsten im Mittelalter trat in der Neuzeit die an eine Behörde delegierte Ausübung staatlicher Hoheit. In Sachsen begann die Entwicklung des differenzierten zentralen Behördensystems mit der Gründung des Oberhofgerichts in Leipzig 1483, worauf gegen Ende des Jahrhunderts die Landeszentralkasse, 1559 das Appellationsgericht, 1570 die Steuereinnahme, 1574 der Geheime Rat und dann weitere Fachbehörden folgten. In diesem lange dauernden Vorgang war die Gründung der beiden Konsistorien zu Meißen und Merseburg im Jahre 1545 ein beachtlicher Schritt, weil damit der landesherrlich-staatliche Behördenapparat der zentralen Ebene um den Aufgabenbereich der Kirchenverwaltung erweitert wurde. Bei dieser Behördengründung lässt sich geradezu von einer Verstaatlichung der Kirche sprechen, denn von nun an war das landesherrliche Kirchenregiment auch institutionell wirksam und spürbar. Die Landeskirche war in den protestantischen Territorialstaat fest eingebaut, Superintendenten und Pfarrer waren Staatsbeamte, die nur über ein Konsistorium ordiniert und in ihre Pfarrstellen eingesetzt werden konnten. […]

Das Bedürfnis nach der Wortverkündigung war in der städtischen Bevölkerung jener Zeit deutlich erkennbar. Der starke Anklang, den die Prediger der Bettelorden in den Städten fanden, beweist diese Tatsache ebenso wie der Zulauf, den die Wanderprediger zu verzeichnen hatten. Neue Formen der Frömmigkeit, die sich auf Verinnerlichung und Intellektualisierung aufbauten, konnten dem reinen Kultgottesdienst nicht mehr das nötige Maß an Heilsgewissheit abgewinnen. Die vielfachen Streitigkeiten zwischen den bei alten Formen stehen gebliebenen Stadtpfarrern und den predigenden Bettelmönchen machten eine Konkurrenzsituation deutlich, in der sich Altes und Neues hart gegenüberstanden. Der reformatorische Predigtgottesdienst konnte sich aus diesen spätmittelalterlichen Wurzeln organisch weiterentwickeln, er bot den Stadtbewohnern gerade das, was sie seit langem begehrten. Augustiner-Eremiten und Franziskaner wurden in nicht wenigen Fällen lutherische Prediger. Sie dehnten somit die in den Städten aufgekommene Wortverkündigung auf die ganze Bevölkerung aus und dienten insgesamt dem Umbau vom Kultgottesdienst zum Wortgottesdienst, der sich schon vor der Reformation angekündigt hatte.

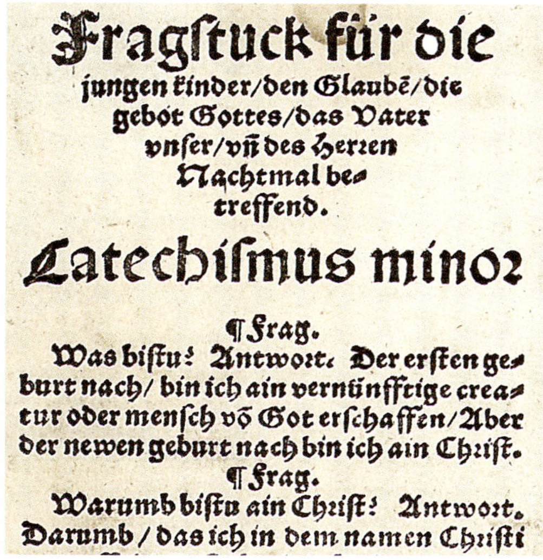
Fragstuck für die
jungen kinder/den Glaubē/die
gebot Gottes/das Vater
vnser/vñ des Herren
Nachtmal be-
treffend.

Catechismus minor

¶ Frag.
Was bistu? Antwort. Der ersten ge-
burt nach/ bin ich ain vernünfftige crea-
tur oder mensch vō Got erschaffen/Aber
der newen geburt nach bin ich ain Christ.
¶ Frag.
Warumb bistu ain Christ? Antwort.
Darumb/das ich in dem namen Christi

Der „Catechismus minor" von Johannes Brenz erschien 1528 in Schwäbisch Hall. Vor allem Kinder und Jugendliche sollten durch dieses Frage- und Antwortbuch im reformierten Glauben bestärkt werden.

Karlheinz Blaschke, Reformation und Modernisierung, in: Archiv für Reformationsgeschichte, Sonderband: Die Reformation in Deutschland und Europa: Interpretationen und Debatten, Gütersloh (Gütersloher Verlagshaus) 1993, S. 515 f., 518.

Das jüngste Gericht, Altarbild von Stefan Lochner für die Laurentiuskirche in Köln, 1440 (Ausschnitt).

MATERIAL

8 Ungelöste Rätsel: der Hexenwahn des 16. Jahrhunderts

Der Historiker Winfried Schulze analysiert Ausmaß und Hintergründe der Hexenverfolgungen in Deutschland (1987).

[Inzwischen liegt] eine Fülle beachtlicher Forschungsergebnisse vor, die uns ein ziemlich genaues Bild über die Zahl der Prozesse und der Opfer, die Prozessarten, die Hexenliteratur und die soziale Herkunft der Opfer ermöglichen. So hat man für den Bereich des Bundeslandes Baden-Württemberg zwischen 1561 und 1670 3229 Hinrichtungen in Hexenprozessen ermittelt, von denen mehr als jede dritte in katholischen Herrschaften stattfand. Im bayerischen Raum sind dagegen für den Zeitraum von 1400 bis 1800 ca. tausend Prozesse ermittelt worden, in denen in 81,5% der Fälle die Angeklagten freigesprochen bzw. nur geringfügig bestraft wurden. In 13,5% der Fälle wurden zwischen einer und drei Personen hingerichtet, nur 1,4% der Fälle weiteten sich zu den sog. „großen Verfolgungen" aus, in denen mehr als zwanzig Personen hingerichtet wurden. Etwa die Hälfte aller Hinrichtungen fand dabei im Zeitraum von 1586 bis 1594 statt. Ähnlich ist der Befund für das Herzogtum Braunschweig-Wolfenbüttel, wo zwischen 1557 und 1670 225 Anklagen wegen Hexerei auszumachen sind, die in 88 Fällen zur Hinrichtung der Angeklagten führten, davon allein 53 zwischen 1590 und 1620. Alle Anzeichen deuten darauf hin, dass der Zeitraum zwischen 1590 und 1630 zumindest für Deutschland als der Scheitelpunkt der Hexenverfolgungen anzusehen ist. Damit taucht die Frage auf, warum in der zweiten Hälfte des 16. Jahrhunderts die Verfolgungen in dieser eindeutigen Massierung ausbrechen. [...]

Für einen umfassenderen Erklärungsversuch wird man die Gesamtsituation der europäischen Gesellschaften gegen Ende des 16. Jahrhunderts erfassen müssen. Dies bedingt zum einen die Untersuchung der deutlicher werdenden ökonomischen Grenzen, wie sie in den Hungerkrisen der Siebzigerjahre schon erkennbar geworden waren. Hinzu kam ein säkularer Preisanstieg, dessen Auswirkungen gerade in Erntekrisen fühlbar wurden. Diese für uns objektiv ermittelbaren Krisenerscheinungen werden ergänzt durch Beobachtungen über den weit verbreiteten Eindruck eines allgemeinen Verfalls moralischer Werte. Die Predigtliteratur des späten 16. Jahrhunderts, die Fülle der Teufelbücher, in denen praktisch jedes Laster zu einem eigenen Teufel aufgewertet wurde (Sauf-, Jagd-, Mode-, Huren-, Bettelteufel, um nur einige zu nennen), so dass eine eigene Publikation mit dem Titel *Theatrum diabolorum* werben konnte, die zeitdiagnostischen Schriften mit Endzeiterwartungen, all dies schuf einen außerordentlich wirksamen Untergrund für die Suche nach Schuldigen.

Diese Suche nach dem Laster war gewiss eine Folge einer durch Reformation und Gegenreformation aufgerüttelten Gesellschaft, die erschrocken war über die augenscheinlich wachsende Diskrepanz zwischen den hohen Ansprüchen einer gottgerechten, tugendhaften Lebensführung und der schlechten Realität, die tagtäglich zu beobachten war. Die Kluft zwischen den Forderungen der Kirchen und der sozialen Wirklichkeit war nicht mehr zu überbrücken. Im Zuge der kirchlichen Überwachung des Lebenswandels der Gemeindemitglieder, wie er durch die Visitationen, aber auch durch die Kirchengerichte immer stärker in die Gemeinden eindrang, wurde das soziale und religiöse Verhalten der Nachbarn einer schärferen Kontrolle unterzogen, als dies im dörflichen Kontext ohnehin schon gegeben war. Wenn auch die aus dem südost- und südwestdeutschen Raum ermittelten Zahlen für Hexenverfolgungen den Eindruck bestätigen, dass ca. drei Viertel der Prozesse von katholischen Obrigkeiten durchgeführt wurden, scheint dies noch kein ausreichender Beleg für eine konfessionsspezifische Interpretation und Zurechnung zu sein.

Hans Baldung Grien (1485–1545), *Drei Hexen beim Einsalben*, 1514.

Winfried Schulze, Deutsche Geschichte im 16. Jahrhundert 1500–1618, Frankfurt a. M. (suhrkamp) 1987, S. 274 und 281.

1. Erläutern Sie die Merkmale des Konfessionalisierungsprozesses (VT, M 2).
2. Klären Sie das „Anforderungsprofil" der Pfarr- und der Lehrerstelle sowie die Gegenleistungen, die Philipp von Nassau anbietet. (M 3 und M 4)
3. Erläutern Sie die Motive der Fürsten im 16. Jahrhundert, intensiv in das kirchliche und schulische Leben einzugreifen.
4. Nehmen Sie Stellung zu den Versuchen der Durchsetzung einer Kirchenzucht. (M 5 und M 6) Versetzen Sie sich dabei in die Welt des 16. und 17. Jahrhunderts. Diskutieren Sie den Erfolg der disziplinarischen Maßnahmen.
5. Diskutieren Sie, inwiefern die Informationen zu den Hexenprozessen verbreiteten Vorstellungen widersprechen. (M 8)
6. Wie erklärt Schulze den Hexenwahn? (M 8)
7. Es besteht ein Zusammenhang zwischen Hexenverfolgungen und zunehmender Sozialdisziplinierung. Erläutern Sie diese These. (Abb. S. 119, M 1, M 2 und M 8).
8. Die Abbildung S. 119 ist Ausdruck untergründiger Männerängste bzw. – fantasien. Welche werden in dieser Abbildung den Männern, welche den Frauen zugeschrieben?

Arbeit mit Karikaturen

Karikaturen erlebten in der Reformation und während des Bauernkriegs ihre erste Blütezeit. Die verschiedenen Konfliktparteien nutzten die großen Chancen des Buchdrucks zur Propagierung ihrer Ziele und zur Verspottung und Verunglimpfung des Gegners. Karikaturen waren in der Reformationszeit nicht selten Teil eines Flugblatts. Die Zeichner blieben meist anonym. Auch in der englischen Gesellschaft des 17. Jahrhunderts erlebte die Karikatur einen Boom und ebenso in der Französischen Revolution. Im ausgehenden 19. Jahrhundert entstanden in Deutschland viel beachtete Satirezeitschriften wie z. B. der Simplicissismus oder der sozialdemokratische Wahre Jakob. Karikaturisten, nun meist namentlich bekannt, standen nicht selten „mit einem Bein im Gefängnis", denn häufig prangerten sie die Pressezensur oder andere staatliche Repressionsmaßnahmen an.

„Pingpong-Diplomatie": Der chinesische Staatschef Mao Zedong und US-Präsident Richard Nixon verhandeln über Taiwan, Karikatur von 1972.

Der Begriff Karikatur leitet sich aus dem italienischen Wort *caricare* ab, was „übertreiben" oder „verzerren" bedeutet. Karikaturen verstehen sich als Teil einer öffentlichen Diskussion, eines politischen oder auch religiösen Kampfes. Durch die Verdichtung, Verknappung und Überzeichnung, den zentralen Darstellungsmitteln von Karikaturen, soll das „Wesen" einer Sache oder einer Person akzentuiert und der Lächerlichkeit preisgegeben werden. Selbstverständlich hat die dargestellte Person ein anderes Bild von sich selbst. Durch deren karikatureske, groteske Verzerrung soll dieses Selbstbild als Propaganda oder als Lüge entlarvt werden. Der Betrachter der Karikatur wird zu einer Stellungnahme gezwungen. Bisweilen schimmert in einer Karikatur aber auch die Idee oder Vorstellung von einer besseren, gerechteren Wirklichkeit durch, die der Karikaturist als Kritiker seiner Zeit seinem Publikum indirekt vermitteln will.

Mögliche Arbeitsschritte zum Umgang mit Karikaturen:

- Genaue Beschreibung der Bilddetails und der eingesetzten Symbole
- Woran kann man erkennen, dass auf bestimmte Personen oder Institutionen angespielt wird?
- In welchem Verhältnis stehen Bild und Text?
- Wer ist der Künstler und was lässt sich über den Adressaten der Karikatur vermuten?
- Einordnung der Karikatur in den historischen Kontext; kann die Karikatur eindeutig einem politischen „Lager" zugeordnet werden?
- Welche Stellungnahme oder Kritik formuliert die Karikatur?
- Inwiefern kommt in der Karikatur die Differenz zwischen dem Selbst- und Fremdbild von dargestellten Personen zum Ausdruck?
- Welche Bedeutung hat das Lachen über die karikierte Person oder den karikierten Sachverhalt?
- Zusammenfassende Analyse und Wertung der Karikatur: Welche Funktion haben die eingesetzten graphischen bzw. künstlerischen Mittel im Hinblick auf die Intention des Karikaturisten?

1. „Der Bapstesel zu Rom" – eine Kampfschrift gegen den Papst

Weit verbreitet war in der Reformationszeit die Praxis, politische oder theologische Gegner mit Tieren zu vergleichen. Die Karikatur sowie der Text haben indes noch weitere Pointen, die sich allerdings nicht unmittelbar erschließen lassen: Luther polemisiert in seinem „Sendbrief" gegen einen „Papisten", also einen Katholiken. Dieser habe Luthers Übersetzung des Neuen Testaments unter seinem eigenen Namen verkauft. Während aber der katholische Landesfürst seinen Untertanen die Lektüre von Luthers Übersetzung verbiete, empfehle er ihnen den wortgleichen Text des katholischen „Übersetzers". Weiter schreibt Luther:

„Der Bapstesel zu Rom", Holzschnitt eines unbekannten Künstlers zu der gleichnamigen Streitschrift Philipp Melanchthons aus dem Jahr 1521.

Und daß ich wieder zur Sachen komme: Wann Eur Papist sich viel unnütze machen will mit dem Wort *„sola"* (allein), so sagt ihm flugs also: Doktor Martinus Luther will's also haben, und spricht: Papist und Esel sei ein Ding. *Sic volo, sic iubeo, sit pro ratione voluntas*[1]. Denn wir wöllen nicht der Papisten Schuler noch Jünger, sondern ihre Meister und Richter sein, wöllen auch einmal stolzieren und prahlen mit den Eselsköpfen; und wie Paulus wider seine tollen Heiligen sich rühmet, so will ich mich auch wider diese meine Esel rühmen. Sie sind *Doctores*? Ich auch! Sie sind gelehrt? Ich auch! Sie sind Prediger? Ich auch! Sie sind Theologen? Ich auch! Sie sind Disputatoren? Ich auch! [...] Das sei auf Eur erste Frage geantwortet; und bitte euch, wöllet solchen Eseln ja nichts anders, noch mehr antworten auf ihr unnütze Geplärre vom Wort *sola*, denn also viel: Luther will's so haben und spricht, er sei ein Doktor über alle Doktor im ganzen Papsttum; da soll's bei bleiben. Ich will sie hinfurt schlecht [= sehr] verachten und veracht haben, so lange sie solche Leute (ich wollt' sagen) Esel sind. Denn es sind solche unverschämte Tropfen unter ihn', die auch ihr eigen, der Sophisten Kunst, nie gelernt haben, wie Doktor Schmidt und Doktor Rotzlöffel[2] und seinegleichen; und legen sich gleichwohl wider mich in dieser Sachen [...] Zwar [wahrlich], es durft ein Esel nicht viel singen, man kennet ihn sonst wohl bei den Ohren.

[1] „Sic volo ...: So will ich es, so befehle ich es, dies sei der Wille zur Vernunft" – Persiflage auf den Wahrheitsanspruch der katholischen Kirche

[2] Doktor Schmidt: Johannes Fabri (1478 – 1541), Sohn eines Schmiedes, Dominikaner, Gegner Luthers, zuletzt Bischof in Wien; Doktor Rotzlöffel: Johann Cochläus (1479 – 1552), Kanonikus in Mainz, später Hofkaplan Georgs von Sachsen und Domherr in Breslau

Martin Luther: Sendbrief vom Dolmetschen, in: Hutter – Müntzer – Luther. Werke in zwei Bänden, 2. Bd., Berlin und Weimar 1970 (Aufbau-Verlag), S. 267 f.

Titelbild (Holzschnitt) von Thomas Murners Schrift „Von dem großen Lutherischen Narren" (1522). Die Inschrift ist ein Zitat, das dem älteren Cato nachgesagt wurde und bedeutet: Bisweilen ist es höchste Klugheit, Dummheit vorzutäuschen.

2. „Von dem großen lutherischen Narren ..."

Thomas Murner (1475–1537) besuchte die Klosterschule der Franziskaner in Straßburg, trat mit 15 Jahren in den Orden ein und wurde 1494 zum Priester geweiht. Er studierte u.a. in Freiburg, Köln, Krakau, Prag und Wien. In seinen ersten Texten befasste er sich vornehmlich mit dem Hexenzauber. Er nahm am Zeitgeschehen intensiv Anteil und wurde zu einem publizistischen Wortführer der katholischen Seite. Kaiser Maximilian krönte ihn dafür 1505 zum *Poeta laureatus*. In Trier hielt er als erster juristische Vorlesungen in deutscher Sprache. Obwohl Murner durchaus die kirchlichen Missstände sah, hielt er die Reformation für einen Irrweg. Seit 1520 entfaltete er von Straßburg aus eine publizistische Kampagne gegen Luther, im evangelischen Lager war Thomas Murner als Zielscheibe spöttischer Polemik beliebt. Auch Luther wählte Murner oft als Objekt seines bissigen Spotts.
1522 verfasste Murner die umfangreiche Satire „Von dem großen Lutherischen Narren", die allerdings wenige Tage nach ihrem Erscheinen vom Straßburger Rat verboten wurde. Murner musste später infolge des Vordringens der Reformation aus Straßburg fliehen, bis 1529 wirkte er als Stadtpfarrer in Luzern.
Murner wurde auch bekannt durch seine gereimten Moralsatiren. Dabei trat er in der Maske des Narren-Exorzisten und Schreibers der Betrügerzunft auf, um seinem Publikum einen kritischen Spiegel vorzuhalten. Murner steht damit in der Tradition von Sebastian Brant, der in seiner Satire „Narrenschiff" menschliche Torheiten und Schwächen kritisch entlarvte.

3. Die Geburt des Antichristen

Der Künstler der Karikatur auf S. 123 oben spielt mit der griechischen Mythologie. Dargestellt werden drei Schwestern, Alecto („die Unablässige"), Megära („die Neidische") und Tisiphone („die den Mord Rächende"). Sie sind die Kinder des Acheron und der Nacht. Die Erinnyen sind furchtbare, zürnende Rachegöttinnen. Sie tragen verzerrte Gesichtszüge, flammensprühende Augen, Schlangenhaare und Krallenhände, die mit Schlangengeißeln bewehrt sind. Sie wohnen in einem eisernen Palast in der Unterwelt, wo die Verbrecher gemartert werden, die sich nicht mit den Göttern versöhnt haben. Sie unterstehen Hades und Persephone. Da es angeblich Unglück brachte, die drei Furien beim Namen zu nennen, wurden sie auch verharmlosend Eumeniden, d. h. „die Wohlgesinnten" genannt.

Martin Luther schreibt in einer Streitschrift über den Papst: So hab ich doch [...] das erste Stück [...] so klar und gewaltig ausgeführt, dass gottlob kein gut christlich Gewissen anders glauben kann, denn dass der Papst nicht sei noch sein kann das Haupt der christlichen Kirche, noch Statthalter Gottes oder Christi, sondern ist das Haupt der verfluchten Kirche der allerärgsten Buben auf Erden, ein Statthalter des Teufels, ein Feind Gottes, ein Widersacher Christi und Zerstörer der Kirche Christi, ein Lehrer aller Lügen, Gotteslästerung und Abgöttereien, ein Erzkirchendieb und Kirchenräuber der Schlüssel, aller Güter beider, der Kirchen und der weltlichen Herrn, ein Mörder der Könige und Hetzer zu allerlei Blutvergießen, ein Hurenwirt über alle Hurenwirte und aller Unzucht, auch die nicht zu nennen ist, ein Widerchrist, ein Mensch der Sünden und Kind des Verderbens, ein rechter Werwolf."

Martin Luther Werke, Bd. 54, (Weimar) 1928, S. 283.

Anonymes Flugblatt nach einem Holzschnitt aus Süddeutschland. Über dem Bild steht: „Geburt und Ursprung des Papstes".

4. „Geistlicher Raufhandel", einzelnes Spottblatt auf den Konfessionsstreit von 1619.

5. Kirchgang eines vornehmen Paares. Radierung von Daniel Chodowiecki aus dem späten 18. Jahrhundert.

1. Erläutern Sie zentrale Symbole der Karikatur „Der Bapstesel zu Rom" und vergleichen Sie mit dem Luther-Text (Abb. und Text S. 121). Überlegen Sie, an welches Publikum sich beide richten.
2. Fassen Sie die Kritik der Karikatur „Von dem grossen lutherischen Narren ..." thesenförmig zusammen (S. 122). Überlegen Sie, inwieweit angesichts dieser Form der Auseinandersetzung noch ein friedliches Gespräch mit dem konfessionellen Gegner möglich ist.
3. Überlegen Sie, für welches Publikum die Karikatur „Die Geburt des Antichristen" geschaffen wurde und welchen Rezipientenkreis sie wohl erreichte (Abb. S. 123 oben). Diskutieren Sie, ob der Künstler seine Karikatur „ernst" nahm oder ob er eher mit zeittypischen Vorstellungswelten spielt. Vergleichen Sie die Karikatur mit dem Luther-Text.
4. Überlegen Sie, warum der Zeichner der Karikatur „Geistlicher Rauffhandel" den Religionsführern einen einfachen Menschen gegenüberstellt, bedenken Sie dabei auch das Entstehungsdatum 1619 (Abb. S. 123 unten). Diskutieren Sie, wie in dieser Karikatur die konfessionellen Konflikte bewertet werden.
5. Beschreiben und vergleichen Sie die Körperhaltung der dörflichen und adeligen Kirchgänger (Abb. S. 124). Was kritisiert Chodowiecki an der religiösen Praxis im ausgehenden 18. Jahrhundert?
6. Benennen Sie gemeinsame und unterschiedliche Stilmerkmale der fünf Karikaturen.

6. Die Geburt des modernen Staates

6.0 Absolutismus und Aufklärung

Westfälischer Frieden

Wir haben uns daran gewöhnt, mit dem Ende des Dreißigjährigen Kriegs eine neue Epoche beginnen zu lassen. Dabei kehrte an vielen Orten mit dem Westfälischen Frieden noch lange kein Frieden ein. Die Auswirkungen des Kriegs waren in vielfältiger Weise verheerend: Ganze Landstriche waren entvölkert, viele Städte ausgeplündert und teilweise zerstört, zahllose versprengte Soldatentruppen zogen marodierend durch die Lande, viele überkommene Autoritäten und Gewissheiten waren ausgehöhlt. Nach dem Dreißigjährigen Krieg formierten sich neue Autoritäten, die Epoche des Absolutismus setzte ein. Unter „Absolutismus" wird allgemein eine Regierungsform verstanden, in der ein Monarch mit unbeschränkter und ungeteilter Gewalt über seine Untertanen herrscht.

Gibt es den Absolutismus?

Die Epochenbezeichnung „Absolutismus" für die Zeit von 1648 bis zur Französischen Revolution ist allerdings in den letzten Jahren der Kritik unterzogen worden. Einige Historiker bezweifeln, dass dieser Begriff noch geeignet ist, da er sich nur auf Europa bezieht und weil überdies die Verhältnisse in den europäischen Staaten doch höchst unterschiedlich waren. Denn in Frankreich entfaltete sich der Absolutismus bereits in der zweiten Hälfte des 17. Jahrhunderts, während er sich in anderen Staaten erst allmählich entwickelte. In England hingegen kam es mit der Revolution von 1688 zu einer stark abweichenden Regierungsform.

Ein schillernder Begriff

Im Übrigen wird mit „Absolutismus" sehr Unterschiedliches verknüpft: Die einen assoziieren damit schrankenlose Willkürherrschaft oder fürstlichen Despotismus. Andere verbinden mit dem Begriff den Ausbau eines nationalen Machtstaates, der auch mit der Errichtung einer geordneten und effektiven Landesverwaltung einherging, mit einer Finanzverwaltung, dem allmählichen Ausbau des Schulsystems, der Chausseen, der Förderung von Gewerbe und Manufakturen u. ä. Mit der Durchsetzung des Absolutismus sei die „Disziplinierung", aber auch die „Zivilisierung" des Verhaltens, der Beginn der Befriedung von sozialen Verhältnissen verbunden, Prozesse, die allmählich immer mehr Menschen mehr oder minder unmittelbar betrafen und die zum Teil bis heute fortwirken.

Begrenzte Macht der absoluten Monarchen

Im Fluss ist auch die Forschungsdiskussion darüber, wie die nach dem Dreißigjährigen Krieg einsetzenden administrativen Maßnahmen zu beurteilen sind, die im wachsenden Ausmaß immer mehr soziale Lebensbereiche zu gestalten bzw. zu reglementieren suchten. Das Verhältnis von Anspruch und sozialer Wirklichkeit der absolutistischen Regierungspraxis ist das Leitproblem dieses Kapitels. In der historischen Forschung ist strittig, wie weit die staatliche Macht und ihre Möglichkeit, das Leben der „Untertanen" nachhaltig zu bestimmen, tatsächlich reichte. Insofern ist der Begriff „Absolutismus" eher irreführend, denn die Macht der „absolutistischen" Fürsten und ihrer Verwaltungen waren, gemessen an gegenwärtigen Möglichkeiten, sehr begrenzt. Auf der anderen Seite bildete sich in diesen Staaten eine von Bürgerlichen, aber auch von Adligen getragene Bewegung heraus: die Aufklärung.

Das Schloss Versailles um 1715, zeitgenössisches Gemälde von Jean-Baptiste Martin.

Die Zwitterstellung der Aufklärung

Der neue Geist nahm eine zwiespältige Haltung zu den absolutistischen Modernisierungsprojekten ein. Er war einerseits selbst Produkt der staatlichen Modernisierung, andererseits kritisierten die Aufklärer vor allem die autoritäre Struktur des Absolutismus, stellten also den Absolutismus in Frage. Andere – vor allem in Deutschland – begrüßten die Maßnahmen von aufgeklärten absolutistischen Monarchen. Im Schoß des Absolutismus wurde also nicht nur die moderne Rationalität im Bereich staatlichen Handelns geboren, dort wurden auch die Menschenrechte gegen die absoluten Gewalten formuliert. Allerdings wurden Personengruppen, die sich nicht der erwarteten Arbeitsmoral unterwarfen, teilweise brutal ausgegrenzt.

6.1 Leben und Sterben der „kleinen Leute"

Die Quellenlage

Während wir über die Lebensverhältnisse, das Denken und Handeln vieler Adliger und literarisch gebildeter Mitglieder des Bürgertums in der Frühen Neuzeit gut unterrichtet sind, sind Quellen, die über das Leben der „kleinen Leute" berichten, rar. Einen besonderen Wert dürfen daher die Erinnerungen von Ulrich Bräker, „Lebensgeschichte und natürliche Ebentheuer des Armen Mannes im Tockenburg" (1789) für sich beanspruchen, zumal hier ein Mitglied der sozialen Unterschichten sehr präzise über Verhältnisse im 18. Jahrhundert, über seine persönlichen Probleme, sein Denken und seine Fantasien erzählt. Jede Lebensgeschichte ist eine individuelle Geschichte, die Biographie Bräkers dürfte aber in vieler Hinsicht repräsentativ sein für zahlreiche Angehörige der sozialen Unterschichten.

Der Bauernjunge mit verbundenem Gesicht und lumpiger Kleidung, Radierung von Daniel Chodowiecki aus dem Jahr 1758.

Ulrich Bräker, geboren am 22. Dezember 1735 in Wattwil (Kanton St. Gallen), beerdigt am 11. September 1798 in Wattwil, war der Sohn eines Tagelöhners, Kleinbauern und Salpetersieders. Er wurde von früh an mitsamt seinen neun Geschwistern zur Arbeit herangezogen. Seine Familie wechselte dreimal den Wohnort. Für den Schulbesuch blieben im Winter nur wenige Wochen, sonst musste er Vieh hüten sowie in Feld und Stall arbeiten. 1755 verließ er das Elternhaus. Er geriet als Söldner ins preußische Heer, desertierte aber bereits in der Schlacht bei Lobositz (1756) und kehrte nach Wattwil zurück. Er zog 1759 einen kleinen Baumwollhandel auf. Eine 1761 geschlossene Ehe war nicht glücklich.

Nach dem Tod seines Vaters (1762) hatte Bräker noch vier Geschwister zu ernähren. Ab 1770 führte er Tagebuch. 1776 erhielt er durch die Aufnahme in eine literarische Gesellschaft Zugang zu deren Bücherei und Kontakt zu gebildeten Männern. Mehrmals gewann er mit kleinen Abhandlungen einen von der Gesellschaft ausgesetzten Preis. Ein Verleger in Zürich druckte zunächst Bräkers Texte in einem Kalender, bis er schließlich 1783 die Lebensgeschichte als Buch herausbrachte. Bräker konnte aber durch die Schriftstellerei seine wirtschaftlichen Schwierigkeiten nicht dauerhaft beheben, 1798 musste er den Bankrott erklären.

MATERIAL

1 Die häuslichen Umstände

Ulrich Bräker schreibt in seiner Lebensgeschichte „Der arme Mann im Tockenburg" über die Zeit um 1750.

Unterdessen war unsre Familie bis auf acht Kinder angewachsen. Mein Vater stak je länger, je tiefer in Schulden, so dass er oft nicht wusste, wo aus noch an. Mir sagte er nichts; aber mit der Mutter hielt er oft heimlich Rat. Davon hört' ich eines Tags ein Paar Worte und merkte nun die Sache so halb und halb. Allein, es focht mich eben wenig an; ich ging leichtsinnig meinen kindischen Gang, und ließ meine armen Eltern inzwischen über hundert unausführbaren Projekten sich den Kopf zerbrechen. Unter diesen war auch der einer Wanderung ins Gelobte Land zu meinem größten Verdrusse – zu Wasser worden. Endlich entschloss sich mein Vater, alle seine Habe seinen Gläubigern auf Gnad' und Ungnad' zu übergeben. Er berief sie also eines Tags zusammen und entdeckte ihnen mit Wehmut, aber redlich, seine ganze Lage und bat sie, in Gottes Namen Haus und Hof, Vieh, Schiff und Geschirr zu ihren Händen zu nehmen und seinetwegen ihn, nebst Weib und Kindern, bis aufs Hemd auszuziehen; er wolle ihnen noch dafür danken, wenn sie nur einmal ihn der unerträglichen Last entledigten. Die meisten aus ihnen (und selbst diejenigen, welche ihm mit Treiben am unerbittlichsten zugesetzt hatten) erstaunten über diesen Vortrag. Sie untersuchten Soll und Haben; und das Fazit war, dass sie die Sachen bei weitem nicht so schlimm fanden, als sie sich's vorge-

Pieter Aertzen (ca. 1508–1575), Marktszene, um 1550 (Alte Pinakothek, München).

stellt; so dass sie ihn alle wie aus einem Munde baten, er soll doch nicht so kläglich tun, guten Muts sein, sich tapfer wehren und seine Wirtschaft nur so emsig treiben wie bisher; sie wollen gern Geduld mit ihm tragen und ihm noch aus allen Kräften beraten und beholfen sein; er habe eine Stube voll braver Kinder, die werden ja alle Tag' größer und können ihm an die Hand gehn; was er mit diesen armen Schafen draußen in der weiten Welt anfangen wollte, und so fort und fort. Allein mein Vater unterbrach sie in diesen liebreichen Äußerungen ihres Mitleids alle Augenblick': „Nein, um Gottes Willen, Nein! – Nehmt mir doch die entsetzliche Bürde ab – das Leben ist mir so ganz erleidet! – aufs Besserwerden hofft' ich nun schon dreizehn Jahr vergebens. – Und kurz, bei unserm Gut hab ich nun einmal weder Glück noch Stern. – Mit sauerm Schweiß und so vielen schlaflosen Nächten grub ich mich nur immer tiefer in die Schulden hinein."

Ulrich Bräker, Lebensgeschichte und natürliche Ebenteuer des Armen Mannes im Tockenburg, Stuttgart (Reclam) 1965, S. 50 f.

MATERIAL

Ein hoffnungsvoller Unternehmer? Bräker 1763–1765 2

Die Flitterwochen meines Ehestands waren nun längstens vorbei, obgleich ich eben wenig von ihrem Honig zu sagen weiß. Mein Weib wollte immer gar zu scharfe Mannszucht halten, und wo viel Gebote sind, da gibt's auch mehr Übertretung. Wenn ich nur ein Bisschen ausschweifte, so waren alle T ... los. Das machte mich dann bitter und launigt und verführte mich zu allerlei eiteln Projekten. Mein Handel ging inzwischen bald gut, bald schlecht. Bald kam mir ein Nachbar in die Quere und verstümmelte mir meinen schönen Gewerb, bald betrogen mich arge Buben um Baumwolle und Geld, denn ich war gar zu leichtgläubig. Ich hatte mir eines der herrlichsten Luftschlösser gemacht, meine Schulden in wenig Jahren zu tilgen; aber die Ausgaben mehrten sich auch von Jahr zu Jahre. Im Winter 63 gebar mir meine Frau eine Tochter und Anno 65 noch eine. Ich bekam wieder das Heimweh nach Geißen; auf der Stelle mussten deren etliche herbeigeschafft sein. Die Milch stund mir und meinen drei Jungens trefflich an; aber die Tiere gaben mir viel zu schaffen. Andremal hielt ich eine Kuh; oft gar zwei und drei. Ich pflanzte Erdapfel und Gemüse, und probierte alles, wie ich am leichtesten zurechtkommen möchte. Aber ich blieb immer so auf dem alten Fleck stehn, ohne weit vor- , doch auch nicht hinterwärts zu rücken.

Ulrich Bräker, Lebensgeschichte und natürliche Ebenteuer des Armen Mannes im Tockenburg, Stuttgart (Reclam) 1965, S. 157 f.

MATERIAL

3 In der Krise hilft nur noch Gottvertrauen: Bräker 1771–1772

Nun brach der große Winter ein, der schauervollste, den ich erlebt habe. Ich hatte itzt fünf Kinder und keinen Verdienst, ein Bisschen Gespunst ausgenommen. Bei meinem Händelchen büßt' ich von Woche zu Woche immer mehr ein. Ich hatte ziemlich viel vorrätig Garn, das ich in hohem Preis eingekauft, und an dem ich verlieren musste, ich mocht' es nun wieder roh verkaufen oder zu Tüchern machen. Doch tat ich das letztre und hielt mit dem Losschlagen derselben zurücke, mich immer meines Weidspruchs getröstend: „Es wird schon besser werden!" Aber es ward immer schlimmer den ganzen Winter durch. Inzwischen dacht' ich so: „Dein kleiner Gewerb hat dich bisher genährt, wenn du damit gleich nichts beiseite legen konntest. Du magst und kannst's also nicht aufgeben. Tätest du's, müsstest du gleich deine Schulden bezahlen; und das wär' dir itzt pur unmöglich." Auch in andern Punkten ging's mir nicht besser. Mein kleiner Vorrat von Erdäpfeln und anderm Gemüs' aus meinem Gärtchen, was mir die Dieben übriggelassen, war aufgezehrt; ich musste mich also Tag für Tag aus der Mühle verproviantieren; das kostete mich am End' der Woche eine hübsche Handvoll Münze, nur vor Rothmehl und Rauchbrot[1]. Dennoch war ich noch immer guter Hoffnung [...].

Mittlerweile ward meine Frau schwanger und den ganzen Sommer (1772) über kränklich und schämte sich vor allen Wänden, dass sie bei diesen betrübten Zeitläufen ein Kind haben sollte. Ja, sie hätte selbst mir bald eine ähnliche Empfindung eingepredigt. Im Herbstmonate, da die rote Ruhr allethalben grassierte, kehrte sie auch bei mir ein und traf zuerst meinen lieben Erstgeborenen. Von der ersten Stund' an, da er sich legte, wollt' er, außer lauterm Brunnenwasser nichts, weder Speis noch Trank mehr zu sich nehmen, und in acht Tagen war er eine Leiche. Nur Gott weiß, was ich bei diesem Unfall empfunden: Ein so gutartiges Kind, das ich wie meine Seele liebte, unter einer so schmerzhaften Krankheit geduldig wie ein Lamm Tag und Nacht – denn es genoss auch nicht eine Minute Ruh' – leiden zu sehn! Noch in der letzten Todesstunde riss es mich mit seinen schon kalten Händchen auf sein Gesicht herunter, küsste mich noch mit seinem erstorbnen Mündchen und sagte unter leisem Wimmern, mit stammelndem Zünglin: „Lieber Ätti! es ist genug. Komm auch bald nach. Ich will itzt im Himmel ein Engelin werden", rang dann mit dem Tod und verschied. Mir war, mein Herz wollte mir in tausend Stücke zerspringen. Mein bittres Klaglied über diesen ersten Raub des großen Würgers in meinem Hause liegt in meinem Tagebuch. – Noch war mein Söhnlein nicht begraben, so griff die wütende Seuche mein ältestes Töchtergen, und zwar noch viel heftiger an; es wäre denn, dass dies gute Kind seine Leiden nicht so standhaft ertrug als sein Bruder.

Und kurz, es war, aller Sorgfalt der Ärzte ungeachtet, noch schneller hingerafft, in seinem achten, das Knäblin im neunten Jahr. Diese Krankheit kam mir so ekelhaft vor, dass ich's sogar bei meinen Kindern nie recht ohne Grausen aushalten konnte. Als nun das Mädchen kaum tot und ich von Wachen, Sorgen und Wehmut wie vertaumelt war, fing's auch mir an im Leibe zu zerren, und hätt' ich in diesen Tagen tausendmal gewünscht zu sterben und mit meinen Lieben hinzufahren. Doch ging ich, auf dringendes Bitten meiner Frau, noch selbst zu Herrn Doktor Wirth hin. Er verordnete mir Rhabarber und sonst was. [...] Gott, Zeit und Ewigkeit, meine geist- und leiblichen Schulden stunden fürchterlich vor mir und hinter meinem Bett. Keine Minute Schlaf – Tod und Grab – Sterben, und nicht mit Ehren – welche Pein! Ich wälzte mich Tag und Nacht in meinem Bett herum, krümmte mich wie ein Wurm und durfte, nach meiner alten Leier, meinen Zustand doch keiner Seele entdecken. Ich flehte zum Himmel; aber der Zweifel, ob der mich auch hören wollte, ging itzt zum erstenmal mir durch Mark und Bein, und die Unmöglichkeit, dass mir bei meinem allfälligen Wiederaufkommen noch gründlich zu helfen sei, stellte sich mir lebhafter als noch nie vor. Indessen ward mein Töchtergen begraben, und in wenig Tagen lagen meine drei noch übrigen Kinder nebst mir an der nämlichen Krankheit darnieder. Nur mein ehrliches Weib war bis dahin ganz frei ausgegangen. Da sie nicht allem abwarten konnte, kam ihre ledige Schwester ihr zu Hülf'; sonst übertraf sie mich an Mut und Standhaftigkeit weit. [...]

Meine Frau, ihre Schwester und Herr Doktor Wirth gaben sich alle ersinnliche Sorge um mich. Der Höchste segnete ihre Mühe, so dass ich innert acht Tagen wieder aufkam und auch meine drei Kleinen sich allmählig erholten. Als ich noch darniederlag, kam eines Abends meine Schwägerin und eröffnete mir, meine zwei Geißen seien auf und davon. „Ei, so fahre denn alles hin!" sagt' ich, „wenn's so sein muss." Allein des folgenden Morgens rafft' ich mich, so schwach und blöd ich noch war, auf, meine Tiere zu suchen, und fand sie wieder zu mein und meiner Kinder großer Freude.

[1] Rothmehl: Mehl mit Kleie vermengt; Rauchbrot: minderwertiges Schwarzbrot

Ulrich Bräker, Lebensgeschichte und natürliche Ebenteuer des Armen Mannes im Tockenburg, Stuttgart (Reclam) 1965, S. 164 f.

MATERIAL 4

Neue Schulden, neue Gläubiger: Bräker 1773–1777

Diese Zeit über kroch ich so immer zwischen Furcht und Hoffnung unter meiner Schuldenlast fort, trieb mein Händelchen und arbeitete daneben, was mir vor die Hand kam. Zu Anfang dieser Epoche ging's vollends immer den Krebsgang. So viel unnütze Mäuler (denn die Fünfezahl meiner Kinder war itzt wieder komplett), die Ausgaben für Essen, Kleider, Holz und so fort und dann die leidigen Zinse fraßen meinen kleinen Gewinnst noch etwas mehr als auf.

Meine schönste Hoffnung erstreckte sich erst auf Jahre hinaus, wo meine Jungens mir zur Hülfe gewachsen sein würden. Aber wenn meine Gläubiger bös gewesen, sie hätten mich lange vorher überrumpelt. Nein! sie trugen Geduld mit mir; freilich bestrebt' ich mich auch aus allen Kräften, Wort zu halten so gut wie möglich; aber das bestund meist in – neuem Schuldenmachen, um die alten zu tilgen. Und da waren mir allemal die nächsten Wochen vor der Zurzacher-Messe[1] sehr schwarze Tag' im Kalender, wo ich viele Dutzend Stunden verlaufen musste, um wieder Kredit zu finden. O wie mir da manch liebes Mal das Herz klopfte, wenn ich so an drei, vier Orten ein christliches Helf dir Gott! bekam. Wie rang ich dann oft meine Hände gen Himmel und betete zu dem, der die Herzen wendet, wohin er will, auch eines zu meinem Beistand zu lenken. Und allemal ward's mir von Stund' an leichter um das meinige und fand sich zuletzt, freilich nach unermüdetem Suchen und Anklopfen, noch irgend eine gutmütige Seele, meist in einem unverhofften Winkel.

[1] Zurzach (Kanton Aargau): Messe- und Handelsstadt seit dem Mittelalter.

Ulrich Bräker, Lebensgeschichte und natürliche Ebenteuer des Armen Mannes im Tockenburg, Stuttgart (Reclam) 1965, S. 170 f.

1. Stellen Sie zusammen, mit welchen Problemen Bräker konfrontiert wird. Auf welche Weise versucht er sie zu lösen?
2. Welche Rolle spielen andere Leute für Bräker und seine Familie? Welchen Einfluss hat die „Obrigkeit" auf ihn?
3. Analysieren Sie die Motivation, die Bräker selbst seinem Schicksal unterlegt. Wer ist seiner Meinung nach verantwortlich für Glück und Unglück?
4. Diskutieren Sie, inwiefern Bräkers Biografie repräsentativ für die Lage der kleinen Leute in der Frühen Neuzeit erscheint, beziehen Sie dabei auch die Daten zum generativen Verhalten und zur Mortalität ein, ferner Bräkers Wanderungen und seine verschiedenen Unternehmungen, mit denen er seine Not zu lindern versucht (vgl. S. 134).
5. Vgl. Sie die Abb. auf S. 128, 129 und 136 mit den Schilderungen Bräkers.

D. Vinckeboons: Spanische Soldaten plündern und prassen bei einer Bauernfamilie, 1629.

6.2 Bevölkerungs- und Stadtentwicklung nach dem Dreißigjährigen Krieg

Bevölkerungsverluste

Bereits durch den „Schwarzen Tod" in der Mitte des 14. Jahrhunderts, dem etwa ein Drittel bis zwei Fünftel der Menschen zum Opfer fielen, hatte Mitteleuropa einen starken Rückgang der Produktion und des Konsums erfahren. In ähnlicher Weise wurde die Bevölkerung durch den Dreißigjährigen Krieg dezimiert. Allerdings war das Ausmaß des Bevölkerungsverlusts regional sehr unterschiedlich. Während manche Gebiete vom Krieg fast verschont blieben, traf es andere umso härter: Von den etwa 400 000 Einwohnern des Herzogtums Württemberg 1619 lebten am Ende des Kriegs vielleicht noch 50 000, von den 6 500 Einwohnern der Stadt Löwenburg in Schlesien nur 40. 1648 hatten alle überlebenden Einwohner Wiesbadens ihre Stadt verlassen.

Stagnation von Handel und Gewerbe

Noch schlimmer erging es mitunter der Landbevölkerung, die nicht durch Stadtmauern geschützt war. Sie wurde von marodierenden und plündernden Soldaten heimgesucht, getötet oder vertrieben. Auf dem flachen Land entwickelten sich zahlreiche Wüstungen, der Viehbestand ging drastisch zurück, städtisches und ländliches Gewerbe kam vielerorts zum Erliegen. Kapitalmangel beeinträchtigte Fernhandel, Handwerk und vorindustrielle Produktion. Dies alles führte dazu, dass Deutschland gegenüber anderen westeuropäischen Ländern einen Entwicklungsrückstand aufwies.

Peuplierungspolitik

In der nach dem Dreißigjährigen Krieg entstehenden Kameralistik, der Staats- und Wirtschaftswissenschaft, wurde die Bevölkerungszahl zu einer der bedeutsamsten Bezugsgrößen. Die politische, ökonomische und militärische Leistungskraft eines Staates wurde unmittelbar mit der Bevölkerungsentwicklung verknüpft, die Förderung von Besiedlung und Einwanderung („Peuplierung") zu einer der wichtigsten Aufgaben der Politik. Dadurch wurde auch die Statistik, die vor allem die Einwohnerentwicklung erfasst, zu einer politisch wirksamen Wissenschaft.

Bevölkerungsrückgang in Europa während des Dreißigjährigen Kriegs.

MATERIAL 1

Einwohnerzahlen europäischer Städte nach dem Dreißigjährigen Krieg

	um 1650	um 1750		um 1650	um 1750
Deutsches Reich					
Wien	80 000	180 000	Dresden	20 000	50 000
Hamburg	40 000	75 000	Stuttgart	18 000	45 000
Prag	40 000	70 000	München	15 000	45 000
Frankfurt a. M.	35 000	50 000	Berlin	10 000	100 000
Köln	30 000	40 000	Hannover	7 000	20 000
Augsburg	20 000	40 000	Magdeburg	5 000	25 000
Eidgenossenschaft					
Genf	15 000	20 000	Basel	12 000	15 000
Zürich	13 000	16 000	Bern	10 000	12 000
England					
London	350 000	750 000	Cork	10 000	50 000
Edinburgh	26 000	70 000	Liverpool	10 000	70 000
Glasgow	14 000	70 000	Manchester	10 000	65 000
Frankreich					
Paris	200 000	400 000	Straßburg	12 000	15 000
Lyon	40 000	100 000	Reims	10 000	12 000
Italien					
Neapel	250 000	310 000	Rom	100 000	140 000
Mailand	100 000	110 000	Turin	30 000	70 000
Niederlande					
Amsterdam	150 000	200 000	Rotterdam	20 000	50 000
Leiden	45 000	30 000	Delft	20 000	14 000

Robert Mandrou, Staatsräson und Vernunft 1649–1775, Berlin (Ullstein) 1976, S. 399

MATERIAL
2 Generatives Verhalten

Durchschnittliche Zahl der geborenen Kinder je verheirateter Frau in vollständigen[1] und unvollständigen Ehen:

Gebiet	Zeitraum	Zahl der geborenen Kinder vollst. Ehen	unvollst. Ehen	alle Ehen
Stadt Gießen	1631–1680	6,3	4,4	5,9
	1681–1730	5,8	4,7	5,6
Heuchelheim (ländliche Gemeinde in Hessen)	1691–1720	5,2	4,9	5,1
	1721–1750	3,7	3,5	3,6
	1751–1780	5,9	4,7	5,3
	1781–1810	5,3	4,2	4,7
Marbach (ländliche Gemeinde, Kanton Luzern)	Ende des 18. Jh.	6,7	4,9	6,4

[1] „vollständig" im demographischen Sinne sind Ehen, wenn sie erst beendet wurden, nachdem die Frau das 45. (bzw. 50.) Lebensjahr vollendet hatte, also keine Kinder mehr bekommen konnte.

Jürgen Schlumbohm (Hrsg.): Kinderstuben. Wie Kinder zu Bauern, Bürgern, Aristokraten wurden 1700–1850, München (dtv) 1983, S. 29.

MATERIAL
3 Lebensalter und Mortalität

Sterbealter von 1 000 Gemeindemitgliedern einer Florentiner Pfarre (2. Hälfte des 17. Jahrhunderts):

Alter	Sterbefälle	Alter	Sterbefälle	Alter	Sterbefälle
0– 1	367,0	10–20	36,0	50–60	50,0
1– 5	285,0	20–30	25,5	60–70	43,5
5–10	58,0	30–40	33,0	70–80	38,0
0–10	710,0	40–50	49,0	80 und älter	15,0

Roger Mols, Die Bevölkerung Europas 1500–1700, in: Carlo M. Cipolla und Knut Borchardt, Europäische Wirtschaftsgeschichte, Bd. 2, Stuttgart u. a. (UTB) 1983, S. 42.

MATERIAL
4 Wanderungsaktivität im frühneuzeitlichen Europa

a) Geburtsorte der Einwohner von Zürich 1637 in Prozent:

Soziale Kategorie	Kanton Zürich	Übrige Schweiz	Deutschland	Andere Länder	Keine Angaben
Neue Bürger	67,60	25,80	4,10	6,05	2,45
Gesellen, Lehrlinge	34,10	31,70	29,50	4,00	0,70
Weibliche Dienstboten	63,30	22,80	6,80	5,10	–

Roger Mols, Die Bevölkerung Europas 1500–1700, in: Carlo M. Cipolla und Knut Borchardt, Europäische Wirtschaftsgeschichte, Bd. 2, Stuttgart u. a. (UTB) 1983, S. 35.

b) Herkunft von Neubürgern (1655–1659) in Prozent:

Herkunftsland	*Amsterdam*	*Leiden*
Niederlande	53,5	41,2
Belgien	5,0	15,2
Frankreich	3,7	18,2
Deutschland	28,8	21,6
Andere	6,9	3,2

Carlo M. Cipolla und Knut Borchardt, Europäische Wirtschaftsgeschichte, Bd. 2, Stuttgart u. a. (UTB) 1983, S. 36.

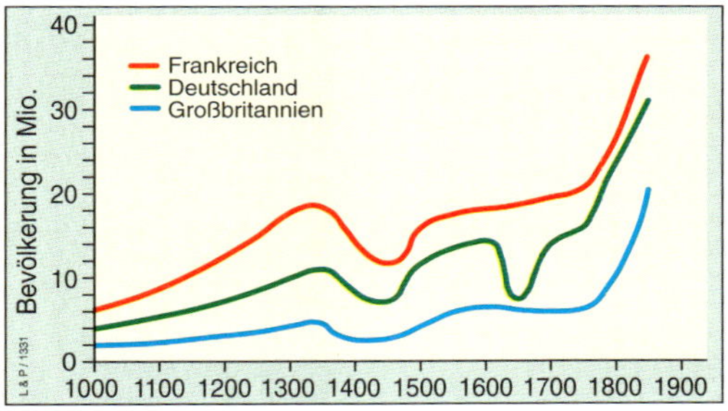

Bevölkerungsentwicklung einiger europäischer Länder.

MATERIAL 5

Lebenshaltungskosten einer fünfköpfigen Berliner Maurerfamilie (um 1800, in Prozent)

Brot	44,2	Getränke	2,1
Tierische Produkte	14,9	Miete/Licht/Heizung	21,2
Obst, Gemüse	11,5	Kleidung/Sonstiges	6,1

Nach: Michael Stürmer (Hrsg.), Herbst des Alten Handwerks, München Jahr 1979 (dtv), S. 124.

MATERIAL 6

Durchschnittliche Saat-Ertragsziffern (Saat = 1) von Weizen, Roggen und Gerste

	England, Niederlande	*Frankreich, Spanien, Italien*	*Deutschland, Schweiz, Skandinavien*	*Russland, Polen, Tschechoslowakei, Ungarn*
1500/49	7,4	6,7	4,0	3,9
1550/99	7,3	?	4,4	4,3
1600/49	6,7	?	4,5	4,0
1650/99	9,3	6,2	4,1	3,8
1700/49	?	6,3	4,1	3,5
1750/99	10,1	7,0	5,1	4,7

Peter Kriedte, Späfeudalismus und Handelskapital, Göttingen 1980, S. 33.

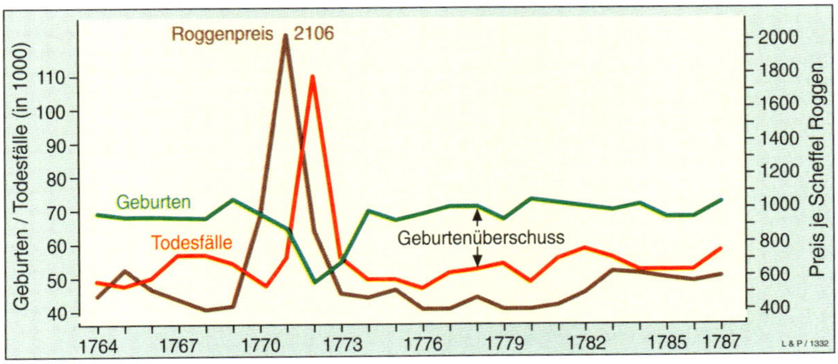

Roggenpreise sowie Geburten und Todesfälle im Kürfürstentum Sachsen und Leipzig 1764–1787.

Bauernfamilie beim Tischgebet, Radierung von Adriaen van Ostade, 1653.

1. Vergleichen Sie die Dynamik der Städteentwicklung in verschiedenen europäischen Staaten. Entwickeln Sie Hypothesen zu den Ursachen für die Unterschiede. (M 1)
2. Vergleichen Sie das generative Verhalten in städtischen und ländlichen Gemeinden. Erklären Sie die Unterschiede. (M 2)
3. Vergleichen Sie das generative Verhalten mit der Mortalität. (M 2 und M 3) Welche Rückschlüsse erlaubt der Vergleich auf die Familiengröße?
4. Diskutieren Sie mögliche Gründe für das Wanderungsverhalten von (späteren) Einwohnern von schweizerischen und niederländischen Städten. (M 4) Entwickeln Sie Thesen zu den möglichen Ursachen des Wanderungsverhaltens einzelner sozialer Gruppen. (M 4 a)
5. Gestalten Sie nach der Tabelle „Lebenshaltungskosten" ein Tortendiagramm, und diskutieren Sie die materiellen Spielräume eines Handwerkers. (M 5)
6. Informieren Sie sich über die gegenwärtigen Saat-Ertragsziffern bei Getreide und vergleichen Sie diese mit dem Ernteertrag in der Frühen Neuzeit. Welche Konsequenzen ergeben sich aus den Unterschieden der Ertragsleistung für das generative Verhalten? (M 6) Bedenken Sie dabei, dass die Bauern oft noch Abgaben an den Grundherrn und an die Kirche leisten mussten.

Französische Flüchtlinge präsentieren dem preußischen Kurfürsten und seinen Beratern Produkte aus französischen Tuch- und Porzellanmanufakturen; Radierung von Daniel Chodowiecki, 1782.

6.3 Dimension und Zielsetzung absolutistischer Wirtschaftspolitik

Das Vakuum nutzen

Mit dem Westfälischen Frieden 1648 wurden die Territorialherren auch völkerrechtlich zu souveränen Herrschern über ihr Gebiet. Während die westeuropäischen Staaten ihre internationale Machtstellung ausbauten, zerfiel das Deutsche Reich endgültig in eine Fülle von Einzelstaaten. Der Prozess der deutschen Dezentralisierung kam damit zum Abschluss. Viele Fürsten nutzten ihre Stellung als „absolute" Landesherren immerhin zum systematischen Landesausbau. Denn durch den langen Krieg waren viele Regionen zerstört und entvölkert, die Nachfrage nach landwirtschaftlichen und gewerblichen Produkten gering, der Fernhandel zwischen den Städten zusammengebrochen. Hier war nicht nur Bedarf an neuen Strukturen, sondern – positiv ausgedrückt – auch Raum für Reformen und neue Ideen obrigkeitlicher Gestaltung.

Merkantilismus und Machtdemonstration

Die territorialstaatliche Wirtschaftspolitik („Merkantilismus"), die den Übergang von der Agrar- zur Industriegesellschaft vorantrieb, ist indes nicht nur ein Merkmal der deutschen Entwicklung; das angestrebte enge Zusammenspiel von Wirtschaft und Politik ist generell ein Kennzeichen der neuen Epoche auch in anderen europäischen Staaten. In der Forschungsliteratur ist in diesem Zusammenhang die Rede von einer „Stunde der Regierungen", von einer „Verdichtung von Herrschaft". Alle Regierungen waren bestrebt, neue Geldquellen zu erschließen und ihre Macht nach innen und außen zu sichern und zu demonstrieren. Äußerer Ausdruck dieser Politik waren die stehenden Heere, die z. T. aus dem großen Krieg übernommen wurden, aber auch der Bau prachtvoller Residenzen.

MATERIAL

1 Entwicklung des Staatshaushalts in europäischen Großmächten

a) Das jährliche Budget des preußischen Staates, dessen Territorium sich allerdings in dem betrachteten Zeitraum erheblich ausgedehnt hat:

	Goldmark (Mio.)	Bevölkerung (Mio.)
1620–1624	1,3	0,8
1640–1644	2,4	1,0
1688	11,5	1,5
1713	14,4	1,6
1740	22,0	2,2
1750–1756	36,0	3,5
1756–1763	74,4	3,5
1786	69,0	5,8
1804	93,0	10,7

b) Das jährliche österreichische Budget:

	Goldmark (Mio.)	Einwohner (Mio.)
1566	ca. 8,5	ca. 7,0
1624	17,0	8,0
1700	39,2	16,0
1718–1730	100,2	20,0
1740	50,0	16,0
1756	119,7	16,0
1781	131,9	19,0
1790	228,0	19,0
1792–1798	268,0 Ausgabe 150,0 Einnahme	25,8

c) Das englische Budget im Jahresdurchschnitt:

	Goldmark (Mio.)	Bevölkerung (Mio.)
1702–1714	170	5,5
1739–1748	251	6,5
1755–1763	467	7,0
1776–1786	496	8,0
1787–1793	338	9,0
1794–1817	1427	9,1 (nur England)

d) Das Budget des französischen Staates, dessen Territorium sich kaum verändert hat:

	Mio. deutsche Goldmark	Einwohner (Mio.)
1609	77,87	20
1699	137,65	19
1715	218,88	16
1773	306,00	22
1789	488,06	26

Nach: Quellen zur Wirtschafts- und Sozialgeschichte des 17.–18. Jahrhunderts, hrsg. von G. Eckert, Braunschweig (Westermann) 1967, S. 5 f.

MATERIAL

2 „Den Fremden zur Beförderung ihres Vorhabens" – Absolutistische Peuplierungspolitik

Georg August, Fürst von Nassau, unterzeichnet am 18. Oktober ein „Privilegium" für Neusiedler in seinem Territorium.

Von Gottes Gnaden Wir Georg August, Fürst zu Nassau, Graff zu Saarbrücken und Saarwerden, Herr zu Lahr, Wiesbaden und Itzstein etc. Fügen Hiermit Jedermänniglich zu wissen: Nachdeme durch das verderbliche Frantzösische Kriegswesen von Haus und Hof verjaget und verschiedene Plätze eingeäschert worden, daß diese vertriebene Personen ihren Schutz und Unterhalt anderwärts suchen müssen, deren sich auch viel in Unser Land begeben, und sich darinn häuslichen niederzulassen gemeynet sind, wegen Enge des Platzes aber nicht allerdings unterkommen noch auffgenommen werden können, zu dem Ende und bey Vermehrung Unserer Bürgerschafft zu Itzstein und Wiesbaden. Wir vor diensam befunden, obgemeldte beede Orte einiger massen zu erweitern und in solchen Stand zu setzen, wodurch die Frembd-Ankommende zu bauen Gelegenheit haben und aller möglichen Sicherheit geniessen mögen. Worbey Wir auch geneigt seynd, die jenige, so an beeder Orten einem von neuem bauen und sich allda niederlassen wollen, mit einigen Freyheiten und Exemptionen zu begnadigen und zu versehen. Erklären demnach, ordnen und versprechen hiermit: Erstlich, daß alle diejenige, so an beeder Orten einem von neuem bauen und sich allda niederlassen wollen, auff fünffzehen Jahr lang von allen Personal- und Real-Beschwerden, welche Uns und in die Burgerschafft Unsere übrige Bürgern und Unterthanen sonsten zu leisten und zu tragen schuldig seynd, absonderlich aber von Thor- und Nachtwachten, gemeinen Beschwerden, Aemptern, Frohnden, Diensten, Schatzung, Einquartierung, wie nicht weniger von Bürger- und Einzugs-Geldern, gantz, wie auch von Zunffts-Geldern, so viel uns davon zukommt, befreyet seyn und die fünffzehen Jahr durch dessen gemessen, nach Verliessung der fünffzehen Jahr aber gleich andern Bürgern und Unterthanen ihre Gebühr von Haus und Gut, doch in dem geringsten Anschlag, entrichten und abstatten, hingegen aber des vollkommenen Burgerrechts und aller Privilegien und Beneficien, ohne einiges Entgelt oder Nachtrag, gemessen und fähig seyn sollen. Zweytens, Mitlerzeit und künfftig hin sollen sie sich der gemeinen Wayd, Holtzes und Nutzens mit ihrem Vieh zu bedienen und zu gebrauchen haben. Drittens soll einem jeden, so bauen will, ein freyer Platz, Kalck und Steine gegeben, und von jedem Einwohner des Orts ihme zum Bauwesen des Jahrs drey freye Fahrden gethan werden. Vierdtens, soll ihme das nöthige Gehöltz, soviel dessen in Waldungen zum bauen tüchtig ist, frey und ohne Zahlung erlaubt seyn. Fünfftens, soll einem jeden ein freyer Abzug, ohne zehenden Pfenning und Nachsteuer, und daß er sein Haus und Gebäu, den Kalck, Stroh, und frey Gehöltz nicht angerechnet, hinwiederumb verkauffen und einem andern überlassen möge, worbey der jenige, so an seine statt tretten wird, der obgesetzten fünffzehenjährigen Freyheit fort geniessen solle. Sechstens, die jenige, welche ihr Handwerck gebrauchen und Häuser bauen wollen, sollen sich zwar den Zunfft-Articuln des Orts gemäß halten, das Handwerck aber immer solcher Zeit nicht verschätzen, weniger der Herrschafft von denen Materialien einigen Accíß abstatten[1]. Siebendes, welche Handthierung und Gewerb treiben, sollen von Zoll und Aufflagen allerdings befreyet bleiben und von dem Wein und Bierschank nur ein geringes abstatten. [...] Zehndens, was auch ferners über diese specificirte Stück denen Frembden und Ankommenden zu Beförderung ihres Vorhabens gutes und beyhülffliches erwiesen werden kan, dessen sollen sie sich von Uns, Unsern Beampten und jedes Orts Einwohnern und Unterthanen allerdings zu versehen und würcklich zu geniessen haben. Wir versprechen auch, sie hierbey allerdings zu schützen, zu schirmen und handzuhaben. Urkundt unserer eigenhändigen Unterschrifft und beygedruckten Insiegels. So geben Itzstein, den 18. Octobris Anno 1690.

Georg August, Fürst zu Nassau.

[1] Accíß abstatten: gemeint ist eine Steuerermäßigung auf handwerkliche Materialien und Dienstleistungen.

Christian Spielmann, Geschichte von Nassau, Bd. 3, Quellen, Wiesbaden (Kreidel) 1911, S. 170 ff.

MATERIAL

Heeresstärken in Europa 1550–1750 3

Jahr	*Preußen*	*Frankreich*	*England*	*Niederlande*	*Schweden*	*Russland*
1550	?	50 000	20 000	?	?	?
1590	?	80 000	30 000	20 000	15 000	?
1630/40	2 000	150 000	?	50 000	45 000	35 000
1670/80	27 000	290 000	70 000	110 000	63 000	130 000
1700/10	40 000	400 000	87 000	100 000	100 000	170 000
1740/50	83 000	?	150 000	?	?	?

Geschichtsbuch Oberstufe Bd. 1, Berlin (Cornelsen) 1995, S. 111.

MATERIAL

4 „Damit das Geld nicht außer Landes geht" – Absolutistische Wirtschaftspolitik

König Friedrich II. von Preußen gibt seinem Minister Leopold von Görne am 9. Januar 1777 Hinweise zum Manufakturwesen.

Da noch sehr viele Sachen sind, wofür das Geld aus dem Lande gehet, und die gleichwohl hier im Lande eben so gut angefertiget und gemacht werden können, so habe ich Euch hierdurch aufgeben wollen, dass Ihr Euch die Verbesserung und Vermehrung der Einländischen Manufakturen hauptsächlich angelegen seyn lassen, und beständig darauf raffiniren sollet, wo hin und wieder, besonders in kleinen Städten, die sich dazu schicken, neue Manufacturen von solchen Sachen angelegt werden, die alhier entweder noch gar nicht, oder doch nicht in hinlänglicher Quantität angefertiget werden, damit das Geld davon nicht fernerhin ausserhalb Landes gehet, sondern im Lande selbst verdienet werden kann: Denn da ist zum Exempel das Holländische Papier, ingleichen auch das Royal und andere Sorten gross Papier, wofür jährlich eine grosse Summe Geldes aus dem Lande gehet, das kann ja hier ebenfalls auch gemacht werden, denn was in Holland angehet, muss sich hier eben so gut thun lassen, es fehlt nur daran, dass es die hiesigen Leute nicht recht verstehn; [...] hier zu Berlin schicken sich keine anderen Fabriquen, als von Seiden- und rauhen Stoffen und von Porcellain, weil hier viele vornehme, auch fremde Leute sind, die Gusto haben und dergleichen Sachen lieben; die anderen Fabriquen schicken sich alle besser in die am Wasser belegenen kleinen Städte, wo nicht so theuer wie hier zu leben, und wo Miethe, Holtz und Lebensmittel alles weit wohlfeiler ist. Denn das ist eine Hauptsache, daß der Arbeiter so wohlfeil als möglich leben kann, alsdann braucht der Entrepreneur das Arbeitslohn nicht so theuer zu bezahlen, und er kann seine Waaren viel wohlfeiler verkaufen und dadurch einen stärkeren Debit sich verschaffen. Hierauf nun müsset Ihr den gehörigen Bedacht nehmen und dabey nicht stehen bleiben, dass von der Garnison die Arbeiten leichter zu bekommen, sondern Ihr müsset auch andere Leute dazu ziehen, denn wo Ihr das nicht thut, und die Armee marchiret, so müssen ja sodann alle Fabriquen stille stehen, wenn sie keine andere Arbeiter als Soldaten dazu gebrauchen wollen. [...]

Alles dieses nun habt Ihr gehörig mit aller Attention zu besorgen und Euch wie gesagt der Verbesserung und Vermehrung der Manufacturen im Lande hauptsächlich zu befleissigen und beständig darauf zu denken, wie alle Sachen, wofür Geld aus dem Lande gehet, im Lande selbst angefertiget werden. Es ist solches durchgehends wohl nicht thunlich, denn beispielsweise die rohe Seide haben wir nur erst in geringer Quantität im Lande; die fremden Weine können wir auch nicht entbehren, weil die hiesigen nichts taugen; desgleichen Gewürtze und einige Farbewaaren, die wir nöthig haben; indessen müsst Ihr immer darauf raffiniren, dass das Geld nicht auch für andere Sachen, die hier selbst gemacht werden können, aus dem Lande gehet, als da sind die groben baumwollenen Strümpfe, Mützen und Handschuhe, auch eben dergleichen Waaren von ordinairer grober Schaaf-Wolle; von ersterer Art werde Ich das Jahr die Fabrique in Gartz etabliren und von der andern Art werde ich eine Fabrique in Hinter Pommern, wo viele grobe Wolle gewonnen wird, anlegen lassen.

Friedrich II. überzeugt sich persönlich davon, wie seine 1756 ergangene Anordnung, Kartoffeln anzubauen, umgesetzt wird; Gemälde von Robert Wartmüller, 1886 (Ausschnitt).

Preußen. Zur Sozialgeschichte eines Staates, Bd. 3, bearb. von Peter Brandt u. a., Reinbek (rororo) 1981, S. 66 f.

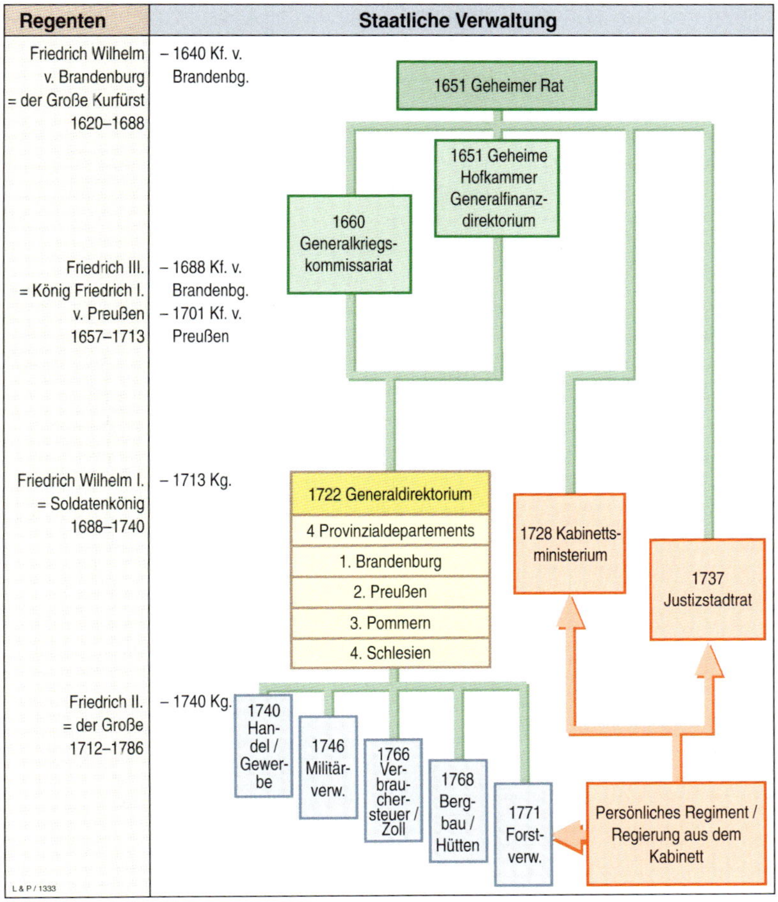

Aufbau der Verwaltung des preußischen Staates.

MATERIAL 5

Am Markt vorbei? Licht und Schatten des Merkantilismus

Der Historiker David Landes analysiert die Folgen der absolutistischen Wirtschaftsförderung (1983).

In Deutschland beteiligte sich insbesondere Preußen an dieser forcierten Industrialisierungskampagne. Geschäftsleute, selbst Adlige und örtliche Verwaltungen wurden dazu gedrängt, „Fabriken" für die Erzeugung von Textilien, Glas, Chemikalien sowie von Eisen- und Nichteisenmetallen zu bauen. Diese königliche Aufforderung war einem Befehl gleichzusetzen. Sie richtete sich insbesondere an jene jüdischen Kaufleute und Hoflieferanten, deren Schicksal in einem stark antijüdisch eingestellten Land weitgehend von der Laune des Herrschers abhing. Hunderte von Unternehmen wurden auf diese Weise gegründet, davon viele in der frisch eroberten Provinz Schlesien, die sich der besonderen staatlichen Fürsorge erfreute. Die anderen Regierungen unterschieden sich in ihren Bemühungen nur graduell von dem preußischen Beispiel. Das gilt für Maria Theresia und ihren Gemahl Franz, den Friedrich der Große als den größten Manufakturisten seiner Zeit bezeichnete, ebenso wie für die Kurfürsten von Sachsen oder, wenn auch in bescheidenerem Umfang, für die Herrscher kleinerer Fürstentümer, wie Württemberg, Hessen und Nassau-Saarbrücken.

Auf die Dauer war diesen Bemühungen aber nur ein Teilerfolg beschieden. Der Staat des 17. und 18. Jahrhunderts vermochte nicht, die Entwicklung auf nationaler Ebene zu planen oder die Grundstoffe wirksam zu verteilen. Dazu fehlten ihm das erforderliche begriffliche Rüstzeug und die notwendigen statistischen Daten. Er hatte eine starke Vorliebe für die falschen Produkte, so für arbeitsintensive Luxusgüter wie Gobelins und Dresdner Figurinen. Ferner förderte er, was sich für die langfristige Entwicklung als besonders schädlich erwies, die Monopolrechte. [...]
Insbesondere begünstigten die staatlichen Hilfsmaßnahmen meistens die Laxheit und bildeten einen Deckmantel für Unfähigkeit. Von einigen bemerkenswerten Ausnahmen abgesehen, wurden die privilegierten Manufakturen nachlässig geleitet und bedurften immer neuer Blutauffrischung durch königliches Kapital. Die von ihnen erzeugten Güter waren oft von minderwertiger Qualität und ließen sich nur an abhängige Kunden, wie Armeeregimenter oder in Deutschland und Österreich an jüdische und ausländische Kaufleute veräußern. Wie Trudaine der Ältere es formuliert hat, „bringt das Geld des Königs denjenigen Nachteile, die Kredite oder Vorschüsse erhalten." Viele dieser Unternehmen gingen sofort zugrunde, wenn ein Regierungswechsel oder eine ideologische Hinwendung zu dem Prinzip des *laissez-faire* sie der staatlichen Freigebigkeit beraubte. So musste Friedrich der Große erleben, dass Dutzende seiner Unternehmen zusammenbrachen; die meisten übrigen erlitten kurz nach seinem Tod dasselbe Schicksal.
Die Anstrengungen, die industrielle Entwicklung von oben fördernd zu steuern, waren jedoch keinesfalls nur Vergeudung von Energie und Geld. Der Merkantilismus kann zumindest das Verdienst für sich in Anspruch nehmen, viele Träger des ökonomischen Wandels geschaffen zu haben. So waren jene glücklosen Manufakturen und Fabriken häufig Übungsplätze für die folgende Generation. Die Feintuchfabrik von Brünn in Mähren war ein stockendes Unternehmen, das schließlich zusammenbrach. Ihre ehemaligen Mitarbeiter trugen dann aber dazu bei, die Stadt zum Zentrum der Textilherstellung im Gebiet der heutigen Tschechoslowakei zu machen. Unter den britischen Technikern, die auf dem Festland Werkstätten und Fabriken bauten, gab es nur wenige, die nicht, manchmal unabsichtlich, ihre späteren Konkurrenten ihre Methoden lehrten.

David S. Landes, Der entfesselte Prometheus. Technologischer Wandel und industrielle Entwicklung in Westeuropa von 1750 bis zur Gegenwart, München (dtv) 1983, S. 135 f.

1. Errechnen Sie die staatlichen Ausgaben pro Kopf der Bevölkerung. (M 1) Vergleichen Sie die Entwicklung der pro Kopf-Belastung in den einzelnen Staaten miteinander. Welche Tendenzen lassen sich identifizieren?
2. Erläutern Sie die Maßnahmen, mit denen der nassauische Graf Neusiedler zu gewinnen sucht. (M 2) Klären Sie in lokalgeschichtlichen Darstellungen oder im Archiv, ob in Ihrer Region vergleichbare Initiativen zur „Peuplierung" ergriffen wurden.
3. Stellen Sie Zusammenhänge zwischen den Staatsausgaben und der Entwicklung der stehenden Heere her. (M 3) Bedenken Sie dabei, dass Kriege als legitime Mittel der Politik galten.
4. Diskutieren Sie außenpolitische Argumente einer aktiven Bevölkerungspolitik („Peuplierung"). (M 2 und M 3)
5. Erläutern Sie die Maßnahmen von König Friedrich II. (M 4) Welche Ziele verfolgt der preußische Monarch?
6. Diskutieren Sie, ausgehend von den Argumenten, die David Landes liefert (M 5), die Folgen und die Bilanz der merkantilistischen Wirtschaftspolitik.

6.4 Das Privatleben wird Gegenstand der Politik

Glanz und Bevormundung

Die allgemeine Akzeptanz der herrschaftlichen Macht hatte zur Folge, dass das absolutistische Staatsziel umstandslos mit dem Wohl der Untertanen gleichgesetzt wurde. Dies legitimierte zugleich die Praxis der Bevormundung der Untertanen. Einerseits schufen die glanzvollen Residenzen den Raum, in dem sich das Genie eines Bach, Mozart oder eines Johann Balthasar Neumann entfalten konnte, anderseits mussten die Künstler oft unter demütigenden Bedingungen arbeiten und nicht selten „Auftragskunst" betreiben. Ebenso wie die Initiativen im Bereich der Wirtschaftsförderung zeigt sich das neue herrschaftliche Selbstbewusstsein auch in der Reglementierung des Verhaltens der Menschen in Stadt und Land. Diese reichten bis zur pedantischen staatlichen Regelung der Trauerzeiten im Todesfall, die nach dem Verwandtschaftsgrad und dem Alter des Verstorbenen gestaffelt waren.

Wie weit reichte der Arm der Obrigkeit?

Der „Policey" – also der neuen Staatsverwaltung – fiel dabei die Aufgabe zu, die Wohlfahrt des Staates mit der des Einzelnen zur Deckung zu bringen. Tatsächlich hat die absolutistische Staatsverwaltung durchaus bemerkenswerte Initiativen entwickelt, aber wie war es um die tatsächliche Reichweite der damaligen Ordnungsmächte bestellt? Diese produzierte zwar eine Flut von Ge- und Verboten, inwieweit deren Ziele und Inhalte aber umgesetzt werden konnten, ist sehr umstritten.

MATERIAL

„Polizeistaat" oder „Vater Staat"? 1

Vorschriften über die „Pflicht- und Schuldigkeit eines Unterthanen" der Herrschaft Warthausen in Schwaben (1765):

1. Er solle sich eines gottsfürchtigen fromm- und redlichen Lebenswandels befleissen, darzu auch sein Weib, Kinder und Hausgesind ernstlich anhalten, Gottes und der Kirchen Gebott stets vor Augen haben, denen Christenlehren und -schulen seine Jugend, Kinder und Hausgenossen fleißig zuschicken.
2. Allem, was ihme von dem hochgräfl. Oberamt oder in dessen namen von dem Dorfsvorsteher befohlen wird, getreulich und ohnweigerlich nachkommen, gehorsam, dienstlich und folgsam seyn.
3. Denen von herrschaftswegen begnehmigten gemeindschlüssen folg leisten.
4. Nüchtern und bescheiden leben, gute Zucht, ordnung und reinlichkeit in seinem haußwesen beobachten.
5. Niemand mit wercken noch worten beleidigen, vielweniger eine empfangene ohnbild selbst rächen, sondern […] bey dem hochgräfl. oberamt hülf und genugtuung suchen. […]

18. Niemand solle einen fremden in das dorf nicht gehörigen menschen, klein oder groß, unter was vorwand es auch seye, über nacht in seinem hauß beherbergen, sondern in das Wirtshauß, wo eines vorhanden, weisen, wo aber keines wäre, den fremden weiterschicken und in dem dorf nicht übernachten, ja wenn es der nächste befreunde wäre, den er über nacht beherbergen wollte, solle er es zuvor dem dorfsvorgesetzten anzeigen und dieser selbst, ob es so seye, den augenschein nehmen.
19. Keinem fremden bettler, er seye, wer er wolle, solle ein allmosen gegeben noch das sammeln gestattet, sondern gleich abgetrieben und bei weigerung oder drohung handfest gemacht und der obrigkeit gebunden eingeliefert, auch dem dorfswächter unter verlust schutzes haus und hof bewehrte hand gebotten werden. Gleichen verstand und bewandnuß hat es auch mit allen denen, so um brand- und wetterschaden oder sonst vorgebliches unglück in den dörfern zu sammeln sich unterstehen, welche ohne beysteuer ab- und an das oberamt gewiesen werden sollen, wo sie

nach befund der wahrheit und umständen beyhülff sowohl aus der herrschafts- als gemeinen cassa zu empfangen haben.

20. Einheimische mit bettelzeichen versehenen armen hingegen solle jeder nach maasgab seines vermögens desto mildtätiger und reichlicher allmosen gebend und deren not zu hülff kommen.

21. Alles spielen um baar geld wird in den wirts- und privathäussern in- und außer der herrschaft, besonders in heimlichen schlupfwinkeln, schärfstens verboten.

Aus: Peter Lahnstein, Schwäbisches Leben in alter Zeit, München (List) 1983, S. 285 ff.

Bettelnde Emigranten; Radierung von Daniel Chodowiecki, 1795.

MATERIAL

2 Wie dem Müßiggange abgeholfen werden kann

Der Kameralist Philipp Peter Guden veröffentlicht 1768 eine Studie mit folgendem Titel: „Polizey der Industrie, oder Abhandlung von den Mitteln, den Fleiß der Einwohner zu ermuntern, welcher die königl. Groß-Brittanische Societät der Wissenschaften zu Göttingen i. J. 1766 den Preis zuerkannt hat."

Ferner wird es nöthig seyn, daß dem Volke alle Gelegenheiten abgeschnitten werden, welche zum Müßiggang verleiten. Hierunter sind billig die vielen Feyertage zu rechnen. Freylich, wenn die Absicht, in welcher sie verordnet worden, dadurch erreichet würde, so würde es gottlos seyn, sie zu vermindern. Allein bis jetzt sind alle Bemühungen der Prediger fruchtlos gewesen, den grössesten Haufen dahin zu bringen, daß er drey ganzer Tage hinter einander seine Andacht in der Kirche und zu Hause fortsetzen sollte. Die mehresten bestimmen diese Feyertage lediglich zu Tagen der Wohllust und Schwelgerey, wie einem jedem bekannt ist. Da nun diese Feyertage nicht von Gott, sondern von Menschen, verordnet, und der Endzweck, warum sie verordnet, nicht erhalten wird, so wollen wir von der anderen Seite erwegen, was für Uebel für einen Staat entstehet. Gesetzt, daß in einem Lande 300 000 Acker-Leute, Bauren, Bauer-Frauen, Knechte und Mägde, und 60 000 Handwerker sind, und jeder im Durchschnitt des Tages über 5 Mgr. verdienet, so bringet dieses für einen Tag 50 000 Rthlr. folglich leidet solches Land an jedem FestTage, den Gott nicht verordnet hat, über 50 000 Rthlr.[1] Schaden, folglich in 30 Feyertagen 1 1/2 Million Rthlr. Nun will ich nicht einmal erwehnen, daß viele in dergleichen Feyertagen so sehr schwelgen, daß sie im folgenden Tage zur Arbeit untüchtig sind, mithin die Feyertage an der Arbeit versäumen; sondern ich will nur diese anführen, daß wenn sie auch nicht so sehr schmarotzten, sie sich dennoch an den vielen Fest-Tagen der Arbeit entwöhnen. Die Arbeit wird allein durch die Gewohnheit süsse. Je seltener man sich dem Müßiggange ergiebt, desto angenehmer bleibt die Arbeit. Im Anfang hält es schwer, sich dazu zu gewöhnen; ist man aber einmal im Zuge, so wird uns selbst der Müßiggang unerträglich. Die nöthigen Erquickungen kann ein jeder ohnedem täglich geniessen.

[1] Mgr. und Rthlr.: Groschen und Reichst(h)aler

Zit. nach Paul Münch (Hrsg.), Ordnung Fleiß und Sparsamkeit. Texte und Dokumente zur Entstehung der „bürgerlichen Tugenden", München (dtv) 1984, S. 175.

Jan Brueghel d. Ä. (1568–1625), Rast vor einem dörflichen Wirtshaus.

MATERIAL

Sozialdisziplinierung? 3

Der Historiker Martin Dinges erläutert die Praxis der Armenpolitik im 16. und 17. Jahrhundert in Bordeaux (1991).

Die Armenfürsorge und -politik der Stadt Bordeaux in der Frühen Neuzeit unterschied sich nicht grundsätzlich von der anderer Städte. Die fremden Armen sollten ausgewiesen, Bettler und Vagabunden bestraft, die ortsansässigen Bedürftigen unterstützt und von den arbeitsfähigen, aber arbeitsunwilligen unterschieden werden. Die Strafen für Bettelei wurden entsprechend von 1520 bis 1542 an die Sanktionen für andere strafbare Handlungen angeglichen. Die obrigkeitlichen Normen beabsichtigten eine Kriminalisierung und Repression des Bettelns sowie gefilterte Hilfe für die ortsansässigen „guten" Armen.

Die Zahl von 66 Ausweisungsbeschlüssen in 150 Jahren (von 1525 bis 1675) lässt nur den Schluss zu, dass die Obrigkeit zwar die fremden Bettler ausweisen wollte, es aber nicht konnte. Für eine effiziente Ausweisungspolitik fehlten ihr die elementarsten Voraussetzungen, z. B. eine intakte Stadtmauer. Auch die Abweisung der fremden Bettler durch das Verbot für die Fährleute, diese nicht über die Garonne zu transportieren, stand nur auf dem Papier. Die Armen, die nicht durch Breschen oder dank der Müllberge über die Stadtmauer kamen, hatten es an den Stadttoren mit einer nur unregelmäßig anwesenden und bestechlichen Polizei zu tun.

Einmal in der Stadt, sollten alle Fremden von den Vermietern in ein Fremdenregister eingetragen werden. Keines dieser Register ist überliefert, und ihre Kontrolle wird in den Stadtratsprotokollen nie erwähnt, so dass man davon ausgehen kann, dass sie nicht geführt wurden. Die Ausweisung der fremden Bettler war also teilweise undurchführbar und wurde ansonsten weder vom Stadtgericht noch von der Polizei ernsthaft betrieben. Die Verordnungen gegen die Bettler sahen als Strafen Auspeitschung, Zwangsarbeit, das Anketten an einen Müllwagen und im Wiederholungsfall Galeerenstrafen vor. Die Polizei weigerte sich aber grundsätzlich, Auspeitschungen durchzuführen. Die Stadtgerichtsakten enthalten kein einziges Urteil wegen Bettelei oder Vagabundentum. Vielmehr zogen es die Stadtbürger weiterhin vor, den Armen direkt Geld zu geben, statt Geld in die Opferstöcke des Stadthospitals zu werfen. In einer Stadt mit 30 000 bis 35 000 Einwohnern war das

„Disziplinierungsrisiko", etwa einen Tag am Müllkarren zu verbringen, ganz unerheblich im Verhältnis zu der Chance, durch Betteln etwas Geld zu erheischen [...]. Die Wirkungslosigkeit und Nichtdurchführung der obrigkeitlichen Armenpolitik sind in Bordeaux so offensichtlich, dass es unmöglich ist, den Willen zur Disziplinierung für das wesentliche Kennzeichen dieser Politik zu halten. Viel bezeichnender ist das Auseinanderfallen von Anspruch und Wirklichkeit. Nicht die repressiven und kriminalisierenden Ziele und Normen, sondern ihre Nichtanwendung, Nichtdurchsetzbarkeit und Wirkungslosigkeit kennzeichnen die Verhältnisse in Bordeaux.

Die Erziehung zu Demut, Fleiß und Arbeitswilligkeit wird für eine weitere wichtige Komponente der Sozialdisziplinierung gehalten. Schon für die Nutzung von Hospitalleistungen durch die Bedürftigen ist es sehr fraglich, inwieweit die Zugangskontrolle von den Betroffenen, die sich nicht mehr ernähren konnten, als „disziplinierend" wahrgenommen wurde. Und wenn es wirklich auf das Überleben ankam, konnte der Hilfesuchende dann nicht – den Gönnern zuliebe – etwas Demut spielen?

Auch die Erziehung zur Arbeitsdisziplin und zu christlicher Lebensführung spielte in der Bordelaiser Armenfürsorge nur eine marginale Rolle. Zwar wurde die Aufnahme der Hospitalwaisen in Lehrverhältnisse von der Obrigkeit bereits im Jahr 1542 gefordert. Aber die Handwerker verweigerten durchgehend die Übernahme der Waisen, wohl aus Qualitätsgründen, und wenn schon einmal ein solcher Lehrjunge beschäftigt wurde, lief er bald weg oder wurde von seinem Lehrherrn verjagt.

Adriaen Pietersz van de Venne (1589–1662), *Allegorie der Armut, ca.* 1635 (*Allen Memorial Art Museum, Ohio*).

Nach: Martin Dinges, Frühneuzeitliche Armenfürsorge als Sozialdisziplinierung? Probleme mit einem Konzept, in: Geschichte und Gesellschaft 17 (1991), Heft 1, S. 11–18.

1. Erläutern Sie die einzelnen Bestimmungen in den Vorschriften der Herrschaft Warthausen. Welche Ziele verfolgte der frühmoderne „Policeystaat" mit diesen Verordnungen? Inwiefern lagen sie auch im Interesse der Untertanen? (M 1)
2. Formulieren Sie aus zeitgenössischer Perspektive eine zustimmende und eine ablehnende Stellungnahme zu den Vorschlägen von Guden. (M 2)
3. Diskutieren Sie, inwiefern es der Obrigkeit gelang, die Untertanen und Armen zu „disziplinieren". Entwickeln Sie auch Gegenthesen: Inwiefern könnte – mit Blick auf das Verhalten der Menschen in späterer Zeit – von einem Prozess der Selbstdisziplinierung gesprochen werden?
4. Diskutieren Sie, ausgehend von M 3, das Problem von Anspruch und Wirklichkeit frühneuzeitlicher Politik.

Pieter van Serwouters, Vor der Bettlerherberge, Kupferstich aus dem 17. Jahrhundert.

6.5 Leben am Rand der Gesellschaft

Soziale Unsicherheit und Obdachlosigkeit

Sehr viele Menschen – Schätzungen reichen von 10 bis 30 Prozent der Bevölkerung – lebten in der Frühen Neuzeit buchstäblich auf der Straße. Zu ihnen gehörten so unterschiedliche Personengruppen wie Bettler, Dirnen, (Kriegs-)Versehrte, Sieche, Landstreicher, Diebe, Landsknechte, Deserteure, Zigeuner, arbeitslose Gesellen, aber auch arbeitslose Musiker, sonstige Künstler, Flüchtlinge und andere Gruppen. Ihre Armut hatte die unterschiedlichsten Ursachen: Kriege und Kriegsfolgen des 16. bis frühen 19. Jahrhunderts, Hungerkrisen, Epidemien, aber auch die materiellen sozialen Verhältnisse, mit denen die Menschen zurecht kommen mussten. Vor der Französischen Revolution verdiente fast die Hälfte der Männer nicht genug, um damit eine fünfköpfige Familie ernähren zu können; in Deutschland konnten sich etwa zwei Drittel der Bevölkerung nicht mehr aus eigenem Grundbesitz ernähren. Die Arbeit in vielen städtischen und ländlichen Gewerben war so schlecht bezahlt, dass selbst die Mitarbeit von Kindern kaum zum Überleben reichte. Einige Arme ließen sich in die Kriminalität drängen und schlossen sich zu Räuberbanden zusammen.

Kriminalisierung von Randgruppen

Die entstehenden Territorialstaaten reagierten auf die Armut der Menschen repressiv: Einige Beispiele aus dem Märkischen: Edikt wider die fremden Bettler und Landstreicher (1565), Wider die Landbeschädiger, Räuber und unbekannte verdächtige Personen (1567), Wider die Straßenräuber, Mordbrenner, verdächtige Müßiggänger und interessenlose Knechte (1573), Wider die Landstreicher und Bettler (1573), Edikt wider die Landsknechte, Teichgräber, in Backöfen sich aufhaltende Bettler und Müßiggänger (1584) usw. Die Flut derartiger Edikte wurde in den folgenden Jahrhunderten eher noch größer. Noch im 18. Jahrhundert führten einige Staaten Kriege nicht nur gegen Wölfe, sondern vor allem gegen Zigeuner mit dem Ziel ihrer systematischen Ausrottung. Bei diesen gewaltigen Treibjagden wurde mitunter die gesamte lokale Bevölkerung mobilisiert.

Arbeitshäuser und Barmherzigkeit

Außerdem reagierten die Staaten mit der Errichtung von Arbeitshäusern, in denen die eingesperrten Delinquenten zu ihrer „Besserung" bei miserabler Ernährung wie in den meisten Manufakturen schikaniert wurden und dabei Schwerstarbeit verrichten mussten. Erheblich weniger streng verhielten sich manche städtischen, insbesondere kirchliche Einrichtungen, aber auch die Landbevölkerung gegenüber dem Massenelend. Aber die Situation der Armen sollte sich erst in der zweiten Hälfte des 19. Jahrhunderts nachhaltig ändern.

MATERIAL

1 Randgruppen – nicht nur in Kriegszeiten

Um 1800 wurden in Bayern Militärkommandos eingesetzt, die für die Sicherheit auf dem Lande sorgen sollten. Sie beobachteten und verfolgten vor allem wohnsitzlose „fahrende Leute". Die aufgegriffenen Menschen wurden entweder in ihre Heimat ausgewiesen oder den Gerichten übergeben. Für den Zeitraum von 1806 bis 1815 sind folgende Zahlen aktenkundig geworden:

193	Mörder
178	Straßenräuber
47	Mordbrenner
6156	Diebe
1389	Betrüger
955	Schwärzer (Schmuggler)
7795	inländische Deserteure
43449	ausländische Deserteure
5129	entflohene Kantonisten
67343	männliche Vaganten
42743	weibliche Vaganten und Kinder
485	Wildschützen
1604	Holzfrevler
4822	Hausierer
40673	Polizeiübertreter
46631	Bettelleute

[1] Kantonist: frisch ausgehobener Rekrut
[2] Polizeiübertreter: allgemeine Straftäter

Carsten Küther, Räuber und Gauner in Deutschland. Das organisierte Bandenwesen im 18. und frühen 19. Jahrhundert, Göttingen (Vandenhoeck und Ruprecht) 1976, S. 19 f.

MATERIAL

2 „Zu allen Zeiten heimtückische Menschen"

Der Historiker J. Brumm berichtet im Jahr 1914 vom Zigeunerwesen in Nassau.

Die Zigeuner sind zwar noch nicht ausgestorben, aber sie sind auf unsern Landstraßen und in Dörfern und Städten seltener geworden. Früher war das anders. Sie bildeten eine Landplage, gegen die man zu allen Zeiten schwer hat ankämpfen müssen. [...] Die Männer sind meist ohne besonderen Beruf. Doch haben sie es zu allen Zeiten verstanden, mit Schlingen dem Wild nachzustellen, in den Bächen die edelsten Fische zu fangen und auf den Feldern zu stehlen wie die Atzeln[1]. Schwere Einbrüche und Diebstähle sowie räuberische Überfälle auszuführen, das haben sie auch gut fertig gebracht. Sie lebten, um es summarisch zu sagen, von unehrlicher Hantierung. Erst in neuester Zeit treiben sie zum Schein ein Gewerbe. Die Frauen und Kinder sind zu allen Zeiten dem Bettel nachgegangen und wo durch dieses armselige Handwerk nicht genügend Mittel aufgebracht wurden, da suchte man sich den Unterhalt durch Diebstahl, Wahrsagen, Krankenheilung und andere unehrliche Künste zu beschaffen. Dazu waren die Zigeuner zu allen Zeiten heimtückische Menschen, die sich zu rächen verstanden, wenn man ihnen nicht zu Willen war. Sicher konnte man sich gefasst machen, dass der rote Hahn[2] bald auf dem Dache saß. Schweinemäßig schmutzig sind die Zigeuner bekanntlich auch, dazu übelriechend wie die Hunde, die sie stets in großer Zahl mit sich führen. In einer Diezer Verordnung aus 1674 heißt es: Man soll Zigeuner, welche in Abgötterei und Aberglauben stecken und als Verräter der Christen und Kundschafter und Ausspäher gelten, nicht dulden und ihnen keinen Aufenthalt geben, noch Durchzug gestatten, sondern sie stracks ausweisen. Sollten sie sich widersetzen, so sollen Amtleute, Schultheißen, Keller, Bürgermeister und Heimberger alle Untertanen zu Hilfe rufen und die Fremden verfolgen, ihre Pferde, Gewehre, Mobilien in Gewahrsam nehmen und Bericht erstatten, damit die Verbrecher nach Gebühr bestraft werden.

Noch schärfere Maßnahmen werden von der Diezer Regierung im Jahre 1723 gefordert, wenn sie schreibt: Wenn sich Zigeunergesindel in Städten, Flecken und Dörfern sollte betreten lassen, soll man nach erregtem Lärm und Glockenschlag und zusammengebrachter bewehrter Mannschaft das Gesindel auf dem Fuß verfolgen und auf bewehrte Zigeuner, so sie sich widersetzen, Feuer geben und sich deren Personen tot oder lebendig bemächtigen. So sich Zigeuner nachts in verschlossenen Hofreiten betreten lassen, soll man sie niederschießen, ohne dass jemand, der solcher Raubvögel einen niedergeschossen oder sonstwie zum Tode gebracht hat, irgend etwas verbrochen oder verwirkt haben soll. [Nach einer anderen Verordnung von 1739] war es auch gestattet, Zigeuner bei Widersetzlichkeit sofort zu erschießen und die, welche eingebracht wurden, sollten zu Zuchthaus auf ewig kondemniert[3] werden.

[... Nach einer Verordnung von 1748:] Falls man sie zur Haft bringt, soll man kurzen summarischen Prozess machen und sie mit dem Strang vom Leben zum Tode bringen.

---

[1] Atzel: Elster

[2] Roter Hahn: Feuer

[3] kondemniert v. lat. condemnare: verurteilen, missbilligen

J. Brumm, Zigeuner in Nassau, in: Nassovia 15 (1914), S. 46 f.

MATERIAL 3

Ein skeptischer Blick auf das fahrende Volk

Der Zuchthauspfarrer Schöll berichtet vom Familienleben des fahrenden Volkes (1793).

Der Ort des Aufenthalts und das häusliche Leben ist bey den Jaunern, da sie nirgends keine Niederlassung und kein eigenes Obdach haben, unbestimmt und abwechselnd. Meistens halten sie sich, in der Zeit, wo sie mit stehlen nicht beschäftigt sind, in den Diebsherbergen mit ihren Beyschläferinnen und Kindern auf, und zwar nach Beschaffenheit der Jahreszeit, der Witterung und der Gegend bald längere bald kürzere Zeit; oft nur über Mittag oder Nacht, manchmal aber auch Wochen lang, besonders zur Winterszeit und bey anhaltendem Regenwetter. Von diesen Herbergen aus nehmen sie ihre Einbrüche und Diebstähle vor, in diese kommen sie nach vollbrachter oder unternommener That mit ihrer Beute zurück: und so lange sie sich da befinden, geniessen sie alle Rechte der Haußleute. Die Weiber kochen, wiewohl von ihrem eigenen Vorrath, auf dem Heerd des Haußherrn, und die Diebsfamilie verzehrt an dessen Tische die zubereiteten Speisen. Ihre Schlafstätte haben sie entweder in den Wohnstuben oder in den Scheunen ihrer Wirthe, und Altes und Junges ist da um neben einander gelagert: manchmal auf den Betten, die sie zum Theil mit sich führen, manchmal aber auch nur auf Stroh, oder auf den blosen Bänken, oder Boden. Ihr Zeitvertreib, wenn sie etwas längere Zeit sich aufhalten, ist Plaudern, Zechen, Spielen, Herumlauffen in den Häusern im Dorf; oft auch Jagen in der Nachbarschaft. Wann die Gesellschaft aufbricht, und weiter zieht: so theilt sie sich ordentlicher weise: die Männer gehen einen besondern Weg, und die Weiber und Kinder einen andern, um nicht durch ihre zu starke Anzahl Aufsehen zu erregen, und in ihren beederseitigen Verrichtungen unterwegs um so weniger gehindert zu werden. An einem verabredeten Ort kommen sie wieder zusammen, oft erst nach Verfluß von einem oder etlichen Tagen, wo

Jules Jollivet (1794–1871), Rast der Zigeuner in den Bergen von Ronda (1836), Musée Rollin, Autun (Ausschnitt).

alsdann die Männer unterdessen aus ihrem Beutel, entweder bey Diebsfreunden oder in ortlichen Wirtshäusern, zehren [...].
Wann die Weiber Wochen zu halten haben: so werden sie gewöhnlich von ihren Männern einige Zeit vorher in irgend eine sichere, von gutmüthigen Bauern bewohnte, Gegend – meistens auf dem Schwarzwald oder der Alp, weggeschickt, und lauffen da so lang umher, bis die Stunde ihrer Entbindung kommt. Dann begeben sie sich ins nächste beste Bauernhauß und bitten um Aufnahme. Sind aber eben, wie es auch manchmal geschieht, ihre Männer oder Beyschläfer bey ihnen; so machen ihnen diese Quartier, und wenn es ihnen allenfalls nicht gutwillig zugestanden wird: so dringen sie sich den Bauern auch wohl geradezu mit Gewalt auf. „Wenn du mich nicht behälst; so behalt ich dich", sprach ohnelängst ein Kessler[1] zu einem Bauer, der sich die verlangte Beherbergung seines, der Geburt nahen, Weibes verbat. Doch werden die Gebährerinnen meistens, selbst auch wenn sie ganz unbekannt sind, ohne Schwierigkeit von den mitleidigen Landleuten aufgenommen.

[1] Kessler: Kesselschmied

Abriß des Jauner und Bettlerwesens in Schwaben. Vom Verfasser des Konstanzer Hanß, bey Erhard und Löflund, Stuttgart 1793, S. 248 ff. und 251 f.

1. Armut wird in der Frühen Neuzeit kriminalisiert. Diskutieren Sie diese These anhand der polizeilichen Statistik von 1806–1815. (M 1)
2. Stellen Sie Herkunft und Schicksal der Sinti und Roma vor (Kurzreferat).
3. Was wird den „Zigeunern" vorgeworfen? Inwiefern entsprach deren Lebensweise nicht den Idealen der entstehenden bürgerlichen Gesellschaft und den Zielen absolutistischer Politik? (M 2 und M 3)
4. Warum verhielten sich die Landleute oft menschlich oder solidarisch zu dem „fahrenden Volk"? Beziehen Sie dabei auch die Lebensverhältnisse auf dem Lande und die Schilderungen Ulrich Bräkers (Kap. 6.1) mit ein.
5. Massenarmut und Wohnsitzlosigkeit gab es auch früher. Erläutern Sie, wie sich in der Frühen Neuzeit deren Wahrnehmung veränderte.

Statistik und Demographie

Statistiken sind, für sich betrachtet, wenig aussagekräftig. Erst wenn man die richtigen Fragen an sie stellt, können sie sehr ergiebig werden. Aber dabei gibt es einige Fallen, die man umgehen muss: Statistiken sind stets daraufhin zu befragen, auf welcher Basis sie erstellt wurden, welche sozialen Gruppen in die Erhebung besonders einbezogen wurden, welche (sozialen) Tatbestände zueinander in Beziehung gesetzt werden und welche weiteren Daten oder Umstände man kennen müsste, um echte Zusammenhänge herstellen zu können.

In der Frühen Neuzeit wurzelt die moderne Statistik. Mathematiker leisteten im 17. Jahrhundert Bahnbrechendes in der Wahrscheinlichkeitsrechnung. Auch die Geschichtswissenschaft kann für diese Zeit neue Methoden anwenden. Denn die seit der Reformationszeit erstellten Kirchenregister sind eine schier unerschöpfliche Fundgrube für unterschiedlichste Recherchen.

M 1 Was erlebte Johannes Hooss (1670 – 1755) auf einem nordhessischen Bauernhof?

Familienstatus	*Name*	*Lebensdaten*	
	Johannes Hooss	1670 – 1755	Hofbesitzer 1686 – 1724, 1. Ehe 1689 – 1699, 2. Ehe 1700 – 1755
Vater	Johannes	1626 – 1686	Hofbesitzer bis 1686
Mutter	?	1636 – 1677	
Geschwister	Anna Catharina	1661 – 1747	Heirat 1681 nach Ransbach
	Anna	1665 – 1726	Heirat 1688 nach Ascherode
	Hans Class	1667 – ?	Konfirmation 1680
Stiefmutter	?	1650 – 1723	Zuheirat 1678 aus Wasenberg
Stiefgeschwister	Johann Valentin	1679 – 1761	Heirat 1707 nach Obergrenzebach
	Hans Henrich	1680 – ?	Konfirmation 1694
	Johannes	1681 – 1743	Heirat 1708 nach Obergrenzebach
	Johann Adam	1683 – 1688	stirbt als Kind
	Catharina	1685 – 1760	Heirat 1706 nach Wasenberg
1. Ehefrau	Catharina	1672 – 1699	Zuheirat 1689 aus Ransbach
Kinder	Anna Catharina	1691 – 1692	stirbt als Säugling
	Anna	1693 – 1693	stirbt als Säugling
	Anna Catharina	1696 – 1724	Heirat 1716 nach Zella
	Totgeburt	1699	Totgeburt, auch die Mutter stirbt
2. Ehefrau	Elisabeth	1681 – 1760	Tochter vom Leimbacher Hof 2
Kinder	Gela	1701 – 1760	Heirat 1721 nach Gungelshausen
	Katharina	1703 – 1742	Erbin des Hofes, Heirat 1727
	Elisabeth	1706 – 1709	stirbt als Kind
	Anna Gela	1709 – 1794	Heirat 1730 nach Zella
	Johannes	1711 – 1719	stirbt als Kind an „Dysenterie“
vier weitere Kinder sterben im ersten Lebensjahr	Johannes Valentin	1714 – 1721	stirbt als Kind
	Elisabeth	1720 – 1742	Heirat 1741 nach Niedergrenzebach
	Martha Elisabeth	1723 – 1794	Heirat 1743 mit dem Witwer ihrer Schwester auf dem Hof

M 2 Die Söhne der Familie Hooss – wer erbt den Hof? Wer darf „Johannes" heißen?

Hofbesitzer	*Zeitraum des jeweiligen Hofbesitzes*	*Söhne (Hoferbe in roter Schrift)*	*Lebensdaten*
Johannes Hooss	ca. 1552 – 1584	Curt Georg Johannes	1552 – ? 1560 – 1612 1560 – 1616
Johannes Hooss	1584 – 1616	Johannes d. Ält. Georg Jost Johannes d. Jün.	1585 – 1635 1589 – 1673 1595 – 1629 1598 – 1670
Johannes Hooss	1616 – 1635	Johannes Valentinus Johannes Johannes Clas	1624 – 1636 1626 – 1686 1629 – 1631 1631 – 1669 1632 – 1677
Valentin Hooss	1646 – 1686	Hans Class Johannes Johann Valentin Johann Henrich Johannes Johann Adam	1667 – ? 1670 – 1755 1679 – 1761 1680 – 1694 1681 – 1743 1683 – 1688
	Drei weitere Kinder sterben im ersten Lebensjahr.		
Johannes Hooss	1686 – 1724	Johannes Johann Valentin	1711 – 1719 1714 – 1721
	Drei weitere Kinder sterben im ersten Lebensjahr.		
Johannes Hooss (Schwiegersohn aus Gungelshausen)	1724 – 1761	Johannes Johannes Johannes Jost Conrad	1728 – 1728 1734 – 1817 1744 – 1792 1747 – 1750
Johannes Hooss	1764 – 1795	Johannes	1773 – 1838
Johannes Hooss	1795 – 1835	Sebastian Johann George Johannes	1801 – 1858 1803 – 1805 1812 – 1866
Johannes Hooss	1835 – 1866	Sebastian Johannes	1842 – 1843 1854 – 1920
Johannes Hooss	1879 – 1914	Johannes Sebastian	1880 – 1970 1885 – 1966
Johannes Hooss	1914 – 1945	Johannes	1915 –
Johannes Hooss	1945 –		

aus: Arthur E. Imhof, Die verlorenen Welten. Alltagsbewältigung durch unsere Vorfahren – und weshalb wir uns heute so schwer damit tun, München (Beck) 1984, S. 137 und 148.

M 3 Bäuerliche Stabilitätsstrategien – ein Interpretationsvorschlag des Sozialhistorikers Arthur Imhof (1984):

Heute „lohnt“ es sich und macht Sinn, in Menschenleben zu investieren. Damals hatten notgedrungen andere Werte Vorrang; Dinge, welche das einzelne unsichere Menschenleben überdauerten. Nicht der jeweilige Hofbesitzer und sein individuelles Wohlbefinden waren damals zum Beispiel das entscheidend Wichtige, sondern das Wohl und Ansehen des Hofes selbst, nicht die zu diesem oder jenem Zeitpunkt gerade darauf lebende Familie, sondern die Familienabfolge, das Geschlecht. Generation um Generation kreiste um diesen Mittelpunkt, Hofbesitzer nach Hofbesitzer, aber eben weniger als Individuum denn als Rollenträger. Eine Idee, ein Wert stand im Zentrum, nicht ein Ego. Unser heute so ausgeprägter Individualismus und Egoismus scheint somit auch eine der zahlreichen Folgen der sicherer und länger gewordenen irdischen Lebensspanne zu sein. [...] Um das ganz und gar erstaunliche Ergebnis einer solchen Strategie [gemeint: der Familie Hooss], einer hier voll zum Tragen kommenden Stabilitätsstrategie vorwegzunehmen: Sie hatte während mehr als vierhundert Jahren ununterbrochen Bestand! [...] Dieser Hof [wurde], soweit sich seine Geschichte zurückverfolgen lässt, bei Erbgängen nie aufgeteilt, sondern seit der Mitte des 16. Jahrhunderts stets als Einheit an einen einzigen Vertreter der nächsten Generation übergeben. Die Ansprüche aller anderen Kinder hatten sich diesem strikten Grundsatz zum Wohle des Hofes unterzuordnen.

aus: Arthur E. Imhof, Die verlorenen Welten. Alltagsbewältigung durch unsere Vorfahren – und weshalb wir uns heute so schwer damit tun, München (Beck) 1984, S. 20 und 141.

M 4 Wandel der Familienphasen seit dem 17. Jahrhundert bis in die Gegenwart

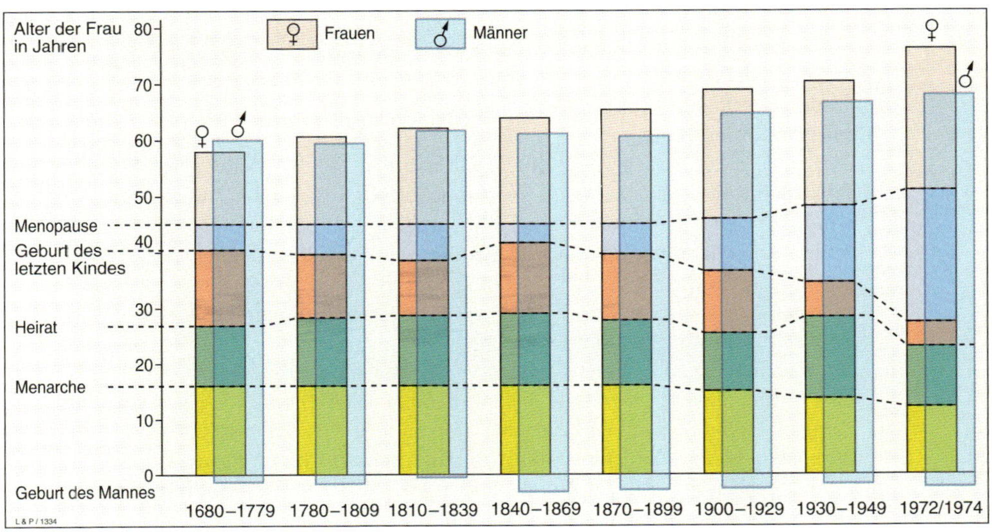

nach: William H. Hubbard, Familiengeschichte. Materialien zur deutschen Familie seit dem Ende des 18. Jahrhundert, München 1983, S. 123.

M 5 Roggen und Ehe in Göttingen

In einem völlig anderen Licht erscheint das Heiratsverhalten (und damit die eheliche Sexualität und Fruchtbarkeit), setzt man dieses in eine Beziehung zum Roggenpreis, also zu einem Produkt, das etwa knapp die Hälfte des Einkommens beanspruchte.

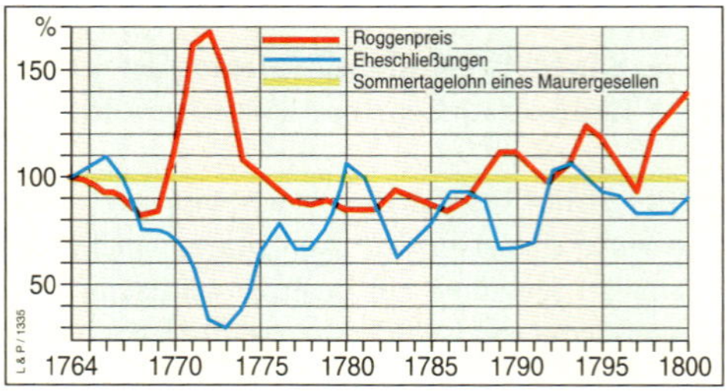

Aus: Michael Stürmer (Hrsg.), Herbst des Alten Handwerks. Zur Sozialgeschichte des 18. Jahrhunderts, München (dtv) 1979, S. 127.

Fragestellungen für den kritischen Umgang mit historischer Statistik

- Mit welchem Thema, mit welchem Problem befasst sich die Statistik?
- Welche Sachverhalte werden in der Statistik zueinander in Beziehung gesetzt?
- Welchen historischen Zeitraum deckt sie ab, auf welche Region bezieht sie sich?
- Unter welcher Fragestellung soll sie untersucht werden?
- Sind die Daten auf fachlich seriöse Weise erstellt worden?
- Wer hat die Statistik veranlasst und welche Ziele verfolgte der Auftraggeber oder Bearbeiter?
- Bei Statistiken mit mehreren zugleich verfolgten Phänomenen: Lassen sich eindeutige Zusammenhänge zwischen den Phänomenen erkennen oder gibt es Abweichungen
- Sind die statistischen Angaben ausreichend für die Formulierung eines sicheren Antwort für die gewählte Problemstellung? Welche zusätzlichen Informationen sind gegebenenfalls nötig?

1. Erstellen Sie einen Katalog von historischen Themen, die mit Hilfe von M 1 beantwortet werden können (Heiratsalter, Lebenserwartung, Kinderzahl, Kindersterblichkeit, Zeitpunkt der Hofübergabe, Zeitpunkt der Geburt des ersten Kindes etc.).
2. Der Autor dieser Aufstellung, der Sozialhistoriker Imhof, erklärt diese Statistik für nicht repräsentativ. Welche historisch belangvollen Aussagen ermöglicht sie trotzdem? Stellen Sie hierzu einige kurze Thesen auf.
3. Stellen Sie anhand von M 1 und M 2 zusammen, wieviele Familienangehörige Johannes Hooss (1670–1755) zum Taufstein und zu Grabe getragen hat. Erwägen Sie die damit verbundene emotionale Belastung und die eigentümliche Namensgebung.
4. Untersuchen Sie M 2. Welche Vererbungsstrategien werden ersichtlich? Vergleichen Sie Ihre Überlegungen mit denen Imhofs (M 3).
5. Vergleichen Sie M 1 mit M 4. Beachten Sie dabei die durchschnittliche Lebenserwartung, das Heiratsalter, den durchschnittlichen Zeitpunkt der Geburt des ersten und des letzten Kindes. Wie könnten die Unterschiede in den Aussagen der Statistiken erklärt werden?
6. Welche Deutung des Heiratsverhaltens legt M 5 nahe? Spielen derartige Zusammenhänge bei der Familie Hooss (vgl. M 1 – M 3) auch eine Rolle?

7. Aufklärung und bürgerliche Gesellschaft

7.0 Was ist Aufklärung?

Licht im Dunkeln

Aufklärung meint Licht in ein Dunkel zu bringen. Aufgehellt werden sollte eine trübe, finstere Welt, geprägt von Aberglauben und Vorurteilen. Auffassungen, die sich auf religiöse oder politische Autoritäten beriefen, sollten durch solche ersetzt werden, die sich aus der menschlichen Vernunft ergeben. Gefordert wurde, sich des eigenen Verstandes zu bedienen. Zentrales Instrument wurde die Kritik, die prinzipiell der Diskussion und der Gegenkritik zu unterwerfen ist. In diesem Zusammenhang entfalteten sich auch die empirisch verfahrenden (also überprüfbaren) Wissenschaften.

Wer macht die Aufklärung?

Die Epoche der Aufklärung setzte zunächst im England des 17. Jahrhunderts ein, griff dann auf Frankreich über und erreichte die deutschen und andere europäische Staaten im 18. Jahrhundert. Die Aufklärung zielte auf die Überwindung der feudalabsolutistischen Ordnung und auf die Durchsetzung bürgerlicher Vorstellungen im Bereich der Politik, Ökonomie, Kultur und Religion. Getragen wurde diese Bewegung vor allem vom gebildeten Bürgertum, von Wissenschaftlern, Kaufleuten, Künstlern, Schriftstellern und Theologen. An diesem langen Kampf gegen eine als überholt geltende Ordnung waren aber auch viele Adlige beteiligt.

Deutschland – keine typische Aufklärernation?

Die Aufklärung trug in den verschiedenen europäischen Ländern ein je spezifisches Gepräge: In England und Frankreich diente sie mehr konkreten praktisch-politischen Zielen. Männer wie Montesquieu, Rousseau, Locke oder Hobbes dachten intensiv über den Staat nach, stellten die bestehenden Verhältnisse in Frage und leisteten intellektuelle Vorarbeit für die Französische Revolution. Hier wurden die Ideen der Gewaltenteilung entwickelt, eine in ihrer Machtausübung und Willkür eingeschränkte konstitutionelle Monarchie gefordert, die Postulate von Freiheit und Gleichheit sowie die Menschenrechte diskutiert. Im politisch noch eher „rückständigen", staatlich stark zersplitterten Deutschland dagegen zielten die Aufklärer zunächst auf die Ausbildung und Emanzipation der Persönlichkeit, weniger auf die Überwindung einer politischen Ordnung. Sie wandten sich nicht schroff gegen die Obrigkeit, vielmehr waren ihre Bestrebungen häufig mit staatlichen Bildungsreformprojekten verwoben.

Schulen und Lesezirkel

Seit dem 18. Jahrhundert bemühten sich viele Fürsten um eine Elementarbildung ihrer Untertanen, förderten das Schul- und Universitätswesen. In dieser Zeit entfaltete sich auch eine rege Kultur „moralischer", literarischer und ökonomischer Zeitschriften. In der zweiten Hälfte des 18. Jahrhunderts expandierte aber auch der Buchmarkt, Teil eines literarischen Forums, einer Vorform der politischen Öffentlichkeit. Es bildeten sich Vereinigungen „gesitteter" Männer wie z. B. die Freimaurer, patriotische Gesellschaften, Lesegesellschaften und Freundschaftszirkel, in denen auch gebildete bürgerliche Frauen eine besondere Rolle spielten. Durch die intensive Lektüre, aber auch durch das Reisen der Gebildeten sowie der Kaufleute und ihre Reiseberichte veränderte und erweiterte sich das Weltbild. Exotische Kulturen und Erzählungen über ferne Räume und Verhältnisse nährten die Fantasien über ganz andere und vermeintlich unbefangenere wie glücklichere Welten.

Oben: Daniel Chodowiecki, Ungeübter bäuerlicher Zeitungsleser, Kupferstich von 1757.

Links: Nahrung für die Seele, Kupferstich nach einem Gemälde von Adrian Brouwer (1747).

7.1 Alphabetisierung und Schulbildung in Europa

Das Alphabet als Träger der Aufklärung

Seit dem Mittelalter lernten immer mehr Menschen lesen und schreiben, gegen Ende des 19. Jahrhunderts war dann die mitteleuropäische Bevölkerung weitgehend alphabetisiert. Diese Entwicklung kann nicht allein auf den Ausbau des Schulwesens zurückgeführt werden, auch wenn die Schule die wichtigste Institution zur Verbreitung von Lern- und Schreibkenntnissen war. Die Alphabetisierung förderlich waren das allmähliche Verschwinden der Tauschwirtschaft, die Marktorientierung der Landwirtschaft, die gewerbliche Durchdringung der ländlichen Gesellschaft („Protoindustrialisierung") der Frühen Neuzeit, die relativ gleichmäßige Verteilung des Landbesitzes, geschlossene Siedlungsstrukturen (also keine Streusiedlung) und die finanzielle Ausstattung der Gemeinden; von großer Bedeutung war aber auch die konfessionelle Struktur. Das selbstständige alltägliche Lesen der Heiligen Schrift spielte im Protestantismus eine erheblich größere Rolle als im Katholizismus.

Das Alphabet als Herrschaftsinstrument

Auch wenn die „befreiende" Wirkung von Alphabetisierung nicht gering geachtet werden soll, darf nicht vergessen werden, dass Schrift auch Herrschaftsinteressen dient und zur Disziplinierung genutzt werden kann. Die Fürsten, die versuchten, die Bildung ihrer Bevölkerung voranzutreiben, waren nur selten überzeugte Wohltäter oder Weltverbesserer. Sie handelten im Interesse der Durchsetzung und Erhaltung ihrer Autorität. Wie nahmen sie Einfluss auf die Bildung ihrer Untertanen und auf das Schulwesen?

MATERIAL

1 Wer kann schon mit seinem Namen unterschreiben?

Der Historiker Peter Burke analysiert die Entwicklung der Alphabetisierung in Europa (1985).

Am Ende des sechzehnten Jahrhunderts waren in Narbonne und seiner ländlichen Umgebung etwa 65 Prozent der Handwerker alphabetisiert, im Gegensatz zu nur 20 Prozent der Bauern. Eine Durchschnittsstatistik, die sich auf ganz Frankreich bezieht, ergibt für das Ende des siebzehnten Jahrhunderts, dass nicht ganz 14 Prozent der Bräute das Heiratsregister namentlich unterzeichneten, während die Prozentzahl bei den Bräutigamen 29 betrug. Die Skandinavier, die Holländer und die Engländer – alle westeuropäischen Protestanten – konnten die höchste Alphabetisierungsrate aufweisen. Noch im Jahre 1850 gab es in Russland 90 Prozent erwachsene Analphabeten, verglichen mit 75 Prozent in Italien und Spanien, 50 Prozent in Deutschland[1], 30 Prozent in England, 20 Prozent in Schottland und nur 10 Prozent in Schweden.

Was die zeitliche Aufschlüsselung anbelangt, so zeigt es sich, dass schon in der ersten Hälfte unserer Periode, in den Jahren 1500–1650, die Lesefähigkeit stark zunimmt, zum Beispiel in städtischen Zonen Italiens und Englands. Um 1450 konnten in Venedig 51 Prozent der Zeugen ihren Namen unter Dokumente setzen, während es 1650 schon 98 Prozent waren. Um 1570 unterzeichneten in Durham 20 Prozent der Laien, die als Zeugen vor dem bischöflichen Konsistorialgericht aussagten, mit ihrem Namen (von den Handwerkern waren es allerdings weniger als 20 Prozent und praktisch keine Bauern), während es im Jahre 1630 schon 47 Prozent waren. In anderen Teilen Europas erfolgte der Sprung nach vorn erst in der zweiten Hälfte unserer Epoche, in den Jahren zwischen 1650 und 1800. Die Durchschnittsrate der Lesefähigkeit für ganz Frankreich stieg für Männer von 29 Prozent um 1690 auf 47 Prozent um 1790; in England stieg die Anzahl der Alphabetisierten von 1642 bis zur zweiten Hälfte des achtzehnten Jahrhunderts von 30 auf 60 Prozent. Begrenztere Regionalstudien zeigen die Unterschiede manchmal noch deutlicher. In Amsterdam betrug die Alphabetisierungsquote im Jahre 1630 57 Prozent, um 1780 bewegte sie sich schon um 85 Prozent. […] In der Normandie wuchs die Zahl der Lesefähigen im Verlaufe des achtzehnten Jahrhunderts von 10 Prozent auf 80 Prozent. In Teilen Schwedens, für das es ja die besten und vollständigsten Statistiken gibt, ist der Anstieg am frappantesten. So konnte in der Gemeinde Möklinta im Jahre 1614 41 Prozent der Männer und Frauen lesen, doch 1685–94 waren es bereits 89 Prozent.

[1] 50 Prozent in Deutschland: Nach anderen Quellen lag der Anteil der Lese- und Schreibkundigen an der erwachsenen deutschen Bevölkerung bereits 1840 über 80%, um 1870 über 90%. P. Flora, Indikatoren der Modernisierung, Opladen 1975, S. 66.

Peter Burke, Helden, Schurken und Narren. Europäische Volkskultur in der frühen Neuzeit, München (dtv) 1985, S. 264 f.

MATERIAL

2 „Von der Fürsorge der Regierung für die Bildung der Erwachsenen"

Der Hallenser Professor Georg Friedrich Lamprecht entwickelt in seiner Schrift „Versuch eines vollständigen Systems der Staatslehre" (1784) Vorstellungen über einen staatlichen Bildungsauftrag.

§ 777. Eine der wichtigsten Angelegenheiten der Regierung ist die Fürsorge für die allgemeine Aufklärung der Nation, den blühenden Zustand der Wissenschaften und die Verbesserung des moralischen Charakters ihrer Bürger. Das allgemeine Wohl des Staates wird einmal unmittelbar hierdurch befördert, indes dieses Vollkommenheiten sind, die die Bürger glücklich machen; sodann wird auch insofern mittelbar die Erreichung des Endzwecks des Staates dadurch befördert, indem diese glücklichen Eigenschaften der Bürger fast alle übrige gute Maßregeln der Regierung in der Ausführung unterstützen […].

§ 781. Der blühende Zustand der Wissenschaften hat auf das Wohl des Staates entschiedenen Einfluss. Sie klären den Verstand der Nation auf, verfeinern die Sitten, befördern durch viele ihrer

Zweige die Vervollkommnung der in vielem Betracht dem Staat so vorteilhaften mechanischen Künste, hierdurch und durch die Kenntnisse, mit denen sie die eigentlichen Diener der Kirche und des Staates bereichern, sind sie eins der vornehmsten Mittel zur allgemeinen Glückseligkeit. [...].

§ 783. Die vornehmsten Mittel zur Beförderung des Flors der Wissenschaften sind folgende: Wenn erstlich der Regent und dessen höhere Staatsbediente selbst Liebhaber, Kenner und Bearbeiter der Wissenschaften sind; wenn zweitens sie die Gelehrten ihres näheren Umgangs würdigen [...].

§784. Vorzüglich drittens, dass der von sich selbst schon wachsenden Geistes-Erleuchtung und Aufklärung der Nation kein Hindernis durch Einschränkung der Freiheit im Denken und Sprechen im Wege gestellt werde. Diese letztere muss einmal über Staatssachen und bürgerliche Einrichtungen erlaubt sein, der Vater des Vaterlandes darf diese Freiheit nicht fürchten, und wie sehr der bürgerlichen Freiheit der Aufklärung der Nation und der Verbesserung der politischen Verfassung eine so genannte Staatsinquisition nachteilig sein würde, bedarf keines Beweises. Ebenso hat der Regent kein Recht, die Untertanen zu dem zu zwingen, was sie glauben sollen, und die so genannten geistlichen Inquisitionen, Ketzerverfolgungen und andere Anstalten, die den Glauben der Bürger fesseln sollen, sind wider die guten Grundsätze der Staatslehre. [...]

§ 846. Kein Regent, der seine wahren Vorteile kennt, darf die Religion gering schätzen und durch sein Beispiel, Reden und Betragen eine Gleichgültigkeit gegen dieselbe äußern, er muss vielmehr alles anwenden, die Religion in ihrer Ehrwürdigkeit und Wirksamkeit auf die Gemüter zu erhalten.

Jean-Baptiste Chardin, die Schulmeisterin (La maitresse d'école, 1736/37; National Gallery, London). Der Pariser Maler hat den Bildungshistorikern Rätsel aufgegeben, denn eine professionelle „Lehrerin" war zu dieser Zeit selbst im privaten Umfeld außergewöhnlich.

G. F. Lamprecht, Versuch eines vollständigen Systems der Staatslehre, Berlin 1784, passim.

MATERIAL

Das Schulwesen in Preußen 3

Auszüge aus den „Prinzipia regulativa" Friedrich Wilhelms I. für Ostpreußen von 1736:

1. Die Schulgebäude errichten und unterhalten die assoziierten Gemeinden, [...] wie die Priester- und Küsterhäuser.
2. Seine Königliche Majestät geben das freie Bauholz; Türen, Fenster und Kachelofen werden von den Kollektengeldern verfertigt.
3. Se. Maj. geben auch das freie Brennholz, welches die Gemeinden anfahren.
4. Jede Kirche, sowohl in den Städten, als auch auf dem Lande, zahlt zum Unterhalt der Schulmeister jährlich 4 Taler. Dagegen der Pastor *loci*[1] die Schulmeister anhält, dass sie den Kirchendienst, als z. B. die Kirchen rein zu machen, mit verrichten helfen.
5. Sollten so arme Kirchen sein, dass sie [...] 4

Taler jährlich aufzubringen nicht im Stande, zahlet solche der *Patronus ecclesiae*[2]
6. Zur Substistenz[3] wird dem Schulmeister eine Kuh und ein Kalb, *item* ein Paar Schweine und etwas Federvieh frei auf der Weide gehalten und 2 Fuder Heu und 2 Fuder Stroh gereichet. Hiernächst bekommt er –
7. Von Sr. K. Maj. einen Morgen Land (welcher allemal hinter seinem Hause anzuweisen), solchen aufs beste zu nutzen. Die eingewidmeten Dorfschaften bearbeiten solchen und halten ihn im Gehege. [...]
9. Jedes Schulkind à 5 bis 12 Jahren incl. gibt ihm jährlich, es gehe zur Schule oder nicht, 15 gr. prß. oder 4 sgr.[4]
10. Ist der Schulmeister ein Handwerker, kann er sich schon ernähren; ist er keiner, wird ihm erlaubt, in der Ernte 6 Wochen auf Tagelohn zu gehen. [...]

[1] loci (lat.): des Ortes
[2] Patronus ecclesiae (lat.): Kirchenherr
[3] Subsistenz: Selbstversorgung
[4] gr. und sgr.: Groschen und Silbergroschen

Aus: Johannes Tews, Ein Jahrhundert preußischer Schulgeschichte. Volksschule und Volksschullehrerstand in Preußen im 19. und 20. Jahrhundert, Leipzig 1914, S. 13 f.

MATERIAL

4 Ein früher deutscher Lehrplan: „Nach dem Gesang wird gebetet ..."

Friedrich II. von Preußen erlässt 1763 das Königlich Preußische General-Schul-Reglement.

Wir, Friedrich ect. tun kund und fügen hiermit jedermänniglich zu wissen: Demnach Wir zu unserm höchsten Missfallen selbst wahrgenommen, dass das Schulwesen und die Erziehung der Jugend auf dem Lande bisher in äußersten Verfall geraten und insonderheit durch die Unerfahrenheit der meisten Küster und Schulmeister die jungen Leute auf den Dörfern in Unwissenheit und Dummheit aufwachsen: So ist Unser so wohlbedachter als ernster Wille, dass das Schulwesen auf dem Lande in allen unsern Provinzen auf einen besseren Fuß als bisher gesetzt und verfasst werden soll. [...]
§ 1. Zuvörderst wollen Wir, dass alle Unsere Untertanen, es mögen sein Eltern, Vormünder oder Herrschaften, denen die Erziehung der Jugend obliegt, ihre eigenen sowohl als die ihrer Pflege anvertrauten Kinder, Knaben oder Mädchen, wo nicht eher, doch höchstens vom fünften Jahre ihres Alters in die Schulen schicken, auch damit ordentlich bis ins dreizehnte und vierzehnte Jahr kontinuieren und sie so lange zur Schule halten sollen, bis sie nicht nur das Nötigste vom Christentum gefasst haben und fertig lesen und schreiben, sondern auch von demjenigen Rede und Antwort geben können, was ihnen nach den von Unsern Konsistorien[1] verordneten und approbierten Lehrbüchern beigebracht werden soll. [...]
§ 4. Weil an vielen Orten die Eltern ihre Kinder des Sommers nicht in die Schule schicken unter dem Vorwand, dass sie das Vieh hüten müssen, so haben deshalb Unsere Beamten [...] dahin zu sehen, dass, soweit es möglich, ein eigener Viehhirte hierzu möge bestellt werden. [...]
§ 12. Da es aber bei einer guten Schulverfassung vornehmlich auf einen rechtschaffenen Schulmeister ankommt, so ist hiernächst Unser [...] Wille, dass [...] zu den Schulämtern auf dem Lande ins künftige recht tüchtige Leute gelangen mögen. [...]
§ 14. Es müssen aber überhaupt auf dem Lande keine Küster und Schulmeister ins Amt eingewiesen und eingesetzt werden, bevor sie von den Inspektoren examiniert, im Examen tüchtig befunden und ihnen ein Zeugnis der Tüchtigkeit mitgegeben worden [...], dass keine zu Schulmeistern und Küstern angenommen werden sollen, als welche in dem Kurmärkischen Küster- und Schul-Seminar zu Berlin eine Zeitlang gewesen und darin den Seidenbau sowohl als die vorteilhafte und bei den deutschen Schulen der Dreifaltigkeits-Kirche eingeführte Methode des Schulhaltens gefasst haben. [...]
§ 19. Es wird demnach auf folgende Weise [Schule] gehalten: In der ersten Vormittagsstunde wird 1) ein Lied gesungen [...] 2) Nach dem Gesang wird gebetet [...]. Ein Knabe liest langsam, deutlich und laut den monatlichen Psalm, und darauf

Jan Steen, Die Dorfschule, Gemälde von 1670 (Edinburgh, National Gallery of Scotland).

wird geschlossen mit dem Gebet des Herrn [...]. 3) Nach dem Gebete wird ein Stück aus dem Katechismus [...] erklärt [...]. In der anderen Vormittagsstunde wird das Lesen, Buchstabieren und das ABC vorgenommen. [...] In der dritten Vormittagsstunde wird geschrieben und buchstabiert, ingleichen werden die Buchstaben gelernt.

[1] Konsistorium: Kirchenbehörde

Preußen. Zur Sozialgeschichte eines Staates, Bd. 3, bearb. von Peter Brandt u. a., Reinbek (Rowohlt) 1981, S. 163 f.

MATERIAL

Soziale Herkunft der Volksschullehrer 5

In das Seminar zu Klein-Dexen (Ostpreußen) waren 1806 242 Zöglinge eingetreten, darunter 109 Schneider, 21 Schuhmacher, 5 Tischler, 4 Weber, 4 Radmacher, 2 Bäcker, 2 Schlosser, 2 Papiermüller, 2 Tuchmacher, 2 Kürschner, 2 Handschuhmacher, 2 Kaufleute, 2 Brauer, 1 Böttcher, 1 Posamentierer[1], 1 Chirurgus, 1 Wirtschaftsinspektor, 1 Knopfmacher, 1 Goldschmied, 1 Hufschmied, 1 Sattler, 1 Gelbgießer[2], 1 Tabakspinner, 1 Gärtner, 1 Klempner, 1 Glaser, 1 invalider Soldat und 69 Nichtprofessionisten. Im Berliner Seminar waren 1789 gerade 60 Zöglinge, darunter 39 Handwerksgesellen, meistens Schneider und Schuhmacher.

[1] Posamentierer: Hersteller von Schnüren
[2] Gelbgießer: Spezialist für Messingguss

Johannes Tews, Ein Jahrhundert preußischer Schulgeschichte. Volksschule und Volksschullehrerstand in Preußen im 19. und 20. Jahrhundert, Leipzig 1914, S. 44.

Häusliche Erziehung, Radierung von Daniel Chodowiecki (1726–1801).

MATERIAL

6 Inszenierung eines Strafakts: Affektkontrolle oder Rationalisierung des Sadismus?

Der einflussreiche Pädagoge und evangelische Theologe Christian Gotthilf Salzmann (1744–1811) zitiert die Erfahrungen eines Schulmeisters.

Ich suche meine Schüler durch mein ganzes Betragen zu überzeugen, dass ich es gut mit ihnen meine, und zeige ihnen durch Exempel und Gleichnisse, dass es ihr eigener Schade sei, wenn sie mir nicht gehorchen. Ferner mache ich es zu einer Belohnung, dass der Gefälligste, der Folgsamste, der Fleißigste in den Lehrstunden den anderen vorgezogen wird; ich frage ihn am mehresten, ich erlaube ihm, seinen Aufsatz öffentlich vorlesen zu dürfen. [...] Dadurch bringe ich Eifer in die Kinder, dass jeder gern sich auszeichnen, jeder gern vorgezogen sein will. Wenn dann bisweilen einer eine Strafe verwirkt hat, so setze ich ihn in der Lehrstunde zurück, ich frage ihn nichts, ich lasse ihn nichts vorlesen, ich tue, als wenn er nicht zugegen wäre. Dies tut den Kindern gemeiniglich so wehe, dass die Gestraften heiße Tränen vergießen, und findet sich ja bisweilen einer, der durch solche gelinde Mittel sich nicht wollte ziehen lassen, so muss ich ihn freilich schlagen; ich mache aber zu der Exekution eine so lange Vorbereitung, dass sie ihm empfindlicher ist, als die Schläge selbst. Ich schlage ihn nicht in dem Augenblicke, da er die Strafe verdient hat, sondern verschiebe es bis zum folgenden, oder bis auf den dritten Tag. Davon habe ich zweierlei Vorteile: Erstlich kühlt sich unterdessen mein Blut ab und ich bekomme Ruhe, zu überlegen, wie ich die Sache recht klug anfangen will; hernach fühlt auch der kleine Delinquent die Strafe zehnfach, nicht nur auf dem Rücken, sondern auch durch beständiges Andenken an dieselbe.

Kommt nun der Tag der Strafe, so halte ich, gleich nach dem Morgengebete, eine wehmütige Anrede an sämtliche Kinder, und sage ihnen, dass ich heute einen sehr traurigen Tag hätte, indem ich durch die Unfolgsamkeit eines meiner lieben Schüler in die Notwendigkeit wäre versetzt worden, ihn zu schlagen. Da fließen schon viele Tränen. [...] Nach Endigung dieses Vortrages lasse ich die Kinder sich niedersetzen und fange meine Lektion an. Erst wenn die Schule geendigt ist, lasse ich den kleinen Sünder hervortreten, kündige ihm sein Urteil an und frage ihn, ob er wisse, womit er es verdient habe? Hat er dies gehörig beantwortet, so zähle ich ihm, in Gegenwart sämtlicher Schulkinder, seine Schläge zu, wende mich dann an die Zuschauer und sage, wie ich herzlich wünsche, dass dies das letzte Mal gewesen sein möge, da ich genötigt gewesen wäre, ein Kind zu schlagen.

Christian Gotthilf Salzmann, Konrad Kiefer oder Anweisung zu einer vernünftigen Erziehung der Kinder, Leipzig, 3. Aufl., Langensalza (Greßler) 1894, S. 88 f.

MATERIAL 7

Die Fortschritte des preußischen Schulwesens (1811)

Zu einer Zeit, wo man so viel über Erziehung dachte, schrieb und sprach, zu einer Zeit, wo in Deutschland die bedeutendsten Reformen des ganzen Schul- und Erziehungswesens versucht und angepriesen wurden [...]: Zu einer solchen Zeit blieben unsere Privatschulen in den Städten und auf dem Lande in der alten Verfassung. Überall entweihten verdorbene Schneider, Garnweber, Tischler und abgedankte Soldaten das heilige Geschäft der Erziehung, die Bildung des Volks war in den Händen unwissender, roher, kraftloser, unsittlicher, halbverhungerter Menschen, die Schulen waren zum Teil wirkliche Kerker und Zuchthäuser. Überall herrschte Unordnung und Willkür, Sklavensinn und Widerwille, Buchstaben- und Formelwesen, Geistlosigkeit und Schlendrian, Unwissenheit und Stumpfsinn, Erbitterung und Feindschaft unter Lehrern, Eltern und Kindern. Damit die Kinder lesen und den Katechismus auswendig und einige Wenige ein paar Buchstabenreihen abmalen lernten: Dazu sollten die Kleinen 7 bis 8 Stunden in engen, dunklen und ungesunden Höhlen zusammengepresst und oft grausam gemisshandelt werden. Und doch lernten die Mehresten nicht einmal lesen, geschweige denn denken und vernünftig handeln. Das große Wunderwerk, aus unwissenden, rohen, verwilderten, stumpfsinnigen und verkrüppelten Kindern vernünftig denkende, fest glaubende und gut handelnde Menschen zu machen, war den Religionslehrern überlassen, sie sollten durch eine Art von Exorzismus in kurzer Zeit den Teufel aus seiner ihm von selbst überlassenen Festung treiben, und dem Staate nützliche Bürger, der Kirche fromme Mitglieder, dem Himmel Erben der Seligkeit retten. War es bei diesen Umständen ein Wunder, dass die Masse des Volks in dem gepriesenen Zeitalter der Aufklärung wenig oder gar keine Fortschritte in seiner Bildung machte? War es ein Wunder, dass Verachtung und Geringschätzung den Schullehrerstand niederdrückten, da dieser Stand so viele Glieder zählte, die wirklich Verachtung verdienten? War es ein Wunder, dass die Lehrer mit Unlust und Widerwillen arbeiteten, da sie das Lehrgeschäft nicht verstanden, da sie sahen, dass nichts dabei herauskam, da man sie dabei beinahe verhungern ließ. War es ein Wunder, dass der gemeine Mann seine Kinder selten oder gar nicht zur Schule schicken wollte?

K. H. Neumann, Über die jetzt eingeleitete Verbesserung des Elementarschulwesens in der Preußischen Monarchie, Potsdam 1811, zit. n. Johannes Tews, Ein Jahrhundert preußischer Schulgeschichte. Volksschule und Volksschullehrerstand in Preußen im 19. und 20. Jahrhundert, Leipzig 1914, S. 47 f.

1. Erörtern Sie die Kriterien, die für eine Alphabetisierung zugrunde gelegt werden. Ordnen Sie die unterschiedlichen Forschungsergebnisse ein. (M 1)
2. Beschreiben Sie soziale Räume, in denen „Bildung" stattfand (Abb. S. 157, 159, 161, 162, vgl. S. 165).
3. Erläutern Sie die Erklärungsansätze für den unterschiedlichen Grad der Alphabetisierung in Europa. (M 1)
4. Erörtern Sie das Verhältnis der Vorstellungen Lamprechts zu Werten und Zielen der Aufklärung. Welche Rolle sollte der Staat übernehmen? Diskutieren Sie die Kontrollbefugnisse, die Lamprecht staatlichen Instanzen einräumt. (M 2)
5. Welches Interesse hatte der Staat an der Bildung seiner Untertanen, welches Interesse die sozialen Unterschichten? (M 2, M 3 und M 4)
6. Beschreiben Sie die Realität des preußischen Schulwesens und suchen Sie nach Ursachen für diese Verhältnisse. (M 3, M 5 und M 7)
7. Diskutieren Sie Motive und Rechtfertigung des erzieherischen Vorgehens von dem „Schulmeister", den Salzmann zitiert. (M 6)

7.2 Buchproduktion und literarische Gesellschaften: Entstehung einer gebildeten bürgerlichen Öffentlichkeit

Die Nation braucht gute Zeitschriften

Die Kommunikation unter den Gebildeten vollzog sich in sehr unterschiedlichen Räumen und Medien: Persönliche Kommunikation spielte eine große Rolle, wobei Briefe nicht selten im weiteren Freundeskreis verlesen wurden. Daneben entfaltete sich auch ein Austausch über literarische Zeitschriften und den Buchmarkt. Der bayerische Aufklärer Lorenz Westenrieder vermerkte hierzu: „Es gibt kein besseres Mittel, eine Nation umzubilden, als die Herausgabe guter periodischer Zeitschriften. Jeder zärtliche Menschenfreund muss wünschen, dass unsere Zeitungsschreiber einmal aufhören möchten, ihre Blätter mit Nachrichten, was heute an diesem oder jenem Hofe abgelaufen sei und mit mehr dergleichen nichts bedeutenden Sachen anzufüllen."

Mehr Bücher – mehr Leserinnen und Leser

Was waren die Themen der Publikationen? Neben Wissenschaft, „Populärwissenschaft" und Belletristik wurde die literarische Öffentlichkeit zunehmend als Medium zur Vermittlung nützlicher Reformvorschläge begriffen. Inwiefern führte die Verbreiterung der Leserschaft zu inhaltlichen Verschiebungen? Welche Besonderheiten gehören ins 18. Jahrhundert und seine speziellen Vorlieben, welche Trends dagegen haben sich bis heute fortgesetzt? Und wie genau war die Leserschaft zusammengesetzt? Welche Auswirkungen hatte die allgemeine Zunahme von Bildung?

Lesezirkel und Salons

In literarisch interessierten Kreisen, bei den Freimaurern, Lesegesellschaften und ähnlichen Vereinigungen, die in der zweiten Hälfte des 18. Jahrhunderts vielerorts aus dem Boden schossen, kamen Gebildete über die Standesgrenzen hinweg ins Gespräch. Nicht selten waren kultivierte (auch jüdische) Frauen der Mittelpunkt dieser intellektuellen Zirkel, die sich über verschiedene Themen und Probleme austauschten; allerdings gehörte es weithin zum „guten Ton", Tabuthemen wie die aktuelle Politik zu meiden. Gerade in diesem Punkt unterschieden sich die deutschen Lesezirkel von französischen Salons oder englischen Clubs.

MATERIAL

1 Zahlen zum deutschen Büchermarkt

a) Steigerung der Buchproduktion in Prozent:

von 1721 bis 1763	265
von 1763 bis 1805	2821

Angaben jeweils nach den Leipziger Messekatalogen

b) Zahl der Schriftsteller:

1773	ca. 3000
1787	ca. 6000

c) Übliche Auflagenhöhe:

um 1750	ca. 400 bis 600
um 1785	ca. 1000 bis 2000

Von Goethes Werken legte Goeschen durchschnittlich 4000 Stück auf.

d) Sprache in Neuauflagen:

um 1700	38 %	62 %
um 1740	28 %	72 %
um 1800	4 %	96 %

Nach: Wolfgang Ruppert, Bürgerlicher Wandel. Die Geburt der modernen deutschen Gesellschaft im 18. Jahrhundert, Frankfurt a. M. (Fischer) 1984, S. 125 f.

Abraham van Dyck (1635–1672), Alte Frau mit Buch (Museum der bildenden Künste, Leipzig).

Carl Spitzweg (1808–1885), Der Bücherwurm, um 1850.

e) Inhaltliche Verteilung der Neuerscheinungen in Prozent:

Fachgebiet	1740	1770	1800
Theologie	39,0	24,00	14,0
Jura	13,0	5,00	5,0
Medizin	7,0	8,00	8,0
Allgemeine Gelehrsamkeit	5,0	4,00	1,0
Geschichte/Geographie	11,0	9,60	10,6
Staatswissenschaften	1,0	2,80	3,6
Philosophie	5,8	2,30	3,6
Erziehung und Unterricht	0,5	1,75	4,0
Klassische Philologie	2,4	3,10	3,1
Neuere Philologie	0,6	1,40	1,1
Schöne Künste und Wissenschaften	5,8	16,40	21,0
Populäre period. Schriften	0,3	3,00	1,9
Prakt. Hausbücher, Unterhaltungskünste	0,9	1,40	2,1
Mathematik/Naturwissenschaften	3,3	6,20	7,1
Landwirtschaft/Gewerbe	1,0	5,00	8,0

Nach: Franklin Kopitzsch (Hrsg.), Aufklärung, Absolutismus und Bürgertum in Deutschland, München (Nymphenburger Verlagshandlung) 1976, S. 70.

Das Freimaurertum

Logenteppich, um 1760.

Die Freimaurer gelten als führende Repräsentanten der Aufklärung. Die Freimaurerbewegung geht auf die Dombauhütten des Mittelalters zurück: Zunftmäßig organisierte Steinbauwerker trafen sich in ihren Werkstätten bzw. Versammlungsräumen. Aus dem englischen „lodge" ging die Bezeichnung „Loge" hervor. Die Mitglieder der Loge verpflichteten sich auf den Geist humanitärer Toleranz und lebendiger Bruderschaft. Die in der brüderlichen Gemeinschaft gepflegte Kultur sollte zur Selbsterkenntnis und zu einem Verantwortungsgefühl gegenüber Staat und Gesellschaft führen. Mit Hilfe von rituellen Handlungen der Logen ordnet sich das Logenmitglied in die „Gesetzmäßigkeit des Universums" ein und begreift sein eigenes Leben aus einem übergeordneten Bewusstsein heraus.

1717 bildete sich in London aus einem Zusammenschluss von vier Logen eine Großloge, die Gründung weiterer Logen und Großlogen auf dem europäischen Festland folgten. Großen Auftrieb erhielt die Freimaurerei durch den Beitritt des preußischen Kronprinzen, dem späteren König Friedrich II. Andere prominente Freimaurer waren Goethe, Haydn, Lessing oder Mozart, ferner zahlreiche Adelige und Gebildete mit „untadeligem" Ruf.

Anonymes Gemälde, das die Aufnahme Mozarts in die Freimaurerloge „Zur neugekrönten Hoffnung" (1784) zum Thema hat, um 1790.

MATERIAL

Die Freimaurer: Geheimnis, Sittengesetz und gute Gesellschaft 2

Anlässlich der Kaiserkrönung Karls VII. im Jahr 1741 stiftete der gebildete französische Gesandte Marquis de Belleisle mit einigen europäischen Diplomaten zusammen die Frankfurter Freimaurerloge. Erster Meister war der sächsische Legationssekretär Friedrich Wilhelm Steinheil, der 1742 in einem Brief die Grundzüge der Freimaurerei formuliert.

Die Maurerei, die in unsern Tagen so berühmt ist, ist eine Verbindung einsichtsvoller Männer, die, vereinigt durch das Band der Bruderliebe, geleitet durch die Grundsätze der Moral, sich bestreben, eine vernünftige Gesellschaft zu bilden, zu der jedes Mitglied alle Eigenschaften mitbringen soll, die die Gesellschaft nützlich und angenehm machen. [...]

Um mich maurerischer Ausdrücke zu bedienen, so muss ich Ihnen sagen, dass das Geheimnis, das Sittengesetz und die gute Gesellschaft die drei Pfeiler und Schwibbogen sind, die das prachtvolle Gebäude der Maurerei stützen. Nach jedem dieser drei Grundpfeiler sind uns besondere Pflichten vorgezeichnet, an die wir durch heilige Bande geknüpft sind. [...]

Wir müssen uns im Allgemeinen selbst studieren, um verschwiegen zu sein in allen unsern Worten und Handlungen. Sie kennen zu gut den großen Nutzen dieser Tugend der Verschwiegenheit, als dass ich mich jetzt länger dabei aufhalten müsste. Das Sittengesetz, der zweite Grundpfeiler des Bauwerks rechtschaffener Maurerei, der unter sich alle sittlichen Tugenden in ihrem ganzen Umfange begreift, verlangt von uns, dass wir nicht nur in unsern Sitten immer geordnet und anständig seien [...].

Indem wir also den Lehren des Sittengesetzes, das hauptsächlich die menschliche Gesellschaft vereinigt, folgen, fragen wir bei der Wahl unserer Brüder nicht nach ihrem Glaubensbekenntnisse. Wir sind zufrieden, dass sie mit dem Gepräge der Redlichkeit gekennzeichnet seien. Es ist ausdrücklich verboten, dass in unsern Versammlungen über Gegenstände der Religion gesprochen werde, um unsern Mitgliedern nicht lästig zu werden, und um alle Missverständnisse zu vermeiden, die bekanntlich aus derlei Art von Erörterungen entspringen.

Die gute Gesellschaft, als dritter Grundpfeiler, lehrt uns die Pflichten gegen die Verbindung kennen, derzufolge jeder nach seinen Kräften alles beitragen muss, um sie nützlich und angenehm zu machen. Wir sind daher verbunden, alles fernzuhalten, was Unordnung herbeiführen und die harmonische Einigkeit, die immerdar unter uns herrscht, stören könnte. Darum ist es unbedingt untersagt, über politische Gegenstände zu sprechen, was meistenteils nur Uneinigkeit und Zwietracht herbeiführt.

Ferdinand Runkel, Geschichte der Freimaurerei in Deutschland, Berlin 1931, Bd. 1, S. 155 ff.

MATERIAL

„Gefährlichste Projekte gegen Religion, Staat und Regierung“ 3

Die bayerische Regierung verbietet die Freimaurer (1784/85) *und gibt dazu folgende Begründung:*

Wir sind genau unterrichtet, und die untrügliche Erfahrung bestätigt es, dass sie [die Freimaurer und andere Gesellschaften] in ihren Versammlungen gegen Religion, den Staat und die Regierung die gefährlichsten Projekte schmieden, ihr abscheuliches System je länger je mehr zu verbreiten und mitbei vorzüglich Unsre geheiligte Religion, Kirchengebräuche, und übrige dahin Bezug habende Sachen bei allen Gelegenheiten teils mündlich, und teils mit ihren heimlich zum Druck beförderten und verbreiteten Spott- und Schmähschriften in Verachtung zu bringen, und wenn es ihnen möglich wäre, ganz zu zernichten suchen, überhaupt aber sich zu Durchsetzung dieser und anderer bösen Absichten nach ihrem angenommenen Hauptgrundsatze aller Mittel erlauben.

Aus: Ulrich Im Hof, Das Europa der Aufklärung, München (Beck) 1993, S. 233.

MATERIAL

4 „Es genügt nicht den richtigen Geist zu haben, sondern das Wichtigste ist, ihn gut anzuwenden." (Descartes)

Der Historiker Ulrich Im Hof erläutert das europäische Geistesleben des 17. und 18. Jahrhunderts (1993).

Die Denker des 18. Jahrhunderts pflegten ihr Jahrhundert gerne als philosophisches Zeitalter anzusprechen und verstanden sich selber gerne als *Philosophen*. In der Aufklärung bedeutet Philosophieren immer noch wie im Griechischen Liebe zur Weisheit oder einfach Kenntnisse haben, die Wissenschaft üben, studieren, durch Nachdenken herausbringen, Kenntnisse der Natur und der menschlichen Pflichten zu erwerben. [...] Im 18. Jahrhundert bedeutete Philosophie im Besonderen die kritische und freie Äußerung über alle Probleme und Gegenstände – ohne Angst vor Diskriminierung. Alle Probleme könnten Objekte der Philosophie sein: Die Moral und die Religion, die Politik und der Staat, die Künste und die Wissenschaften. Aber die Diskussion bleibt in der Regel philosophisch, stellt allgemeine, grundsätzliche und theoretische Betrachtungen an und vermeidet, Namen und Institutionen zu nennen. Philosophieren kann nämlich je nach Land und dessen Verfassung gefährlich werden, und Vorsicht ist auch je nach kirchlichen Umständen geboten, solange die Herrschenden nicht selbst Philosophen geworden sind.
Philosophieren kann man auch über anspruchslosere und alltäglichere Themen, wie menschliche Tugenden und Untugenden, über deren Lächerlichkeit und deren eigentlichen Wert. In diesem Bereich stehen wir am Beginn der modernen Psychologie. Der philosophische Diskurs geschieht nach vernunftgemäßen Kriterien, aber nicht einseitig, sondern unter Berücksichtigung der verschiedenen Aspekte. Er sollte in Ehrfurcht vor der Schöpfung und mit der Absicht, eine bessere Welt heraufzuführen, geschehen, ethisch gebunden. Wenn man in der Mitte des Jahrhunderts von „den Philosophen" sprach, so verstand man darunter primär die Gruppe französischer Autoren, die sich an der Großen Enzyklopädie beteiligten. [...] Mit Diderot gewann man für diese Aufgabe einen außerordentlich vielseitigen Intellektuellen, dessen Interessen von wahrhaft enzyklopädischer Breite waren. [...] Ihm zur Seite stand d'Alembert, ein nüchterner Mathematiker und maßvoller Philosoph, der um die Grenzen menschlicher Erkenntnisse wusste und auf Erfahrung und Vernunft aufbaute.
Am 1. Juli 1751 konnte der erste Band erscheinen: *Encyclopédie ou Dictionnaire raisonné des sciences, des arts et des métiers*, ein Wörterbuch der Wissenschaften, der Künste und der Techniken. [...] Das Erscheinen der Enzyklopädie wurde sofort zu einem Riesenerfolg – obwohl (oder gerade weil) klerikale Kreise, insbesondere die Jesuiten, über diese *Satansbibel* herfielen und auch ein königliches Verbot erreichen konnten, das jedoch nur von vorübergehender Wirkung war, weil einflussreiche Politiker und vor allem Madame de Pompadour[1] selbst das Unternehmen schützten. Es konnte – trotz mannigfacher Schwierigkeiten – nach 29 Jahren abgeschlossen werden und umfasste im Ganzen nun 36 Bände, wovon 13 Tafeln und Abbildungen von bester Qualität enthielten. Fortan konnte man sich endlich – unter kompetenter Führung – über alle Gebiete des Wissens orientieren in zeitgemäßer Art, aufgeklärt-vernünftig, ziemlich antiklerikal zwar, aber nicht durchweg irreligiös. [...]
Philosophie war zur weltläufigen *Weltweisheit* geworden, war nicht mehr nur lateinische Schulphilosophie, vermittelt durch katholische und protestantische Theologen orthodoxer Observanz. Sie wollte nicht mehr *Magd der Theologie* sein, sondern beanspruchte einen selbständigen, ja den ersten Platz. Sie wollte nicht mehr nur Theorie anbieten, sondern von Nutzen sein als *praktische Vernunft*, als gesunder *Menschenverstand*. Schon Descartes beginnt 1637 seinen *Discours de la méthode* mit den Worten: „Der gesunde Menschenverstand ist eine Sache, die in der Welt bestens verteilt ist, denn jeder denkt, er besitze ihn in genügendem Maße. Die Fähigkeit des Richtig-urteilen-können und das Wahre vom Falschen unterscheiden zu können ist gerade das, was man gesunden Verstand oder Vernunft nennt. [...] Es genügt nicht den richtigen Geist zu haben, sondern das Wichtigste ist, ihn gut anzuwenden." Das war noch im tiefsten 17. Jahrhundert geschrieben worden – aber auf dem, was Descartes

mathematisch exakt entwickelt hatte, konnte man weiter aufbauen. Ein halbes Jahrhundert darauf stellte Leibniz fest, dass die vorliegende Welt die beste aller möglichen Welten sei. Sie ist in der Vernunft Gottes vorgedacht worden. Vernunft ist dem Menschen gegeben als seine eigene Natur. Der Mensch ist fähig, die Welt zu analysieren, in ihrem Ganzen und in ihren Teilen zu erkennen.

[1] Madame de Pompadour: Jeanne Antoinette Poisson (1721–1764), seit 1744 Mätresse von König Ludwig XV.

Ulrich Im Hof, Das Europa der Aufklärung, München (Beck) 1993, S. 142 ff.

MATERIAL 5

Aufklärerische Elite oder bürgerliche Geselligkeit?

Der Historiker Richard van Dülmen erörtert Zusammensetzung, Werte und Gesprächsinhalte deutscher Lesegesellschaften (1986).

Lesegesellschaften haben sich von Norddeutschland aus rasch verbreitet. Bis 1780 werden rund 50, in den 80er Jahren 70 und in den 90er Jahren 200 Lesegesellschaften gezählt, insgesamt rund 430 Neugründungen, dann nehmen sie allerdings wieder ab. Manche Lesegesellschaften wurden wieder aufgelöst, andere änderten sich in ihren Aufgaben oder spezialisierten sich auf bestimmte Fachgebiete. [...] Die Gründe für diesen Wandel sind vielfältig. Einmal wurden, im Zusammenhang mit der Illuminatenverfolgung[1] und dann besonders der Französischen Revolution, die Lesegesellschaften politischer, ja jakobinischer[2] Aktivitäten verdächtigt, zum anderen ließen aufgrund der auf die Französische Revolution folgenden Ernüchterung und die der sozialen Umwälzungen um 1800 die unbefangene Wissensneugier, Lernfreudigkeit und Diskussionsbereitschaft merklich nach. Um so stärker wurde das Bedürfnis nach unpolitischer Geselligkeit, sowohl in großen Versammlungen als auch im exklusiven Kreis. Die Mitgliederzahlen der Lesegesellschaften entsprachen in etwa denen der Freimaurerlogen, konnten aber auch erheblich größer sein, da manche Gesellschaften 150–200 Mitglieder zählten. [...]
Aufschlussreich ist auch die geographische Verbreitung der Lesezirkel. Früh finden wir sie in Norddeutschland. Hauptverbreitungsgebiete wurden dann der sächsisch-thüringische Raum und die Rheinlande, also die Kerngebiete aufklärerischer Kultur. Erstaunlich gering ist ihre Dichte in Bayern und Österreich, den Ländern des lange nachwirkenden Barockkatholizismus, aber auch in Württemberg gab es nicht viele Lesegesellschaften.
Jede Lesegesellschaft war bestrebt, eigene Räume zu mieten oder ein Haus zu erwerben, um für ihre Mitglieder eine Bibliothek einzurichten, die täglich benutzt werden konnte. Um beiden, der Lektüre und der geselligen Unterhaltung zu genügen, wurden jeweils eigene Räume bereitgestellt. Im Lesesaal war jedes Sprechen und jedes Geräusch verboten, aber auch in jedem Sprechsaal sollten starker Lärm und heftige Gespräche unterbleiben. Alle Mitglieder sollten einen gesitteten Umgang pflegen; diesem diente auch das Verbot von Spielen und Tabakrauchen sowie von „anstößigen Gesprächen gegen Religion, den Staat und gute Sitten." [...]
Wichtigstes Ereignis waren die monatlichen Versammlungen, in denen ein Vortrag gehört wurde, über den dann eine Aussprache erfolgte. Gerade von den gelehrten Ständen erwartete man eine informative Gestaltung der literarischen Runde. [...] Gesprochen wurde über Themen aller Wissenschaften, vor allem über allgemeine moralische und aufklärerische Fragen: über die Eintracht, Freundschaft, Verbesserung des Herzens, das vergnügte Leben, die Flüchtigkeit der Zeit, Dienstfertigkeit, über Erziehungsprobleme, über Selbsterkenntnis, über die Wohltat der Religion, über Menschenfreundlichkeit etc.

[1] Illuminaten: die „Erleuchteten", Mitglieder von aufklärerischen Gesellschaften

[2] Jakobiner: wichtigste radikale Gruppierung in der Französischen Revolution

Richard van Dülmen, Die Gesellschaft der Aufklärer. Zur bürgerlichen Emanzipation und aufklärerischen Kultur in Deutschland, Frankfurt a. M. (Fischer) 1986, S. 84 f.

Vorlesen in einem literarischen Zirkel, Radierung von Daniel Chodowiecki (1726–1801).

MATERIAL

6 Mitgliederstruktur der Bonner Lesegesellschaft (1787–1799)

Die Bonner Lesegesellschaft hatte zwischen 1787 und 1799 174 Mitglieder, darunter 52 Adlige und 6 Mitglieder des Deutschen Ordens. Folgende Berufe sind im Mitgliederverzeichnis aufgeführt:

Beamte	42
Geistliche/Theologen	32
Professoren/Lehrer	30
Militärs	16
Hofmusiker	12
Juristen/Notare	6
Kaufleute	2
Gesandte	2
Hofschauspieler	2
Archivare	2
Hofmaler	2

Nach: Richard van Dülmen, Die Gesellschaft der Aufklärer, Frankfurt a. M. (Fischer) 1986, S. 87.

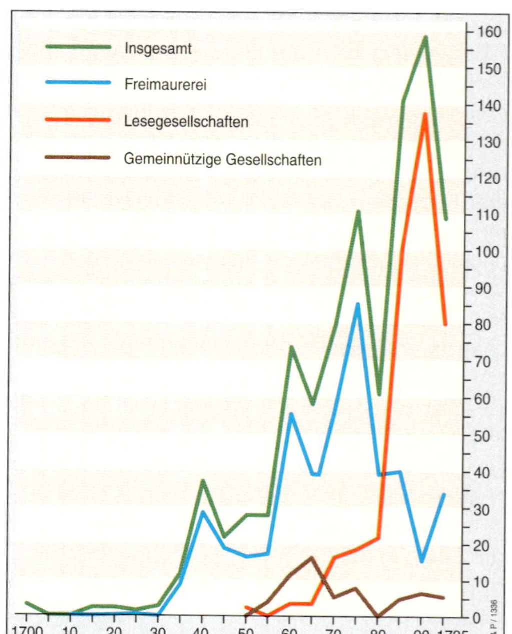

Entwicklung frühbürgerlicher Interessengemeinschaften in Deutschland

MATERIAL 7

Bürgerliche Emanzipation und Versöhnung mit den alten Eliten

Der Historiker Ulrich Im Hof analysiert die Bedeutung der aufklärerischen Gesellschaften in politischer und sozialer Hinsicht (1993).

Für alle Sozietäten gilt, dass sie getragen sind von der jeweiligen lokalen oder religiösen Elite aus Adel, Geistlichkeit, Magistratur und Kaufmannschaft. Im Freundschaftskreise der Sozietät treffen sich adlige Hofbeamte oder Landedelleute mit Pfarrern und bürgerlichen Unternehmern. Durch die Mitgliedschaften aus verschiedenen Ständen – gelegentlich auch solchen von Gewerbetreibenden oder Bauern – leisteten diese vielen Sozietäten einen wesentlichen Beitrag zum Übergang von der ständisch-zünftischen zur bürgerlich-demokratischen Gesellschaft, wie sie dann im 19. Jahrhundert dominierend werden sollte. Sie beförderten entscheidend die Emanzipation des Bürgertums in monarchischen Verhältnissen, und in republikanischen Staatswesen verbanden sie das Patriziat wieder mit der übrigen Bürgerschaft.

Gerade weil die Sozietäten in der Regel aus Freundeskreisen entstanden waren, pflegten sie eine neuartige Geselligkeit. Bei allem reformerischen Ernst und bei aller Aktivität fand sich an ihren Versammlungen immer genügend Zeit zu freiem Gespräch und zu heiterem Zusammensein bei Speis und Trank, bei Kaffee, Tee, Tabak oder Wein. Es gab Sozietäten, die auch Frauen offenstanden, auch wenn sie in den Mitgliederlisten selten vorkommen. Aber im Umfeld der Sozietäten sind sie vielfältig präsent, und nicht nur im geselligen Bereich. Im Geselligen fanden die Sozietäten jedenfalls eine vernünftige Mitte zwischen dem trinkfest-volkstümlichen Gehabe der Zunftgemütlichkeit und den preziös-elitären Umgangsformen höfischer Kultur.

Ulrich Im Hof, Das Europa der Aufklärung, München (Beck) 1993, S. 133

1. Beschreiben und analysieren Sie die Wandlungstendenzen auf dem Bücher- und Zeitungsmarkt. (M 1)
2. Beschreiben und kommentieren Sie Trends der Themenentwicklung auf dem Büchermarkt (M 1 e). Besorgen Sie sich eine vergleichbare aktuelle Statistik und vergleichen Sie.
3. Informieren Sie sich in einem Lexikon über den Begriff „Öffentlichkeit" und erörtern Sie, inwiefern durch Bücher und Zeitschriften eine „Öffentlichkeit" hergestellt wird.
4. Erklären Sie, gestützt auf Ulrich Im Hof, den Bedeutungswandel der „Philosophie" im 18. Jahrhundert. (M 4)
5. Stellen Sie das Wertsystem der Freimaurer im 18. Jahrhundert vor. (M 2 und M 3) Verschaffen Sie sich Informationen über ihre moderne Existenz.
6. Beschreiben Sie die regionalen Besonderheiten bei der Verbreitung deutscher Lesegesellschaften. (M 5)
7. Diskutieren Sie die Zielvorstellungen der aufklärerischen Gesellschaften: Wird hier ein harmloses bürgerliches „Gesellschaftsspiel" betrieben oder haben diese Gesellschaften auch eine politische Bedeutung? Überlegen Sie dabei, weshalb diese Vereinigungen mancherorts mit Argwohn bedacht und vor allem nach 1789 häufig verboten wurden.
8. Erläutern Sie, inwiefern sich im 18. Jahrhundert unter den Gebildeten die Kommunikation veränderte. Analysieren Sie die jeweils neuen Medien. Diskutieren Sie Parallelen mit globalen Entwicklungen der letzten 20 Jahre.

Lesung d'Alemberts in einem Pariser Salon, 1755. Zu den Gästen zählen auch Frauen. Ausschnitt aus einem zeitgenössischen Gemälde von A. C. Lemonnier.

7.3 „Der Verstand hat kein Geschlecht" – Frauen im geselligen und gebildeten Diskurs

Die Natur des kleinen Unterschieds

Hat der körperliche Unterschied, das Geschlecht, auch Auswirkungen auf den Verstand? Nach Auffassung der allermeisten Menschen im 18. Jahrhundert war das der Fall. Immerhin waren Männer und Frauen in unterschiedlichen, klar getrennten Domänen tätig, die Oberherrschaft des Mannes galt als unstrittig, von der öffentlich politischen Welt waren Frauen mehr oder minder ausgeschlossen. Das musste doch in der Natur der Dinge begründet liegen.

Frauen im Bildungsbetrieb

Einige Aufklärer brachten dieses uralte Stereotyp ins Wanken. In der Zeit der Aufklärung wurde lebhaft über die Gleichheit der Geschlechter, über das lesende und gelehrte Frauenzimmer debattiert. Immerhin gab es im Adel und im reichen Bürgertum immer mehr gebildete Frauen, manche französischen Salons waren ohne diese gar nicht denkbar. Frauen traten mit Männern und Frauen in gelehrte Korrespondenz. Allerdings waren öffentliche Schulen und Hochschulen für Frauen noch völlig verschlossen, Mädchen erwarben ihre Bildung entweder durch Selbststudium oder durch Privatunterricht.

Zu schwach zum Denken?

Als der Pariser Gelehrte Condorcet und der Königsberger Stadtpräsident Gottfried von Hippel um 1790 die volle Gleichheit der Frauen im privaten und im politischen Bereich proklamierten, wurde Ihnen das Argument der „natürlichen Beschaffenheit" der Frau entgegengehalten. Den Frauen wurde jetzt, und das sollte im 19. Jahrhundert so bleiben, zwar durchaus eine lebhafte Auffassungsgabe und Fantasie attestiert, zugleich aber auch eine physiologisch bedingte und mit der nervlichen Konstitution begründete Unfähigkeit zu vertiefter Reflexion bescheinigt. Größere geistige Anstrengungen seien dem kräftigeren männlichen Organismus vorbehalten.

MATERIAL

Frauen zieren sich mit männlichen Errungenschaften 1

In regelmäßig erscheinenden „moralischen Wochenschriften“ für das gebildete Bürgertum, in denen Fragen der Wissenschaft und des alltäglichen Lebens abgehandelt wurden, konnte man im 18. Jahrhundert auch Beiträge zum Geschlechterstreit lesen.

Ein gelehrtes Frauenzimmer ist also eine Person, welche weiß, was ein Gelehrter weiß, ob sie dasselbe gleich nicht so wie er weiß, und noch viel weniger so gelernt hat. Es verhält sich gegen die Gelehrten wie gegen die fahrenden Kaufleute. Der Kaufmann geht zu Schiffe und holt aus dem Norden den Zobel und aus Indien die Diamanten und Perlen. Das Frauenzimmer bekommt diese Schätze, es ziert sich damit aus, und es ist eben so gut, als wenn es selber zu Schiffe gegangen wäre. (1751)

Es ist ein großer Unterschied unter gelehrt seyn, und mehr wissen, wie man seinen Verstand und Willen bessern kann, als man aus der bloßen Erfahrung lernet. Nach dem Ruhme der Gelehrsamkeit in dem genauesten und eigentlichsten Verstande zu streben, hat ein Frauenzimmer nicht Ursache; das andere aber machet ihr Vortheil und Ansehen genug, wenn sie es weit darinnen gebracht hat. Poesie, Beredsamkeit, Sprachen, Vernunft- und Sittenlehre, die Hauptgründe der Weltweisheit, Historie, das sind Dinge, um welches sich, außer der gründlichen Kenntniß der Religion, ein Frauenzimmer mit großem Nutzen bemühen kann; sich aber, wie Laura Bassi[1], in der Zergliederungskunst sonderlich hervorzuthun, hieße, die Sache ein wenig zu weit treiben. Eine ist zur Seltenheit hierinnen genug. (ca. 1748)

[1] Laura Bassi: Berühmtheit im 18. Jahrhundert; sie hatte in Bologna promoviert und hielt dort in lateinischer Sprache naturwissenschaftliche Vorlesungen.

Der Redliche, 2. Bd., 24. Stück (1751); Der Gesellige, 16. Stück (ca. 1748).

MATERIAL

Emotionen und neue Geschlechterbeziehungen 2

Der Freimaurer Adolph Freiherr von Knigge legt 1788 seine Vorstellungen von Liebesheirat und einer neuen Geschlechterordnung dar.

Eine weise und gute Wahl bei der Knüpfung des wichtigsten Bandes im menschlichen Leben, die ist freilich das sicherste Mittel, um in der Folge sich Freude und Glück in dem Umgange unter Eheleuten versprechen zu können. Wenn hingegen Menschen, die nicht gegenseitig dazu beitragen, sich das Leben süß und leicht zu machen, sondern die vielmehr widersprechende, sich durchkreuzende Neigungen und Wünsche und verschiedenes Interesse hegen, unglücklicherweise sich nun auf ewig aneinandergekettet sehen; so ist das in der Tat eine höchst traurige Lage, eine Existenz voll immerwährender herber Aufopferung, ein Stand der schwersten Sklaverei, ein Seufzen unter den eisernen Fesseln der Notwendigkeit, ohne Hoffnung einer andern Erlösung, als wenn der dürre Knochenmann eines fernen Tages mit seiner Sense dem Unwesen ein Ende macht.

Nicht weniger unglücklich ist dies Band, wenn auch nur von einer Seite Unzufriedenheit und Abneigung die Ehe verbittern, wenn nicht freie Wahl, sondern politische, ökonomische Rücksichten, Zwang, Verzweiflung, Not, Dankbarkeit, dépit amoureux[1], ein Ungefähr, eine Grille oder nur körperliches Bedürfnis, wobei das Herz nicht war, dieselbe geknüpft hat, wenn der eine Teil immer nur empfangen, nie geben will, unaufhörlich fordert, Befriedigung aller Bedürfnisse, Hilfe, Rat, Aufmerksamkeit, Unterhaltung, Vergnügen, Trost im Leiden – und dagegen nichts leistet. Wähle also mit Vorsicht die Gefährtin Deines Lebens, wenn Deine künftige häusliche Glückseligkeit nicht ein Spiel des Zufalls sein soll.

[1] dépit amoureux (frz.): Liebeskummer

Adolph Freiherr von Knigge, Über den Umgang mit Menschen, Frankfurt/M. (Insel) 1977, S. 153.

MATERIAL

3 „ ... ohne Rücksicht auf den Geschlechtsunterschied"

Der nachfolgende Text von Theodor Gottlieb von Hippel (1741–1796) stammt aus seinem 1792 anonym erschienenen Werk „Über die bürgerliche Verbesserung der Weiber". Der Schriftsteller Hippel war ein Freund des Philosophen Immanuel Kant und bemühte sich um die Popularisierung Kantischer Ideen. Für die Zeitgenossen waren die hier von ihm formulierten Vorstellungen so außergewöhnlich und unwahrscheinlich, dass sie nicht wussten, ob der Autor die Sache ernst oder ironisch meinte.

Die Schöpfungsgeschichte erwähnet, nach dem klaren Inhalt derselben, keinen andern als des Geschlechtsunterschiedes. Lasset uns Menschen machen – und er schuf sie, ein Männlein und ein Fräulein. [...] Die Natur scheint bei Bildung der beiden Menschengeschlechter nicht beabsichtiget zu haben, weder einen merklichen Unterschied unter ihnen festzustellen, noch eins auf Kosten des andern zu begünstigen – Der Geschlechtsunterschied kann nicht zur Antwort dienen, wenn die Frage ist: ob das männliche Geschlecht mit wesentlichen körperlichen und geistigen Vorzügen vor dem weiblichen ausgestattet worden sei? Andere Unterschiede, als die welche auf die Geschlechtsbestimmung gehen, zu entdecken, hat dem anatomischen Messer bis jetzt noch nicht gelingen wollen. [...]

Männer, lass doch Menschen sein, die Gott zu Menschen schuf! Sie sind Bein von unserm Bein, und Fleisch von unserm Fleisch; und warum nicht Bürger wie wir? warum nicht, da ihnen weder Sinn noch Kraft zu Bürgertugenden gebricht, und es bloß darauf ankommt, dass sie zu Bürgerinnen erzogen werden! Jetzt freilich, wie sie da sind, zum Spielzeug für Männer gemodelt; jetzt, wenn sie auf einmal aus dem Gynäceum[1] auf den großen Schauplatz des gemeinen Wesens, einen für ihren Körper und ihre Seele so fremden Boden, treten und männliche Rollen spielen sollten: Jetzt würden sie kaum erträglich debütieren. Wer fordert dies aber von ihrem Kopfe und von ihren Händen? Sie sollen eben den Weg gehen, den wir gingen, eben die Wüsten betreten, die uns auf der Bahn nach Kanaan beschwerlich wurden; nur durch Erziehung, Unterricht und Erfahrung sollen sie das Ziel erreichen, dessen sie so würdig sind. [...]

Woher jetzt der Unterschied in der Erziehung beider Geschlechter, der sich bei der Wiege anhebt und beim Leichenbrette endiget? warum ein so wesentlicher Unterschied, als wären beide Geschlechter nicht eines Herkommens, nicht eines Stoffs, und nicht zu einerlei Bestimmung geboren? – Die Scheidewand höre auf! Man erziehe Bürger für den Staat, ohne Rücksicht auf den Geschlechtsunterschied.

[1] Gynäceum: in der griechisch-römischen Antike Innenräume des Hauses, die den Frauen vorbehalten waren

Nach: Jost Hermand (Hrsg.), Von deutscher Republik 1775–1795. Texte radikaler Demokraten, Frankfurt/M. (Suhrkamp) 1975, S. 258–260.

1. Diskutieren Sie, inwiefern die Stellungnahmen in den Moralischen Wochenschriften die Gleichheit der Geschlechter fördern. (M 1)
2. Erläutern Sie, wogegen sich Freiherr von Knigge wendet und wofür er eintritt. (M 2)
3. Überlegen Sie, warum der Text von Hippel den Zeitgenossen unverständlich sein musste. (M 3)
4. Informieren Sie sich darüber, welche Veränderungen im Geschlechterverhältnis die Französische Revolution brachte. Welche Parallelen finden Sie zur deutschen Diskussion des 18. Jahrhunderts?
5. Informieren Sie sich über Fortschritte (und Defizite) in der schulischen und akademischen Bildung der Geschlechter heute.

7.4 Neue Weltbilder – Aufklärung als Utopie oder als Programm?

Berichte über Entdeckungsfahrten hatten im 17. und 18. Jahrhundert ebenso Konjunktur wie Robinsonaden. Menschen lernten fremde Welten kennen, und mussten das, was sie sahen, begrifflich in ihre eigene Welt einordnen. Waren die Menschen, denen sie begegneten, gut oder böse? Lebten sie auf einer Entwicklungsstufe, die die Europäer längst hinter sich gelassen hatten oder waren die scheinbar so naturverbundenen Wesen der Zivilisation moralisch weit überlegen? Zahlreiche Aufklärer entwickelten hier in zivilisationskritischer Absicht ein Idealbild vom „edlen Wilden". Sowohl diese Vorstellung als auch das Negativbild vom grausamen „Barbaren" entsprang einem Zeitgeist, demnach Menschen mit ihren Beschreibungen fremder Kulturen ihren Wunschvorstellungen von besseren Verhältnissen – oder eigenen Ängsten – Ausdruck gaben.

Neue Reise
Um die Welt
Worinnen umständlich beschrieben wird/
Die Erd-Enge oder Isthmus von
Americâ, vielerley Küsten und Insuln in West-
Indien/die Insuln des grünen Vorgebürges/die Durch-
fahrt an dem Lande del Fuego, die Mittägigen Küsten von
Chili, Peru und Mexico; die Insuln Guam, Mindanao
und andere von den Philippinen; die Östlichen nahe an Cam-
bodia und China gelegenen / insonderheit Formosa, Lusson,
Celebes &c. Neu Holland/ die Insuln Sumatra, Nico-
bar und S. Helena, wie auch das Vorgebürge
der guten Hoffnung.
Dabey gehandelt wird
Von der unterschiedenen Beschaffenheit des
Erdbodens aller dieser Länder / von ihren See
Häfen / Pflantzen / Früchten und Thieren: Ingleichen von
ihren Einwohnern / deren Sitten und Gewohnheiten /
Gottesdienst/Regiments-Arth und Han-
delschafft etc.
Herausgegeben von
Wilhelm Dampier.
Aus dem Englischen in die Frantzösische und nunmehr
in die Hoch-Teutsche Sprache übersetzet.
Mit Land-Tafeln und Figuren versehen.
Leipzig / Verlegts Michael Rohrlachs seel.
Wittib und Erben. 1702.

Frontispiz (Titelblatt) einer Reisebeschreibung von 1702.

Reiseberichte

Vor allem Reiseberichte fanden im 18. Jahrhundert viele Leser. Ein Beispiel: In den Jahren 1747 bis 1774 erschien in Leipzig ein 21-bändiges Werk mit dem Titel „Allgemeine Historie der Reisen zu Wasser und Lande; oder Sammlung aller Reisebeschreibungen, welche bis itzo in verschiedenen Sprachen von allen Völkern herausgegeben worden, und einen vollständigen Begriff von der neuern Erdbeschreibung und Geschichte machen; worinnen der wirkliche Zustand aller Nationen vorgestellet, und das Merckwürdigste, Nützlichste und Wahrhaftigste In Europa, Africa und America enthalten ist." Dieses monumentale Werk war zuvor in England und Frankreich erschienen, es konnte in wöchentlichen Fortsetzungen abonniert werden. Das Interesse an diesem Werk lässt sich auch daran erkennen, dass bereits kurz nach dem Erscheinen der französischen Ausgabe zwei Raubdrucke hergestellt wurden, beide gedruckt in Amsterdam, der eine auf Französisch, der andere auf Holländisch, versehen mit prachtvollen Illustrationen.

Führt Kulturkontakt zu Toleranz?

Dieser Kulturkontakt hat freilich, wie die Geschichte des Kolonialismus zeigt, die reale Verständnis- und Verantwortungsbereitschaft gegenüber überseeischen Völkern kaum geschärft, vielmehr den Überseebewohnern kaum einen Freiraum an eigenständiger Existenz belassen. Auf der anderen Seite speiste sich der Protest etwa gegen den Sklavenhandel und die Kolonialwirtschaft möglicherweise auch aus dem Kulturkontakt. Und vergleicht man die aus dem Geist der Toleranz verfassten Texte des 18. Jahrhunderts mit denen im biologischen und ethischen Sinne wertenden Rassentheorien des 19. Jahrhunderts, die in den Fremden „minderwertige" Menschen sahen, dann erkennt man beachtliche Differenzen. Offen bleibt jedenfalls, in welcher Weise die aufklärerische Trennung der Erdbewohner in „Wilde" und „Zivilisierte" bei den Europäern wirkte.

MATERIAL

1 Ein aufklärerisches Ideal: der edle Wilde

Der Franzose Luis-Armand de Lahontan (1666–1715) beschreibt 1703 den Charakter und die Ansichten von Irokesen.

Die Wilden in Kanada wissen nichts von Mein und Dein, denn man möchte wohl sagen, was dem einen gehöre, sei auch des anderen. Wenn's einem Wilden auf der Biberjagd nicht glückt, helfen ihm seine Mitbrüder ungebeten. Springt ihm seine Flinte oder bricht entzwei, drängt sich einer vor den anderen, die seine anzubieten. [...] Nur die, so Christen und vor den Toren oder doch unweit der französischen Pflanzerstädte wohnen, wissen vom Geld. Die anderen wollen weder damit umgehen noch nur einmal es sehen. Sie nennen's der Franzosen Schlange. Sie sagen, man schieße sich bei uns tot, man plündere, schmähe, verkaufe und verrate sich um das Lumpengeld. Um Geld gebe ein Mann sein Weib und die Mütter ihre Töchter weg. Es kommt ihnen seltsam vor, dass einer mehr Güter hat als der andere, und ein Reicher mehr Respekt als die Armen. Kurz: Sie sagen, der Titel eines Wilden, wie wir sie schelten, reime sich besser zu uns, als dass wir Menschen heißen sollen, indem aus all unserem Tun nichts weniger als ein verständiger Mensch hervorleuchte. [...]
Übrigens zanken sie miteinander nicht, sie schlagen noch plündern noch lästern sich nicht. Sie spotten den Wissenschaften und Künsten und haben ihr Gelächter über den Unterschied der Ehrenstellen unter uns. Sie schelten uns für Sklaven und sagen, wir seien elende Leute, deren Leben nichts wert, wir stürzten uns selbst von unserm Stand durch Unterwerfung an einen einzigen Menschen, der alles vermöge und kein anderes Gesetz als seinen Willen habe; wir hätten stete Händel, die Kinder spotteten der Väter; niemals seien wir einig, einer lege den andern ins Gefängnis, und öffentlich gar rieben wir uns auf. Sie halten sich höher als man sich nur immer einbilden kann, und führen dazu die Gründe an. Sie seien einer ein so großer Herr als der andere, weil die Menschen alle aus einem Holz gemacht, es sei kein Unterschied noch Stufen unter ihnen zu dulden. Sie meinen, ihre Gemütsvergnügung gehe unserm Reichtum weit vor; alle unsere Wissenschaften seien nicht so viel wert als die Kunst, das Leben in vollkommener Gelassenheit zuzubringen. [...] Die Alten gelten bei ihnen als Orakel. Sagt etwa ein Vater zu seinem Sohn, es sei Zeit, dass er sich verheirate oder in den Krieg, auf die Jagd oder den Fischfang gehe, wird er ihm zuweilen antworten: Das ist wichtig, ich will mich darauf bedenken. Ist's aber der Altvater, wird er gleich antworten: Es ist gut. Ich will's tun. Tötet etwa ein Wilder Rebhühner, Gänse, Enten, oder er fängt einen leckeren Fisch, wird er's gewiss seinen ältesten Blutsfreunden verehren.
Die Wilden sind recht sorglose Leute. Ihr ganzes Wesen bestehet in Essen, Trinken, Schlafen, und wenn sie daheim sind, laufen sie im Dorf des Nachts herum. Zur Mahlzeit haben sie keine gewisse Zeit. Sie essen, wenn sie hungert, und machen insgeheim eine starke lustige Gesellschaft zusammen.

Wolfgang Behringer (Hrsg.), Lust an der Geschichte: Amerika. Die Entdeckung und Entstehung einer neuen Welt. Ein Lesebuch, München (Piper) 1992, S. 336 ff.

MATERIAL

2 „Der Charakter dieses Volks ist in der Tat liebenswürdig"

Johann Reinhold Forster (1729–1798), ein Begleiter des englischen Entdeckers James Cook, berichtet von dessen zweiter Südseereise (1772–1775):

Die Bewohner der freundschaftlichen Inseln werden denen auf den Marquisasinseln an Schönheit wenig oder nichts nachgeben. [...] Ein gefälliges Lächeln und natürliche Ungezwungenheit in allen Handlungen erhöhen den Reiz ihrer schönen körperlichen Bildung. Unter andern erregte hier, auf der Insel Tongatabu, ein Mädchen von zehn bis zwölf Jahren, in dem Gewühl der am Strande versammelten Menschen, unsere Aufmerksamkeit in vorzüglichem Maße. Ihr länglich-

Peter Paul Rubens (1577–1640), Jagd auf Nilpferd und Krokodil (ca. 1615, Alte Pinakothek, München). Im 17. und 18. Jahrhundert waren „exotische" Motive zumal in der höfischen Malerei sehr beliebt.

tes Gesicht hatte die schönsten regelmäßigsten Züge, und eine unbeschreibliche Anmut im ganzen Ausdruck; ihr helles munteres Auge schien lauter Leben zu sein; ihr langes Haar fiel in ungekünstelten Locken herab und war mit wohlriechenden Blumen besteckt; aus ihrem ganzen Betragen leuchtete Seele, Freiheit und Grazie hervor. Sie hatte kugelförmige Früchte, die sie beständig in die Höhe warf, und mit bewundernswürdiger Geschicklichkeit und Behändigkeit auffing.
Der Charakter dieses Volks ist in der Tat liebenswürdig; ihre Freundschaftsbezeugungen gegen uns, die wir ihnen doch völlig fremd waren, hätten einer gesitteten Nation Ehre gemacht. In den Häusern bot man uns überall, mit wahrer patriarchalischer Gastfreiheit, Speise und den kühlenden Trank aus der Kokosnuss dar. Ihre Handlungen zeugten jederzeit von Gutherzigkeit und einnehmender Sitteneinfalt. Alle die kleinen Flecken, die wir im Charakter der Tahitier bemerkt hatten, fanden wir zwar bei diesen guten Insulanern, jedoch nicht in gleich starkem Grade, wieder. Erfindungsgeist und Zierlichkeit des Geschmacks offenbaren sich deutlich in ihren Geräten, Waffen und übrigen Handarbeiten, so auch in ihrer Tonkunst und ihrem Ackerbau.

Johann Reinhold Forster, Bemerkungen über Gegenstände der physischen Erdbeschreibung, Naturgeschichte und sittlichen Philosophie auf seiner Reise um die Welt gesammelt, o. O. 1787, S. 198 f.

MATERIAL

Einfaches Leben, herrliche Landschaft, Sorglosigkeit und Unwissenheit 3

Georg Forster (1754–1794), der Sohn von Johann Reinhold Forster und ebenfalls Mitglied des Teams um James Cook 1772–1775, berichtet:

Eine glückliche Gleichförmigkeit prägt das ganze Leben der Tahitianer. Sie erheben sich mit der Sonne, eilen zu den Bächen und Brunnen, um ihre ebenso erquickenden wie gründlichen Waschungen vorzunehmen. Sie verbringen den Vormittag, bis die Hitze des Tages spürbar wird, bei der Arbeit oder auf Spaziergängen; dann ziehen sie sich in ihre Wohnungen zurück oder ruhen sich unter buschigen Bäumen aus. Sie vergnügen sich damit, ihre Haare geschmeidig zu machen,

indem sie es mit wohlriechenden Ölen salben, oder sie blasen auf ihren Flöten, singen dazu oder lauschen dem Gesang der Vögel. Um neun Uhr oder etwas später begeben sie sich zum Essen. Nach ihren Mahlzeiten nehmen sie die friedliche Unterhaltung wieder auf, und in ihren Herzen verbreitet sich jenes Gefühl gegenseitiger Zuneigung, welches imstande ist, die heranwachsende Generation mit zarten Banden zu vereinen. Der lebhafte, aber gutartige Spott, die ungekünstelt vorgetragene Erzählung und ein schlichtes Abendessen vertreiben die Zeit bis zum Niedergang der Sonne, und ein weiterer Gang zum Fluss beschließt die Tätigkeit des Tages. Derart zufrieden mit ihrer einfachen Lebensform und umgeben von einer herrlichen Landschaft leben sie frei von Sorgen und sind glücklich in ihrer Unwissenheit.

Urs Bitterli, Die „Wilden" und die „Zivilisierten". Die europäisch-überseeische Begegnung, München (dtv) 1982, S. 385.

Abbildung aus dem utopischen Roman „Découverte australe" von 1781, in dem Rétif de la Bretonne Vogelmenschen mit Affenmenschen zusammentreffen lässt.

MATERIAL

4 Aufklärung als Bildungsprogramm (Rudolf Vierhaus, 1984)

Regierung und Verwaltung müssen selber aufgeklärt sein und begreifen, dass die Grundsätze einer guten Erziehung in der Natur des Menschen und in der Gesellschaft ruhen, insofern seine Möglichkeiten prinzipiell mit den rechtverstandenen Bedürfnissen einer vernünftig geordneten Gesellschaft identisch sind. Ziel aufgeklärter Erziehung ist der vernünftig denkende und handelnde Mensch, Bürger und Patriot, der in seinem sozialen Stande und seiner Gemeinschaft aus Einsicht handelt, sich nützlich macht, aber auch anderen hilft, selbstständig zu werden und nützlich zu handeln. Solche Erziehung hebt soziale Unterschiede nicht auf, interpretiert sie jedoch anders, nämlich funktional im Hinblick auf die Aufgaben, die der Einzelne ausfüllen soll, und schon dadurch kann sie erhebliche Energien auslösen und Zukunftserwartungen wecken. Ihrer Erfüllung hat allerdings nicht nur die deutsche politisch-soziale Realität entgegengestanden, sondern auch die Aufklärungspädagogik selber, deren Praxis im Wesentlichen darauf gerichtet blieb, die Menschen für die Erfüllung nützlicher Funktionen in der Gesellschaft vorzubereiten. [...]
Gewiss hat die Aufklärung bis zum Ende des zweiten Drittels des 18. Jahrhunderts noch keine tiefer reichende Veränderung der gesellschaftlichen und politischen Realität bewirkt; aber sie hat einen Wandel in den Vorstellungen eingeleitet. Es musste Auswirkungen haben, wenn man anfing, die Menschen als von Natur mit Freiheit ausgestattete Individuen zu verstehen, die um ihrer Sicherheit und Freiheit willen Herrschaft benötigen, Herrschaft also nicht als Selbstzweck, sondern als Mittel zur Ermöglichung des individuellen und allgemeinen Wohls, Regierung und Verwaltung als Instrumente zur Erreichung dieses Ziels, Gesetzgebung als gestaltendes Mittel

zu begreifen. Es konnte nicht ohne Folgen bleiben, wenn sich das Bild des Herrschers zum Bild des wohlwollenden, aufgeklärten Amtsträgers, Verwalters, Treuhänders des Staates wandelte, obwohl er noch keine institutionelle Beschränkung seiner praktischen Machtvollkommenheiten erfuhr. [...]

Ist die Aufklärung allgemein eine literarisch-philosophische Bildungsbewegung gewesen, so gilt das für Deutschland in besonders hohem Maße. Ihre Wortführer waren von der Notwendigkeit des steten Lernens und der öffentlichen Informationsvermittlung, der freien Diskussion überzeugt. Allgemeine Publizität, Freiheit der Presse, Beseitigung der Zensur sind zwar erst im letzten Jahrhundertdrittel ihre stete und laute Forderung geworden, und es hat sich dann auch eine intensive „kritische" öffentliche Diskussion über soziale und politische Probleme entwickelt. Man darf indes nicht übersehen, dass ihr die literarische und publizistische Erörterung von Fragen des Glaubens und der Erziehung, der Moral und des nützlichen Verhaltens vorausging, die bereits eine politische Komponente enthielt. Schon diese Erörterung ist von denen, die sie erreichte, als befreiend empfunden worden.

Francisco Goya (1746–1828), Der Traum der Vernunft gebiert Ungeheuer (1799).

Rudolf Vierhaus, Deutschland im Zeitalter des Absolutismus, Göttingen (Vandenhoeck & Ruprecht) 2. Aufl. 1984, S. 109 ff.

1. Analysieren Sie den Inhalt der von „Wilhelm Dampier" herausgegebenen Reisebeschreibung. (Abb. S. 175) Klären Sie die geographischen Zusammenhänge. In welchen Bibliotheken steht dieses Buch?
2. Stellen Sie gegenüber, welche Eigenheiten Lahontan der indianischen und der europäischen Gesellschaft bescheinigt. (M 1)
3. Was faszinierte die Weltreisenden an fremden Kulturen? (M 1, M 2 und M 3)
4. Inwiefern stellt das Bild vom „edlen Wilden" ein Gegenmodell zum Leben im alten Europa dar, inwiefern enthält es zivilisationskritische Elemente? Beziehen Sie die bildlichen Darstellunge in Ihre Überlegungen mit ein. (Abb. S. 177 und 178)
5. Vergleichen Sie diese Vorstellungen vom edlen und natürlichen „Wilden" mit den Helden in der Literatur der Aufklärung und des Sturm und Drang (etwa Goethes „Werther").
6. Worin sieht der Historiker Vierhaus die Spezifik und Leistung der deutschen Aufklärung, wo sieht er ihre Grenzen? (M 4)
7. Diskutieren Sie die Bewertung der Aufklärung durch den Spanier Goya. (Abb. S. 179)

ZEITTAFEL

	Kunst, Kultur und Wissenschaft (vgl. auch Daten auf S. 18)	Politik und Religion
vor 1500	**14 Jh.** Beginn der Renaissance in Italien 1149–1492 Lorenzo dei Medici: Florenz wird Zentrumder Renaissance **um 1450** Erfindung des Buchdrucks mit beweglichen Metalltypen durch Gutenberg	**14. Jh.** Konflikte zwischen den Zünften und Patriziern in vielen mitteleuropäischen Städten 1356 In der „Goldenen Bulle“ werden die Modalitäten der Kaiserwahl festgelegt (sieben Kurfürsten) **ab 15. Jh.** Entstehung der Landesherrschaften im Heiligen Römischen Reich 1453 Die Türken erobern Konstantinopel, Ende des Oströmischen Reichs 1493–1519 Kaiser Maximilian I.
1500–1600	1514 Macchiavelli veröffentlicht sein Werk „Il principe“ („Der Fürst“) 1522 Adam Riese (eigentlich: Ries) verfasst ein Rechenbuch und entwickelt Grundlagen des Rechnens mit Ziffern und Null 1543 Kopernikus veröffentlicht „De revolutionibus orbium coelestium“ („Über die Kreisbewegung der Himmelskörper“), in dem er das heliozentrische Weltbild begründet	1517 Luther publiziert 95 Thesen 1519–1556 Kaiser Karl V. 1521 Kaiser Karl V. verhängt in Worms die Reichsacht gegen Luther 1524/25 Bauernkrieg 1529 Vergebliche Belagerung von Wien durch die Türken 1530 Augsburger Bekenntnis der evangelischen Reichsstände 1534 Der englische König Heinrich VIII. löst sich von Rom und gründet die anglikanische Kirche; Gründung des Jesuitenordens (Ignatius von Loyola) 1545–63 Konzil von Trient: Weit reichende Reformen der katholischen Kirche 1547 Karl V. besiegt im Schmalkaldischen Krieg die protestantischen Fürsten 1555 Augsburger Religionsfrieden 1572 Bartholomäus-Nacht in Paris: Massaker an den französischen Protestanten, den Hugenotten 1581 Beginn des Unabhängigkeitskrieges der Holländer gegen Spanien
nach 1600	1620 Francis Bacon veröffentlicht seine empirische Wissenschaftslehre 1633 Galilei „widerruft“ unter dem Druck des Inquisitionsgerichts seine astronomischen Beobachtungen, denenzufolge sich die Erde um die Sonne bewege **17./18. Jh.** Aufklärung in Europa 1751 Der erste Band der Enzyklopädie von Diderot und d'Alembert erscheint	1618–1648 Dreißigjähriger Krieg 1648 In Münster und Osnabrück wird der „Westfälische Frieden“ unterzeichnet 1688 Glorious Revolution in England **17./18. Jh.** Ausbildung absolutistischer Staaten in Europa 1661–1715 Ludwig XIV. König von Frankreich 1789 Französische Revolution 1806 Ende des Heiligen Römischen Reiches

Wirtschaft und Gesellschaft	Die Europäisierung der Welt
12./13. Jh. zahlreiche Städtegründungen in Europa **12.–14. Jh.** Entstehung der Geldwirtschaft, zunächst in den oberitalischen Handelsstädten **1347–50** Die Pest entvölkert Europa **Um 1358** Entstehung der Hanse **14. Jh.** Herausbildung des Verlagswesens **14./15. Jh.** Viele Ritter sinken zu „Raubrittern“ herab **1495** Verkündigung des „Ewigen Landfriedens“ für das Heilige Römische Reich, Reichsreformen auf dem Reichstag zu Worms	**1271–1295** Reisen Marco Polos nach Asien, vor allem nach China **14. Jh.–1521** Aztekische Hochkultur im Gebiet des heutigen Mexiko **1441** Portugiesische Händler verkaufen Afrikaner als Sklaven **1492** Kolumbus landet in Amerika **1494** Im Vertrag von Tordesillas einigen sich Spanien und Portugal über die Aufteilung der überseeischen Kolonien; Beginn des europäischen Kolonialismus **1498** Vasco da Gama umsegelt Afrika und erreicht Indien
1459–1525 Jakob Fugger der Reiche; Hochphase der Handelsgesellschaft der Fugger **16. Jh.** Die ersten Börsen entstehen **1587** „Banco di Rialto“: Gründung der ersten öffentlichen Bank in Venedig **16./17. Jh.** Starke Vergrößerung des Geldvolumens in Europa durch Silberimporte aus den mittelamerikanischen Kolonien	**1502–20** Regierungszeit des aztekischen Königs Moctezuma II. **1519–21** Cortez erobert Mexiko für Spanien: Zerstörung der Kultur der Azteken **1519–22** Erste Weltumsegelung durch die Flotte von Magalhaes **1543** Portugiesen landen in Japan **1558** Tabak aus Amerika in Europa **1568** Erste Sklaventransporte von Westafrika in die Neue Welt
1667 Auflösung der Hanse **17. Jh.** Manufakturen entstehen **Seit 1750** Industrielle Revolution	**1600** Gründung der „East India Company“ in London **1602** In Konkurrenz zur „East India Company“ entsteht in den Niederlanden die „Vereenigde Oostindische Compagnie“ (VOC) **1607** Virginia wird die erste britische Kolonie in Nordamerika, Anbau von Tabakkulturen durch afrikanische Negersklaven **1608** Quebec wird als erste französische Kolonialstadt in Amerika gegründet **1609** Eröffnung der Faktorei der holländischen Ostindischen Kompagnie in Japan **1639** Vertreibung der Portugiesen aus Japan **1776** Die Vereinigten Staaten von Amerika erklären ihre Unabhängigkeit von England

GLOSSAR

Ablass:
Erlass von Strafen für begangene Sünden. Nach mittelalterlicher Vorstellung haben Christus und die Heiligen einen „Überschuss" an Verdiensten erworben, den die Gläubigen u. a. durch „gute Werke" und durch den Erwerb von Ablassbriefen kaufen können. Der Ablasshandel war ein Anlass für Luthers Kritik an der alten Kirche. Nach Luthers Auffassung kann man die Gnade Gottes allein durch den Glauben erlangen.

Absolutismus:
Regierungsform mit einem „absolut", also unbeschränkt herrschenden Monarchen an der Spitze. Vorherrschende Regierungsform im 17. und 18. Jahrhundert; sie wird früh in England (1688) und spät in Russland (1905) beseitigt. Der Monarch rechtfertigt seine Stellung als gottgewollt. Die absolutistische Herrschaft stützt sich auf eine Bürokratie und ein stehendes Heer und steht damit am Beginn „moderner" Staatlichkeit.

Aufklärung:
Reformbewegung, die im 17. und 18. Jahrhundert gegen absolutistische, kirchliche Herrschaft und traditionalistisches Denken das „Licht der Vernunft" stellt. Die Aufklärer wandten sich u. a. gegen die Beschränkungen und Privilegien der Ständegesellschaft, sie forderten insbesondere freie Meinungsäußerung sowie religiöse Toleranz und bedienten sich neuer wissenschaftlicher Erkenntnisse. Viele Aufklärer vertrauten auf die Kraft des besseren, rationalen Arguments und auf die Erziehung der Menschen.

Bürger:
Die freien und voll berechtigten Stadtbewohner (in der Regel Kaufleute und Handwerker) bildeten im ausgehenden Mittelalter und in der Frühen Neuzeit die Bürgerschaft. Im 18. und 19. Jahrhundert entwickelte sich in der feudalen Ständegesellschaft im Zuge der Herausbildung der modernen Industriegesellschaft das Bürgertum als neue soziale Schicht. Die „Bourgeoisie" oder das Wirtschaftsbürgertum formulierten eigene soziale und politische Interessen. Zum Bürgertum zählen insbesondere die zu Vermögen und Ansehen gekommenen und in der Regel über Bildung verfügenden Kaufleute, Fabrikeigentümer, Bankiers, die höheren Beamten und Wissenschaftler. Diese neue Schicht löste allmählich die bislang sozial und politisch bestimmenden Stände, den Klerus und den Adel, ab. Mit dem Bürgertum als sozialökonomisch und politisch dominierender Schicht entwickelte sich aber nicht nur der Kapitalismus als neue Wirtschafts- und Gesellschaftsform, sondern auch der liberale Verfassungsstaat mit den Postulaten der Menschenrechte sowie der Demokratie.

Bürokratie:
Sie entfaltet sich im Zuge der absolutistischen Herrschaftsform im 17. und vor allem im 18. Jahrhundert. Absolutistische Monarchen bedienten sich zur Verwaltung ihres Territoriums in zunehmendem Maße fachlich ausgebildeten Personals, nicht zuletzt im Interesse der Finanzverwaltung zur Versorgung des stehenden Heeres und der Hofhaltung, ferner auch zur Entwicklung eines Schulsystems.

Calvinismus:
Die Theologie des Genfer Reformators Johannes Calvin (1509–1564) breitete sich zunächst vor allem in der Schweiz, in Frankreich (Hugenotten), Schottland und den Niederlanden aus. Die „Reformierten" unterscheiden sich theologisch von den Lutheranern in der Abendmahlsfrage; aber auch das ganze private und öffentliche Leben sollte ein Gottesdienst sein. Charakteristisch für den C. ist die strenge Lehr- und Kirchenzucht, die Überwachung des Alltags der Gläubigen. Der C. begünstigte durch seine Kirchenordnung die Entwicklung demokratischer Strukturen; umstritten ist die These des Soziologen Max Weber, derzufolge der C. eine Arbeitsethik förderte, die eine

Wurzel für die Herausbildung des Kapitalismus sei (Protestantismusthese).

Evangelische Kirche:
Während in der Römisch-katholischen Kirche neben der Schrift auch Überlieferung und Brauchtum eine große Rolle spielten, betonte Luther, dass nur das Wort der Schrift („sola scriptura") die alleinige Grundlage des Glaubens sei. Dabei räumte er dem Neuen Testament, also auch den Evangelien, eine besondere Bedeutung ein. Daher wird die protestantische Konfession auch als „evangelisch" bezeichnet.

Feudalismus:
Von lat. feudum, das Lehen. Grundlegendes System der politischen, sozialen und ökonomischen Verhältnisse im Mittelalter. Der Lehnsherr ist mit seinem Lehnsnehmer, dem Vasallen, durch ein gegenseitiges Treueverhältnis verbunden: Der Vasall schuldet dem Feudalherrn Rat, Hilfe und (Kriegs)-dienste, der Feudalherr ist zum Schutz des Vasallen verpflichtet. Für geleistete Dienste erhält der Vasall Grund und Boden, das er an Untervasallen weiter verleihen kann, die ihm wiederum Rat und Dienste schulden. Auch das System der Grundherrschaft wird gelegentlich als Feudalismus bezeichnet, was zu Missverständnissen führen kann. Die Feudalgesellschaft wurde durch die Französische Revolution abgeschafft, in anderen europäischen Staaten erst im 19. Jahrhundert.

Frühkapitalismus:
Epoche zwischen dem 15. und dem 18. Jahrhundert. Sie ist geprägt durch einzelne Unternehmerfamilien bzw. Handelsgesellschaften, die über entsprechendes „Kapital" (Geld und Produktionsstätten) für Produktion und Handel verfügten und eine Monopolstellung für ihre Produkte oder Waren anstrebten.

Humanismus:
Der Humanismus war eine kulturelle und wissenschaftliche Bewegung des 14. bis 16. Jahrhunderts, in deren Mittelpunkt das Bemühen um ein dem Menschen angemessenes Leben stand. Getragen wurde er durch Gelehrte, die sich zu diesem Zweck mit der griechischen und römischen Antike beschäftigten, Texte wiederentdeckten, übersetzten und kommentierten. Bisweilen wandten sich Humanisten von der Kirche ab und strebten eine weltliche Bildung an, deren Ziel die freie Entfaltung des Menschen war.

Inquisition:
Gerichtsverfahren gegen Christen, die von der offiziellen kirchlichen Lehre abgefallen waren. Die – in der Regel schriftlich verfahrenden – Inquisitionsprozesse wurden von kirchlichen Behörden durchgeführt, oft unterstützt von Sondergesandten des Papstes. Seit 1252 durfte bei der Befragung der Angeschuldigten auch die Folter angewandt werden. Manche Inquisitionsprozesse endeten auch mit einem Freispruch. Urteile wurden von der weltlichen Gewalt vollstreckt.

Ketzer:
Das Wort ist abgeleitet von den „Katharern" (gr. katharsis = Reinigung), einer religiösen Gruppierung von Christen in Südfrankreich, die die Lehre der römischen Kirche ablehnten. Als Ketzer wurden in der Folgezeit all diejenigen bezeichnet, die die Autorität der Kirche in Glaubensfragen nicht mehr anerkannten.

Klerus:
Gesamtheit der Personen, die durch eine religiös-kirchliche Weihe im kirchlichen Dienst stehen (Geistliche). Als besonderer Stand hatte der Klerus bis ins 19. Jahrhundert bestimmte politische und ökonomische Vorrechte (Privilegien: z. B. Kirchenabgaben, Steuerfreiheit, eigene Gerichtsbarkeit).

Kolonialismus:
Wirtschaftliche und politische Beherrschung anderer Völker. Der K. setzte im 15. Jahrhundert mit der Entdeckung von Gebieten in Afrika, Asien und Amerika ein. Die ökonomische Ausbeutung dieser Regionen wurde oft verknüpft mit der zwangsweisen „Bekehrung" der beherrschten Menschen zum Christentum. Seit dem 18. Jahrhundert lösen sich Kolonien von ihren jeweiligen Mutterländern.

Merkantilismus:
Mit diesem Begriff werden die wirtschaftspolitischen Maßnahmen absolutistischer Fürsten bezeichnet, die den Wohlstand ihres Landes mehren

wollten. Eine große Rolle spielte dabei die Förderung der Produktion gewerblicher Güter, des Exports bei gleichzeitiger Beschränkung des Imports, und die Bevölkerungspolitik, insbes. die Förderung der Einwanderung („Peuplierung") sowie die Infrastrukturpolitik (Kanalisation, Entwässerung, Chausseebau u. ä. m.)

Modernisierung:
Dieser Begriff meint den (raschen) Prozess des sozialen Wandels, vor allem den (gelegentlich) planmäßig herbeigeführten Wandel etwa von der traditionellen Agrargesellschaft zur hochentwickelten Industriegesellschaft, durch den viele Lebens- und Arbeitsbereiche fundamental verändert werden (soziale Differenzierung und Individualisierung). Teilaspekte eines Modernisierungsprozesses sind u. a. die Rationalisierung, Bürokratisierung, Disziplinierung, die Säkularisierung, Urbanisierung, steigende Mobilität, Ausbau von Infrastrukturen (etwa im Verkehrs- oder Bildungsbereich), Demokratisierung oder Parlamentarisierung, Ausbildung pluralistischer Interessensorganisationen u. ä. m. Kennzeichnend für Modernisierungsprozesse ist, dass sich die Veränderungen in den einzelnen Bereichen mit verschiedenen „Geschwindigkeiten" vollziehen.

Naturrecht:
Das in der Natur des Menschen liegende und sich aus dieser legitimierende Recht, das dem „gesetzten", dem positiven Recht übergeordnet ist. Naturrechtlich kann man argumentieren, dass alle Menschen von Natur aus gleich sind oder aber auch, dass alle Menschen von Natur aus verschieden sind. Aus diesen Denkvoraussetzungen lassen sich dann entsprechende Folgerungen ziehen, etwa die Begründung oder die Ablehnung der Sklaverei. Mit dem Naturrecht wurde u. a. der Absolutismus legitimiert: Der Stärkere habe das Recht, für Frieden und Ordnung zu sorgen. Aus dem Naturrecht lässt sich aber auch das Widerstandsrecht ableiten. Die für die Moderne folgenreichen wie zentralen Forderungen nach Souveränität und Gleichheit wurden ebenfalls aus dem Naturrecht entwickelt.

Patrizier:
Die wohlhabendsten Bürger einer Stadt, in der Regel die Fernhändler, zugezogene Landadlige und hohe Beamte, bildeten die städtische Oberschicht des Patriziats. Nur diese galten lange Zeit als finanziell unabhängig genug für die Arbeit im Rat der Stadt. Gegen die Patrizier kämpften seit dem Spätmittelalter die Gilden und Zünfte der städtischen Handwerker, die eine politische Beteiligung erstrebten.

Reformation:
Religiöse Bewegung des 16. Jahrhunderts, die, ausgehend von der Kritik am Papsttum und der römisch-katholischen Kirche, zur Glaubensspaltung und zur Errichtung protestantischer Kirchen führte. In Deutschland löste die Reformation maßgeblich Martin Luther aus, skandinavische Staaten schlossen sich seiner Lehre an, während andere europäische Länder eher dem Vorbild Calvins folgten.

Reichstag:
Allgemein die Stände oder die Volksvertretung eines Reiches. Zunächst bildeten im Heiligen Römischen Reich nur die Fürsten den Reichstag, dann kamen auch die Grafen, freien Herren und die Abgesandten der Reichs- und Bischofsstädte hinzu. Sie verhandelten u. a. über die Heerfahrt, über Reichskriege, -gesetze und -steuern. Der Reichstag tagte seit 1663 in Regensburg als ständiger Gesandtenkongress („Immerwährender Reichstag").

Renaissance (fr. für „Wiedergeburt"):
Allgemein werden damit geistig-kulturelle Bewegungen benannt, die bewusst an alte Kunstformen anknüpfen und diese weiterentwickeln. Die Epoche zwischen Mittelalter und Neuzeit wird als Renaissance bezeichnet, in der die Wiederentdeckung der Antike eine folgenreiche Rolle spielte und in der der Mensch, das Individuum in den Mittelpunkt rückte.

Säkularisation:
Einziehung und Nutzung kirchlichen Eigentums (etwa Ländereien, Klöster oder andere Gebäude) durch weltliche Gewalten. Vor allem in der Reformationszeit wurden umfangreiche Säkularisationen durch die Landesherrn vorgenommen, die protestantisch geworden waren. Bisweilen blieb das Vermögen der Kirche zweckgebunden, etwa für soziale, karitative und schulische Aufgaben. Die

umfangreichste Säkularisation wurde im Reichsdeputationshauptschluss 1803 vorgenommen, 25 Fürstbistümer und 44 Reichsabteien wurden enteignet, ihr Besitz wurde den entstehenden Mittelstaaten zugeschlagen.

Säkularisierung:
Ablösung und Befreiung von den durch Religion und Theologie bestimmten Ordnungssystemen und Institutionen. Die Säkularisierung geht einher mit dem Streben nach Autonomie des Denkens und Handelns, sie zielt auf eine autonome Begründung des Staates und der gesellschaftlichen Institutionen, des Rechtssystems und der Ethik, vor allem seit der Zeit der Aufklärung. Insbesondere im 19. Jahrhundert vollzieht sich in Europa ein tief greifender Säkularisierungsprozess.

Sakrament (von lat. sacramentum – „religiöses Geheimnis"):
Nach christlicher Lehre hat Christus sichtbare Zeichen (u. a. Wasser, Wein, Brot, Öl) eingesetzt, durch die die Menschen die Gnade Gottes erlangen. Im Mittelalter setzt sich in der Katholischen Kirche die Siebenzahl der Sakramente durch (Taufe, Firmung, Eucharistie, Buße, Krankensalbung, Priesterweihe und Ehe), in der evangelischen Theologie werden nur zwei Sakramente als biblisch angesehen, die von Jesus Christus eingesetzt wurden: Taufe und Abendmahl.

Scholastik:
Ziel dieser sich im Mittelalter ausbildenden Theologie und Philosophie war es, die Vernunft und den Glauben miteinander zu verbinden. Die christliche Offenbarung sollte erklärt, Glaubensaussagen sollten in einem einheitlichen System zusammengefügt werden. Vor allem seit der Zeit der Renaissance und des Humanismus wurde die Scholastik kritisiert, bisweilen auch verspottet.

Ständegesellschaft:
Nach mittelalterlicher Vorstellung hatte Gott die Gesellschaft nach Ständen gegliedert. Im Frühmittelalter gab es Adelige, Freie und Unfreie; im Hochmittelalter den Klerus, den Adel, die Bauern und den Bürgerstand. Man wurde in einen Stand hineingeboren und konnte diesen in der Regel nicht verlassen, sehr selten war ein Aufstieg in einen höheren Stand. Standesgemäß waren nur Ehen innerhalb eines Standes. Ein Adliger konnte also nicht ohne weiteres eine Bauers- oder Bürgertochter heiraten. Die Gliederung der Gesellschaft nach Ständen bestand in Frankreich bis zur Französischen Revolution, in anderen Ländern bis ins 19. Jahrhundert.

Zivilisation:
Zivilisation ist ein mehrdeutig verwendeter und wertgeladener Begriff. Zivilisation meint u.a. die Summe der über viele Generationen hinweg angesammelten und lebenspraktisch eingesetzten Kenntnisse und Fertigkeiten, aber auch die über primitive Vorstadien hinausgehende Entwicklungsstufe der Kultur von gebildeten, naturbeherrschenden und industriegesellschaftlich geprägten Menschen. Gelegentlich wird Zivilisation auch verstanden als verfeinerte, urbane Lebensweise gegenüber dem scheinbar einfachen, traditional geprägten ländlichen Leben.

INFORMATIONEN ZUR WEITEREN ARBEIT – LITERATUR UND INTERNETADRESSEN

Überblicksdarstellungen

- Abel, W., u. a., Handbuch der deutschen Wirtschafts- und Sozialgeschichte, Bd. 1: Von der Frühzeit bis zum Ende des 18. Jahrhunderts, Stuttgart 1971.
- Behringer, W., Hexen. Glaube, Verfolgung, Vermarktung, München 1998 (TB).
- Blickle, P., Der Bauernkrieg, München 1999 (TB).
- Bookmann, H., Deutschland 1225–1517, Berlin 1987.
- Brady, Th. (Hrsg.), Die deutsche Reformation zwischen Spätmittelalter und Früher Neuzeit, München 2001.
- Braudel, F., Sozialgeschichte des 15. bis 18. Jahrhunderts. Der Alltag, München 1985.
- Diwald, H., Propyläen Geschichte Europas, Bd. 1: Anspruch auf Mündigkeit 1400–1555, Frankfurt a. M. u. a. 1975.
- Dülmen, R. v., Entstehung des frühneuzeitlichen Europa 1550–1648, Frankfurt a. M. 1982 (TB).
- Dülmen, R. v., Kultur und Alltag in der Frühen Neuzeit. Bd. 1: Das Haus und seine Menschen; Bd. 2: Dorf und Stadt; Bd. 3: Religion, Magie, Aufklärung, München 1999.
- Friedenthal, R., Luther. Sein Leben und seine Zeit, München/Zürich 1985.
- Henning, F.-W., Das vorindustrielle Deutschland, 3. Aufl., Paderborn 1977 (TB).
- Hinrichs, E., Einführung in die Geschichte der Frühen Neuzeit, München 1980.
- Im Hof, U., Das Europa der Aufklärung, München 1993.
- Lutz, H., Das Ringen um deutsche Einheit und kirchliche Erneuerung. Von Maximilian I. bis zum Westfälischen Frieden 1490–1648, Berlin 1983.
- Mieck, I.: Europäische Geschichte der Frühen Neuzeit, 6. Aufl., Stuttgart 1998.
- Ogger, G., Kauf dir einen Kaiser. Die Geschichte der Fugger, München/Zürich 1978.
- Reinhardt, V., Die Medici. Florenz im Zeitalter der Renaissance, München 1998 (TB).
- Schilling, H., Deutschland 1517–1648, Berlin 1988.
- Schmidt, G., Der Dreißigjährige Krieg, 4. Aufl., München 1999 (TB).
- Schorn-Schütte, L., Die Reformation. Vorgeschichte, Verlauf, Wirkung, München 1998 (TB).
- Schrader, F. E., Die Formierung der bürgerlichen Gesellschaft 1550–1850, Frankfurt a. M. 1996.
- Schultz, H., Handwerker, Kaufleute, Bankiers. Wirtschaftsgeschichte Europas 1500–1800, Frankfurt a. M. 1998.
- Schulze, W., Einführung in die Neuere Geschichte, 3. Aufl., Stuttgart 1996 (TB).
- Schulze, W., Deutsche Geschichte im 16. Jahrhundert, Frankfurt a. M. 1987 (TB).
- Vierhaus, R., Deutschland im Zeitalter des Absolutismus, 2. Aufl., Göttingen 1984.
- Völker-Rasor, A., (Hrsg.), Frühe Neuzeit (Oldenbourg Geschichte Lehrbuch), München 2000.
- Wohlfeil, R., Einführung in die Geschichte der deutschen Reformation, München 1982.
- Zeeden, E. W., Propyläen Geschichte Europas, Bd. 2: Hegemonialkriege und Glaubenskämpfe 1556–1648, Frankfurt a. M. u. a. 1977.

Kunst, Kultur und Wissenschaft

- Braudel, F., Sozialgeschichte des 15.–18. Jahrhunderts. Der Handel, München 1986.
- Brion, M., Die Medici. Eine Florentiner Familie, München 1969.
- Burke, P., Die europäische Renaissance, München 1998.
- Dülmen, R. v., Die Gesellschaft der Aufklärer. Zur bürgerlichen Emanzipation und aufklärerischen Kultur in Deutschland, Frankfurt a. M. 1986 (TB).
- Jacobeit, S. / W. Jacobeit, Illustrierte Alltagsgeschichte des deutschen Volkes 1550–1810, Köln 1986.

- Kling, M., Frauen in der Renaissance, München 1993.
- Deutsches Historisches Museum Berlin (Hrsg.), „Kurzweil viel ohn' Maß und Ziel". Alltag und Festtag auf den Augsburger Monatsbildern der Renaissance, München 1994.
- Rossi, P., Die Geburt der modernen Wissenschaft in Europa, München 1997.
- Ruppert, W., Bürgerlicher Wandel. Die Geburt der modernen deutschen Gesellschaft im 18. Jahrhundert, Frankfurt a. M. 1984 (TB).
- Schlumbohm, J. (Hrsg.): Kinderstuben. Wie Kinder zu Bauern, Bürgern, Aristokraten wurden 1700–1850, München 1983 (TB).
- Wunder, H., Frauen in der Frühen Neuzeit, München 1992.
- Zemon Davis, Natalie: Drei Frauenleben (Glikl, Marie de l'Incarnation, Maria Sibylla Merian), Berlin 1996.

Europäisch-außereuropäischer Kulturkontakt

- Bitterli, U., Alte Welt – Neue Welt: Formen des europäisch-überseeischen Kulturkontakts vom 15. bis zum 18. Jahrhundert, München 1986.
- Braudel, F., Aufbruch zur Weltwirtschaft (= Sozialgeschichte des 15. bis 18. Jahrhunderts, Bd. 3), München 1996.
- Gründer, H., Welteroberung und Christentum. Ein Handbuch zur Geschichte der Neuzeit, Gütersloh 1992.
- Julien, C., Die Inka, München 1998 (TB).
- Osterhammel, J., Kolonialismus. Geschichte, Formen, Folgen, 2. Aufl., München 1997 (TB).
- Pietschmann, H., (Hrsg.), Handbuch der Geschichte Lateinamerikas, Bd. I: Mittel-, Südamerika und die Karibik bis 1760, Stuttgart 1994.
- Prem, H. J./U. Dyckerhoff, Das alte Mexiko, München 1986.
- Reinhard, W., Geschichte der europäischen Expansion, 2 Bde., Stuttgart u. a. 1985.
- Reinhard, W., Kleine Geschichte des Kolonialismus, Stuttgart 1996.
- Riese, B., Die Maya. Geschichte, Kultur, Religion, 2. Aufl., München 1997 (TB).
- Schmidt, E., Dokumente zur Geschichte der europäischen Expansion, 4 Bde., Der Aufbau der Kolonialreiche, München 1984–1988.
- Schnurmann, C., Europa trifft Amerika. Atlantische Wirtschaft in der Frühen Neuzeit 1492–1783, Frankfurt a. M. 1998 (TB).

Internetadressen

- www.erlangerhistorikerseite.de/fnz/reformation.html
  (Virtuelle Bibliothek zur Geschichte der Frühen Neuzeit (1500–1648), zahlreiche Links u. a. zu Historischen Karten, Datenlisten, Lexika, Wörterbüchern, Forschungseinrichtungen)
- www.hab.de/bibliothek/fachinfo/fnd/
  (Internetseite der Herzog-August-Bibliothek in Wolfenbüttel mit Links u. a. zu digitalen Quellen und Editionen, Themen und Projekten, Forschungseinrichtungen und Ausstellungen)
- www.sfn.uni-muenchen.de oder
- www.sfn.historicum.net
  (Server für Frühe Neuzeit: Linksammlungen, Institutionen, Literaturtipps und wissenschaftliche, aber auch populär aufbereitete Themen)
- www.uni-bonn.de/~upp10046/
  (Arbeits- und Gesprächskreis Frühe Neuzeit am Germanistischen Seminar der Universität Bonn)
- www.zum.de/psm/nz.php
  (Datenbank zur Unterrichtsvorbereitung im Fach Geschichte, viel Material zur Frühen Neuzeit)

VORSCHLÄGE FÜR REFERATE UND FACHARBEITEN

Renaissance und Humanismus
- Die Architektur der Renaissance
- Exemplarische Analyse der Portraitmalerei der Renaissance
- Biographien ausgewählter führender Repräsentanten der Renaissance und des Humanismus (Dürer, Erasmus ...)
- Die Rolle fürstlicher und/oder kirchlicher Mäzenaten im Kunstbetrieb
- Papierherstellung und die Folgen des Buchdrucks

- Wieder groß in Mode: die Astrologie
- Zwischen Astrologie und Astronomie: Kopernikus und Galileo
- Florenz – Metropole der Renaissance
- Mailand, Rom, Venedig, Nürnberg etc. – Metropole(n) der Renaissance

Frühkapitalismus
- Aufstieg und Niedergang der Fugger
- Was veranlasste die Welser, in Südamerika aktiv zu werden?
- Schwerpunkte der entstehenden Weltwirtschaft: Von Amsterdam nach London
- Die Politik der Vereinigten Ostindischen Compagnie (VOC)
- Die Rolle von Banken und Börsen im Frühkapitalismus
- Die Gründung der englischen East India Compagnie (EIC)
- VOC und EIC – Konkurrenten auf den Meeren und im Fernen Osten

Entdeckungen
- Rückwirkungen der „Entdeckungen" auf Europa
- Welche Bedeutung hatten Gold und Silber aus den „entdeckten" Ländern für die europäischen Ökonomien?
- Japans „Sonderweg" in die Moderne
- Die Bedeutung der Kartoffel in Ernährungskrisen der Frühen Neuzeit
- Folgen der „Entdeckungen" für die Gesellschaften und die Menschen in Mittel- und Lateinamerika
- Entwicklung der Schiffstechnik vom Mittelalter zur Neuzeit
- Reiseberichte aus der Neuen Welt
- Die Suche nach der „Nordpassage"
- Suche nach historischer Identität in den Fresken (Murales) Diego Riveras

Religion und Politik
- Luthers reformatorische Erkenntnis
- Luther und die Obrigkeit
- Calvins Wirken in Genf sowie sein Einfluss auf die Reformation in Europa
- Die Schul- und Bildungspolitik der Jesuiten
- Konfessionalisierung und Staatenbildung
- Die Max-Weber-These: Die protestantische Ethik und der Geist des Kapitalismus
- „Glaubensflüchtlinge" und ihre Geschichte in der eigenen Region
- Renaissance-Päpste
- Die Sixtinische Kapelle, ein Prestige-Objekt
- Karl V. – Macht und Ohnmacht
- Philipp II. und sein gescheiterter Versuch der Modernisierung Spaniens

Geburt des modernen Staates
- Hugo Grotius und das Naturrecht: Leben und Wirken eines widerständigen Diplomaten
- Bettler, Gauner und Vaganten: Randgruppen in der Frühen Neuzeit
- Reichweite und Grenzen absolutistischer Macht
- Maßnahmen und Erfolg der absolutistischen Meliorationspolitik
- Maßnahmen und Erfolg der absolutistischen Peuplierungspolitik
- War der Merkantilismus erfolgreich?
- Residenzenbau in der Zeit des Absolutismus: Beschreibung und Analyse einer Fürstenresidenz
- Wie finanzierten die Fürsten ihre neuen stehenden Heere?
- Gemeinsamkeiten und Unterschiede zwischen absolutistischen Staaten in Europa (an ausgewählten Beispielen)
- Der Unabhängigkeitskrieg der Generalstaaten (Niederlande)

Aufklärung
- Entwicklung der Alphabetisierung in Europa
- Entwicklung und Verbreitung von Lesegesellschaften
- Das lesende „Frauenzimmer"
- Wer waren die Freimaurer und welche sozialen und politischen Ziele verfolgten sie?
- Ansätze einer allgemeinen Schulbildung im 18. Jahrhundert
- Welche sozialen und politischen Zielsetzungen verfolgten die Enzyklopädisten mit ihren großen Werken?
- Voltaires „Candide": Kritisiert ein Aufklärer die Aufklärung?
- Staatsutopien und Staatsvorstellungen der Aufklärer
- Die Aufklärung in Frankreich und Deutschland – ein Vergleich
- Aufklärung visualisieren – Titelvignetten, Stiche und Gemälde als Darstellung der Aufklärung

REGISTER

A

Ablasshandel 48, 95 f., 182
Absolutismus 5, 126 ff., 182
Acosta, José de 35
Aertzen, Pieter 129
Africanus, Giovanni Leo 35 f.
Aktiengesellschaft 60
Alba, Herzog 56
Alcacovas, Vertrag von 64
Alphabetisierung 157 ff.
Altarbild von Montefeltro 37
Amsterdam 52 ff.
Anatomie des Menschen 9, 17, 24 f., 29, 33, 38
Antichrist 8, 94
Antike 5, 11, 16, 26
Antwerpen 52 ff.
Apokalypse 8 ff., 94 ff.
Arbeitsteilung 42
Aristoteles 22, 26
Armenfürsorge 145 f.
Astrologie 9, 18 f., 29
Astronomie 13, 18, 20, 29
Aufklärung 126 ff., 156 ff., 182
Augsburg 43, 48 ff.
Augsburger Religionsfrieden 197
Augustinus 27 f.
Außenseiter 46, 127, 147 ff.
Azteken 62, 68 ff.

B

Bakufu 80
Bankgeschäft 12, 57 ff.
Barros, João de 35
Bassi, Laura 173
Bauernkriege 101 ff., 120
Behaim, Martin 36
Belleisle, Marquis de 167
Benthem, Heinrich Ludolph 54 f.
Benzoni, Girolamo 35
Bergbau 42, 47 ff., 87
Bestallungsurkunden 114
Bettler 143 ff.
Bevölkerungsentwicklung 43, 45, 132 ff.
Bibel 29
Bildung 26 ff., 156 ff., 164 ff.
Boccacio, Giovanni 18
Bodhisattva 84
Bodin, Jean 18, 36
Bordeaux 145
Börse 59 f.
Bosch, Hieronymus 10
Bourgeoisie 44
Bräker, Ulrich 127 ff.
Brant, Sebastian 18, 122
Brueghel, Jan der Ältere 145
Brueghel, Pieter der Ältere 14
Buchdruck 5, 8, 18
Buchproduktion 32 ff., 164 ff.
Burckhardt, Jacob 16
Bürgertum 42 ff., 126, 156 ff., 182
Bürokratie 126, 141, 182

C

Calvin, Johannes 56, 101, 106 ff.
Calvinismus 54, 56, 106 ff., 182 f.
Castillo, Díaz del 72, 74 f.
Celtis, Konrad 16, 18, 33 f.
Chardin, Jean-Baptiste 159
China 65 f.
Chodowiecki, Daniel 124, 128, 137, 144, 162, 170
Cicero 29
Cochläus, Johann 121
Compagnie von Verre 58
Condorcet, Marie Jean de 172
Cook, James 176 f.
Cortés, Hernán 68, 71
Cranach, Lukas der Ältere 100
Cuauhtemoc 74 f.

D

D'Alembert, Jean le Rond 168, 172
Daimyo 80
David 11
Demographie 132 ff., 151 ff.
Descartes, René 168
Deshima 79 f., 85 ff.
Dias, Bartolomeu 64
Diderot, Denis 168
Disziplin 54, 111 ff., 143
Donatello 9
Dreißigjähriger Krieg 52, 126, 132
Dürer, Albrecht 9, 16, 18 f., 30 f., 40

E

Eck, Johann 31
Edelsteine 19
Edo (Yedo) *siehe* Tokio
Encomienda-System 76 ff.
Encyclopédie 168
Endzeit 8 ff.
Entdeckung Amerikas 8, 34, 62 ff.
Entdeckungsfahrten 34 ff., 62 ff., 175 ff.
Erasmus von Rotterdam 16, 18, 31, 39
Erziehung 26 ff., 55, 157 ff.
Esoterik 17, 22 ff.
Europäisierung der Welt 62 ff.

F

Fabri, Johannes 121
Faktoreisystem 47
Fedele, Cassandra 18
Feiertage 144
Fernhandel 43, 47, 64
Feudalismus 42 f., 183
Ficino, Marsilio 18, 23
Fleute 58
Florenz 8 f., 11, 18, 20, 23
Flugschriften 99, 123
Forster, Georg 177
Forster, Johann Reinhold 176 f.
Francesca, Piero della 37 f.
Frauenemanzipation 28 f., 54 f., 164 f., 172 ff.

Fregatte 66
Freimaurer 164, 166 ff.
Friedrich II. von Preußen 140, 160 f.
Friedrich Wilhelm I. 159 f.
Frühkapitalismus 12, 32, 42 ff., 183
Fugger 42 ff., 47 ff., 60
Furien 122

G

Galen 24
Galilei, Galileo 18
Ganzheitliches Denken 19 f., 22
Gargantua und Pantagruel 28 f.
Gegenreformation 108 ff.
Geldwirtschaft 12, 42, 47 ff., 57 ff.
Generatives Verhalten 134, 151 ff.
Genf 106 ff.
Genua 18, 34
Gesellschaften 164, 169 ff.
Getreidepreise 135, 154
Gewaltenteilung 156
Giovio 34 f.
Girobank 18
Globus 36, 65
Gómara, Lopez de 35
Gonzaga, Cecilia 18
Goya, Francisco 179
Griechisch 16, 20, 23, 28 f.
Gullivers Reisen 79, 81
Gutenberg, Johannes 18

H

Handelshäuser 42 ff.
Handwerk 42, 45 f.
Harvey, William 24 f.
Hebräisch 19, 23, 28
Heiliger Markus 9
Heiliges Jahr 95
Heinrich der Seefahrer 64
Heliozentrisches Weltbild 18, 64
Henlein, Peter 18
Heraklit 26
Herzscheidewand 24
Heuwagen 10
Hexen 9, 23, 95
Hexenverfolgung 9, 16, 19, 23, 95, 112, 118 f.
Hideyoshi, Toyotomi 79 f., 84 f.
Hippel, Gottfried von 172, 174
Höchstetter-Familie 49 f.
Holbein, Hans der Jüngere 13, 39
Hopfer, Daniel 51
Horoskop 18
Humanismus 5, 16 ff., 183
Hus, Johannes 68
Hutten, Ulrich von 5, 16, 18

I

Ikko-Sekte 85
Innsbruck 30 f.
Inquisition 112 ff., 183
Irokesen 176

J

Japan 62, 65, 79 ff.
Johannes-Apokalypse 94 f.
Juden 141, 164
Jüngstes Gericht 8, 94

K

Kabbala 29
Kaempfer, Engelbrecht 85 ff.
Kanegawa, Vertrag von 88
Kapital 42 ff., 47 ff., 52 ff.
Karavelle 64
Karikaturen 68, 99, 120 ff.
Karl V. 47 f., 56, 68, 77
Kartenarbeit 89 ff.
Keere, Pieter van den 90 f.
Kepler, Johannes 18
Ketzerei 20, 183
Kirchenzucht 54, 113, 115
Kirishitan monogatari 83
Knigge, Adolph Freiherr von 173
Koberger, Anton 32
Kogge 66
Köln 118
Kolonialismus 62 ff., 183
Kolumbus, Christoph 5, 18, 34 f., 62 ff.
Kommunikation 46, 164 ff.
Konfessionalisierung 94 ff., 111 ff.
Konstantinopel 8, 26, 64
Konstanzer Konzil 68
Kontrapost 9
Kopernikus, Nikolaus 18
Kraft, Adam 32
Krel, Oswolt 40
Kriminalität 147 ff.
Küchenlatein 27
Kyoto 79, 84

L

Lahontan, Luis-Armand de 176
Lamprecht, Georg Friedrich 158 f.
Latein 16, 20, 23, 27 ff.
Lebenshaltungskosten 135
Lehrer-Seminar 160 f.
Leonardo da Vinci 18
Lesegesellschaften 164, 169 f.
Liebesheirat 173
Literarische Gesellschaften 164 ff.
Lochner, Stefan 118
Loge 166
Lotzer, Sebastian 103
Loyola, Ignatius von 109 f.
Lukas-Evangelium 96 f.
Lullius, Raymundus 29
Luther, Martin 5, 8 f., 31, 68, 95 ff., 121
Luzern 122

M

Machiavelli, Niccolo 18
Magellan, Fernando 18, 34 f., 89
Magie 17, 22 ff., 111 ff.
Malinche 71
Manufaktur 140
Martin, Jean-Baptiste 127
Martins, Ferdinand 65
Martire, Pietro 34
Massys, Quentin 12
Maximilian I. 31, 47, 49
Medici 8, 11, 18, 20
Medici, Lorenzo de' 18
Mehmet II. 26 f., 64
Melanchthon, Philipp 16, 18, 121
Memminger Bauern 103
Mendoza, Gonzalez de 35
Menschenrechte 127, 156
Mercator, Gerhard 90
Mercator-Projektion 90
Merkantilismus 137 ff., 183 f.
Metaphysik 17
Michelangelo Buonarotti 11, 18
Michelet, Jules 16
Mirandola, Pico della 17, 20 f., 23

Mission, christliche 76 f., 83 ff.
Modernisierung 5 f., 42 f., 111 ff., 184
Mont Ventoux 27
Montanindustrie 42, 47 ff.
Morata, Olimpia Fulvia 18
Mortalität 134, 151 ff.
Morus, Thomas 18
München 30
Müntzer, Thomas 101
Murner, Thomas 122

N
Nachrichtenübermittlung 46
Nagasaki 80 f., 84
Narrenschiff 122
Nettesheim, Agrippa von 19, 23
Newton, Isaac 22
Niederlande 52 ff., 90 f.
Nogarola, Isotta 18
Nürnberg 16, 18, 30 ff.

O
Obdachlosigkeit 143, 145, 147
Oecolampad, Johannes 31
Öffentlichkeit 164 ff.
Ostade, Adriaen van 115, 136
Owari 79

P
Paracelsus 18
Patriziat 44 ff., 184
Perry, Matthew 83
Pest 9, 132
Petrarca, Francesco 16 ff., 27
Peuplierung 132, 138 f.
Peutinger, Konrad 18
Pfefferkorn, Johannes 31
Philipp II. 56
Philologie 26 f.
Piccolomini, Enea Sylvio de' 33
Pigafetta, Antonio 34
Pirckheimer, Caritas 16, 18, 30
Pirckheimer, Willibald 5, 16, 18, 30 f.
Plancius 58
Platon 22, 26, 29, 31
Platonische Akademie 20
Plotin 22
Poggio Bracciolini 27, 34
Polizei 143, 145
Polo, Marco 80, 82
Portraitmalerei 37 ff.
Prag 18
Presbyterium 115 f.
Privatleben 143 ff.
Prügelstrafe 162
Pythagoras 26

R
Rabelais, François 28 f.
Raffaelo Santi 26
Ramusio, Gianbattista 34
Randgruppen 46, 127, 147 ff.
Reformation 8, 31, 54, 95 ff., 111 ff., 184
Reiseberichte 34 ff, 175 ff.
Religionskriege 8
Rembrandt van Rijn 25
Renaissance 5, 16 ff., 37 ff., 184
Republikanische Freiheit 11
Reuchlin, Johannes 16, 18, 31
Rivera, Diego 71
Rubens, Peter Paul 177

S
Sakoku 88
Samurai 80
Santa Maria del Fiore 9
Savonarola, Girolamo 8, 20
Schadenszauber 23
Schappeler, Christoph 103
Schäuffelein, Hans 23
Schedel, Hartmann 32 ff., 94
Schedelsche Weltchronik 32 ff., 94
Schießpulver 18
Schifffahrt 53, 56 ff.
Schlaraffenland 14
Scholastik 26 f., 185
Schreyer, Sebald 32
Schule von Athen 26
Schulwesen 6, 88, 112, 114 f., 126, 156 ff.
Seidenstraße 64, 82
Serwouters, Pieter van 147
Seuchen 9, 130, 132
Shogun 79 f.
Silber 47 f., 87
Sklavenhandel 76 ff.
Sozialdisziplinierung 111 ff., 143 ff.
Sozietäten 164, 169 ff.
Staat, Staatlichkeit 5 f., 95, 112 ff., 117, 126 ff., 137 ff.
Staatshaushalt 138
Stadt(-gesellschaft) 44 ff., 102
Statistik 151 ff.
Steinheil, Friedrich Wilhelm 167
Straßburg 106, 122
Straßenbau 126
Superintendent 116
Swift, Jonathan 79, 81

T
Tahiti 176 ff.
Talmud 29
Tenka 84 f.
Tenno 79
Tenochtitlán 68, 72 ff.
Tokio 80
Tokugawa Ieyasu 79 f.
Tokugawa-Zeit 85, 88
Tordesillas, Vertrag von 89
Toscanelli, Paolo 34, 65 f.
Totenschädel 13
Trient, Konzil von 108

U
Unterschichten 46, 127 ff., 145 ff.
Urbino, Herzog von 38
Utopie 175 ff.
Utrechter Union 52

V
Valignano, Alessandro 84
Valla, Lorenzo 18, 27
Van Schuylenburgh, Hendrik 57
Vanitas 13
Varthema, Lodovico di 34
Vasco da Gama 58
Venne, Adriaen Pietersz van de 146
Verbote 143
Vereenigde Oost-Indische Compagnie (VOC) 52 f., 59, 80, 87, 90
Verlagssystem 42
Vernunft 156
Versailles 127
Verwaltung 126, 141

Vesalius, Andreas 24
Vespucci, Amerigo 34
Volksfrömmigkeit 111, 115

W

Wanderungsaktivität 134, 144 f., 148 ff.
Warenproduktion 42 f.
Weber, Max 12
Weberei 42
Weißenauer Chronik 101, 105
Welser 77
Weltumseglung 18
Weltwirtschaft 43, 52 ff.
Westenrieder, Lorenz 164
Westfälischer Frieden 126, 137
West-Indische Compagnie (WIC) 52 f.
Wiesbaden 114
Wikinger 64
Wilde 175 ff.
Wilhelm von Oranien 57
Wirtschaft der Frühen Neuzeit 12, 42 ff., 76 ff., 137 ff.
Wirtschaftspolitik 137 ff.
Wissenschaft 13, 16 ff., 23 ff., 28 f., 87 f., 156, 164 f.
Wormser Reichstag 99

X

Xavier, Francisco de 80

Z

Zehn Gebote 115 f.
Zentralperspektive 39
Zigeuner 148 ff.
Zivilisation 175 ff., 185
Zünfte 45 f.

BILDQUELLENVERZEICHNIS

AKG, Berlin: 9, 11, 12, 13, 26, 36, 37, 38, 41, 49, 55 o., 68, 69, 100, 106, 118, 127, 145, 150 (Joseph Martin), 155, 178, 179; AKG/picture-alliance: 7, 21, 30, 31, 81, 119 (Erich Lessing); Alte Pinakothek, München: 14; Artothek, Weilheim: 10, 19, 29, 39, 40, 55 u., 93 u., 93 o., 115, 129, 155, 165 re., 177; Bayerische Staatsbibliothek, München: 91; Bayerisches Nationalmuseum, München: 97 li. u. re.; bpk, Berlin: 41, 53, 61, 71, 111, 121, 123 u., 137, 140, 144, 157 re.; Bridgeman Art Library: 79, 89; Dagli Orti, Paris: 83 re.; Deutsches Zeitungsmuseum, Wadgassen: 157 li.; Dpa, Frankfurt a. M./picture-alliance: 125; Germanisches Nationalmuseum, Nürnberg: 18, 34, 51, 99, 122, 123 o.; Historisches Museum der Stadt Wien: 166 u.; Kunsthistorisches Museum, Wien: 42; Müller, Jürgen Dieko, Berlin: 67; Musée des Beaux Arts, Rouen: 172; Museen der Stadt Nürnberg, Graphische Sammlung: 32; Museum der bildenden Künste, Leipzig: 165 li.; National Gallery, London: 159; National Gallery of Scotland, Edinburgh: 161; National Maritime Museum, Greenwich: 35; Nationalbibliothek, Wien: 17; picture-alliance, Frankfurt a. M./AKG: Umschlag (Erich Lessing), 7, 82; Rijksmuseum, Amsterdam: 57, 87; SAdK, Berlin: 170 o. (Roman März); SLUB/Deutsche Fotothek, Dresden: 132; St. Annenkirche, Annaberg-Buchholz: 48; Staatliche Graphische Sammlung, München: 124; Staatliche Kunstsammlungen Dresden, Kupferstichkabinett: 136; Staatliche Museen zu Berlin, Kupferstichkabinett: 128; Staatliches Museum Schwerin: 147; Staats- und Stadtbibliothek Augsburg: 23; The Allen Memorial Art Museum, Oberlin (OH): 146; Waldburg-Zeil'sches Gesamtarchiv Schloß Zeil: 101, 105; Württembergische Landesbibliothek, Stuttgart: 117.

Nicht in allen Fällen war es uns möglich, den Rechteinhaber der Abbildung ausfindig zu machen. Berechtigte Ansprüche werden im Rahmen der üblichen Vereinbarungen abgegolten.